粤知丛书

商标注册和审查知识一百问

广东省知识产权保护中心 组织编写
广州商标审查协作中心 主编

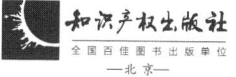

知识产权出版社
全国百佳图书出版单位
—北京—

图书在版编目（CIP）数据

商标注册和审查知识一百问/广东省知识产权保护中心组织编写；广州商标审查协作中心主编. —北京：知识产权出版社，2022.9（2024.7重印）
ISBN 978-7-5130-8214-3

Ⅰ.①商… Ⅱ.①广… ②广… Ⅲ.①商标法—中国—问题解答 Ⅳ.①D923.434

中国版本图书馆 CIP 数据核字（2022）第 107516 号

责任编辑：武 晋 程足芬　　责任校对：谷 洋
封面设计：杨杨工作室·张冀　　责任印制：刘译文

商标注册和审查知识一百问

广东省知识产权保护中心　组织编写
广州商标审查协作中心　主编

出版发行：	知识产权出版社有限责任公司	网　址：	http://www.ipph.cn
社　址：	北京市海淀区气象路 50 号院	邮　编：	100081
责编电话：	010-82000860 转 8772	责编邮箱：	windy436@126.com
发行电话：	010-82000860 转 8101/8102	发行传真：	010-82000893/82005070/82000270
印　刷：	天津嘉恒印务有限公司	经　销：	新华书店、各大网上书店及相关专业书店
开　本：	880mm×1230mm　1/32	印　张：	13.875
版　次：	2022 年 9 月第 1 版	印　次：	2024 年 7 月第 3 次印刷
字　数：	345 千字	定　价：	68.00 元
ISBN 978-7-5130-8214-3			

出版权专有　侵权必究
如有印装质量问题，本社负责调换。

特别说明

1. 本书所涉及的业务内容，若在出版后出现法律政策变化和管理调整，以最新的国家法律政策和商标管理规定为准。

2. 本书为广州商标审查协作中心编写的商标业务工具书，任何单位和个人未经书面许可，不得擅自复制、翻印、抄袭、转载、篡改本书内容。未经许可利用本书内容开展商业活动、牟取商业利益的，将追究法律责任。

3. 对本书所载内容存在疑问或发现错误的，可通过广州商标审查协作中心微信公众号联系我们进行了解或指出问题。

广州商标审查协作中心

2022年3月

本书编委会

主　　编：刘建新
副 主 编：吕天帅
顾　　问：王春晔　么　勇
成　　员：高丽娜　张　鹃　李洁琼　任　艳　彭钰兰
　　　　　陈艳丽　梁丽梅　李亚宾　邓文倩　何顺源
　　　　　陈晓敏　纪思琦　朱领民　王镇洪　张浦淇

编纂组成员

审校人员：高丽娜　张　鹋　李洁琼　任　艳　彭钰兰
　　　　　陈艳丽　梁丽梅　李亚宾　邓文倩　邹美霞
　　　　　盖薪竹　利　达　黄雁南　曾燕苗　盖诗婵
　　　　　赵敏慧　董　舸　张浦淇
编写人员：王慧涵　梁丽梅　黄靖雯　李漳骞　李文美
　　　　　曾燕苗　张嘉宏　李秋燕　邓文倩　黄　朔
　　　　　李松雨　张浦淇　冯瑞进

丛书序言

我国正处在一个非常重要的历史交汇点上。我国已经实现全面小康，进入全面建设社会主义现代化国家的新发展阶段；我国已胜利完成"十三五"规划目标，正在系统擘画"十四五"甚至更长远的宏伟蓝图；改革开放40年后再出发，迈出新步伐；"两个一百年"奋斗目标在此时此刻接续推进；在世界发生百年未有之大变局背景下，如何把握中华民族伟大复兴战略全局，是摆在我们面前的历史性课题。

改革开放以来，伴随着经济的腾飞、科技的进步，广东的知识产权事业蓬勃发展。特别是党的十八大以来，广东深入学习贯彻习近平总书记关于知识产权的重要论述，认真贯彻落实党中央和国务院重大决策部署，深入实施知识产权战略，加快知识产权强省建设，有效发挥知识产权制度作用，为高质量发展提供有力支撑，为丰富"中国特色知识产权发展之路"的内涵提供广东的实践探索。

2020年10月，习近平总书记在广东考察时强调，"以更大魄力、在更高起点上推进改革开放"，"在全面建设社会主义现代化国家新征程中走在全国前列、创造新的辉煌"。2020年11月，习近平总书记在中共中央政治局第25次集体学习时发表重要讲话，强调"全面建设社会主义现代化国家，必须从国家战略高度和进入新发展阶段要求出发，全面加强知识产权保护工作，促进建设现代化经济体系，激发全社会创新活力，推动构建新发展格局"。2021年9月，中共中央、国务院印发《知识产权强国建设纲要（2021—2035年）》，描绘出我国加快建设知识产权强国的宏伟蓝图。这是广东知识产权事业发展的重要历史交汇点！

2018年10月，广东省委省政府批准成立广东省知识产权保护中心。自成立以来，面对新形势、新任务、新要求和新机遇，保护中心坚持以服务自主创新为主线，以强化知识产权协同保护和优化知识产权公共服务为重点，着力支撑创新主体掌握自主知识产权，着力支撑重点产业提升核心竞争力，着力支撑全社会营造良好营商环境，围绕建设高质量审查和布局通道、高标准协同保护和维权网络、高效率运营和转化平台、高水平信息和智力资源服务基础等重大任务，在打通创造、保护、运用、管理和服务全链条，构建专业化公共服务与市场化增值服务相结合的新机制，建设高端知识产权智库，打造国内领先、具国际影响力的知识产权服务品牌，探索知识产权服务高质量发展新路径等方面大胆实践，力争为贯彻新发展理念、构建新发展格局、推动高质量发展提供有力保障。

保护中心致力于知识产权重大战略问题研究，鼓励支持本单位业务骨干特别是年轻的业务骨干，围绕党中央和国务院重大决策部署，紧密联系广东省知识产权发展实际，深入开展调查研究，认真编撰调研报告。保护中心组织力量将逐步对这些研究成果结集汇编,以"粤知丛书"综合性系列出版物形式公开出版,主要内容包括学术研究专著、海外著作编译、研究报告、学术教材、工具指南等,覆盖知识产权方面的政策法规、战略举措、创新动态、产业导航、行业观察等,旨在为产业界、科技界及时掌握知识产权理论和实践最新动态提供支持,为社会公众全面准确解读知识产权专业信息提供指南,并持之以恒地为全国知识产权事业改革发展贡献广东智慧和力量。

  由于时间仓促,研究能力所限,书中难免存在疏漏和偏差,敬请各位专家和广大读者批评指正!

广东省知识产权保护中心
"粤知丛书"编辑部
2021年10月

前言

广州商标审查协作中心（以下简称广州中心）成立于2016年12月1日，是国家层面和广东省合作设立的商标审查服务专业机构，现为广东省知识产权保护中心直属管理的公益二类事业单位。作为商标注册便利化改革的试点单位，广州中心是全国首个地方商标审查协作中心，是商标审查服务体制机制改革发展的一线窗口，同时也是国家层面与广东省开展商标品牌战略合作的重点项目。经过多年发展，广州中心已成为目前职能最全、规模最大的地方商标审查协作中心。

目前广州中心的主要职能是受国家知识产权局商标局委托，开展商标审查和服务工作，主要业务内容包括：一是非代理机构提交的商标注册申请、变更、转让、续展、注销、许可备案、删减商品申请，商标质权登记，马德里商标国际注册申请，地理标志商标注册申请等27项商标业务的受理；二是商标注册申请的形式审查和实质审查；三是商标变更、转让、续展、注销、许可备案、删减商品申请审查；四是商标质权登记审查；五是马德里商标国际注册申请审查。同时，按照广东省部署安排，广州中心还承担支持区域商标品牌战略实施、商标专用权保护与品牌经济发展，开展重大经济和科技活动知识产权分析、评议、预警、导航,开展知识产权运营、质押融资、保险、担保、资产评估及证券化等工作;承担受理和调解国际经贸中的知识产权争议和纠纷,提供有关法律咨询、培训工作;承担国家知识产权局商标局、广东省市场监督管理局、广东省知识产权保护中心交办的其他工作任务。

自成立以来,广州中心始终本着"扎根广州、服务广东、面向湾区、奉献社会"的服务理念,积极探索各类服务新举措,研究推出了商标注册申请事先咨询、质权登记远程办理等特色服务,不断提升服务质量和效率,为区域商标公共服务水平提升作出实实在在的贡献,受到上级单位的肯定和社会公众的认可。

在广东省知识产权保护中心的指导下,广州中心立足本职工作,发挥职能优势,汇聚专业力量,研究编纂商标注册和审查领域具有较高专业性、代表性和使用价值的业务指南工具书,以期为广大市场主体办理商标业务提供具体可行的办理建议和业务指导。在编委会和编纂组全体人员的共同努力下,经过大量的编写、审校、统稿等工作,本书即将正式出版发行。在此谨向为本书出版提供大力支持的国家知识产权局商标局、广东省知识产权保护中心,以及参与编纂审校的工作人员致以诚挚的谢意!本书涉及面广、内容较多,难免有所疏漏和不足之处,敬请读者朋友批评指正。我们也将精益求精,不断改进,努力为广大读者奉上水平更高、质量更好的知识产权读物。

下一步,广州中心将继续秉承普惠大众、便民利企的宗旨,认真做好商标审查服务等工作,加快推进商标审查提质增效,不断提升服务水平和业务能力,努力为国家商标注册便利化改革、为广东省乃至粤港澳大湾区经济高质量发展保驾护航。

广州中心始终致力于为广大市场主体提供真诚、高效、优质的商标业务服务,欢迎前来咨询办理业务!

广州商标审查协作中心联系方式

地　　址:广东省广州市越秀区流花路117号流花展贸中心
　　　　　12号、14号馆
电　　话:020-83772305
微信公众号:广州商标审查协作中心
邮　　箱:gippc_tecc@gd.gov.cn

目录 / CONTENTS

▶ 第一章

商标概述

1 什么是商标？ 002

2 我国商标工作主管机关有哪些？ 006

3 通过哪些渠道了解和学习商标知识与资讯？ 007

▶ 第二章

国内商标注册申请的提交和受理

第一节　国内商标注册申请概述 010

4 什么是商标注册申请？ 010

5 谁可以申请商标注册？ 010

6 社会团体可以申请注册商标吗？ 012

7 党政机关、事业单位可以申请注册商标吗？ 013

8 可以和其他人共同注册申请一个商标吗？ 013

9 商标注册申请有哪些途径？ 014

10 如何注册"网上申请用户"？ 016

11 如何在线提交商标注册申请？ 017

12 线下如何办理商标注册申请？ 019

13 商标注册申请受理前会经过哪些程序？ 021

第二节 商标注册申请的形式要求 023

14 商标设计需要重点考虑哪些方面？ 023

15 用汉字设计商标有什么注意事项？ 025

16 "商标说明"应如何填写？ 028

17 什么是放弃专用权？ 029

18 什么情况下需要放弃专用权？ 030

19 放弃专用权是否影响商标的审查结论？ 031

20 申请注册三维标志商标时，申请书式中有什么注意事项？ 033

21 申请注册颜色组合商标时，申请书式中有什么注意事项？ 035

22 申请注册声音商标时，申请书式中有什么注意事项？ 036

23 在"报纸、期刊、杂志（期刊）、新闻刊物"商品上申请注册商标有什么注意事项？ 038

24 两个以上申请人共同申请注册同一商标，需要注意什么？ 040

25 什么是优先权？ 041

26 商标注册申请时需注意哪些细节，以有效避免收到补正通知书？ 044

27 收到《商标注册申请补正通知书》后，如何提交补正回文？ 046

28 收到《商标注册申请受理通知书》意味着什么？ 047

29 商标注册申请不予受理的情形有哪些？ 047

30 收到《商标注册申请不予受理通知书》时怎么办？ 049

31 机构有两个或两个以上名称的，应按照哪个名称提交《商标注册申请书》？ 049

32 目前商标注册申请中哪些环节和业务需要缴费，哪些不需要缴费？ 050

33 提交商标注册申请后，如何缴纳商标规费？ 052

34 如何获取商标电子票据？ 053

35 有人说能通过加钱来加急办理商标注册申请,是真的吗? 055

36 什么是商标注册申请中的商品和服务项目? 055

37 申报标准商品或服务项目时有什么注意事项? 058

38 在《类似商品和服务区分表》中没有的商品或服务项目,如何申报? 059

39 已注册商标可以扩大商品或服务范围吗? 062

40 如何查询商标注册申请的受理和审查进程? 063

41 提交商标注册申请后可以撤回申请吗? 063

42 什么是商标文件送达? 064

43 商标代理机构为自身申请注册商标是否会更加容易? 065

44 申请注册商标前,为提高申请成功率可以做些什么准备? 066

45 商标注册申请成功受理后,还要经过什么流程才能完成注册? 068

▶ 第三章

国内商标注册申请的实质审查

第一节 实质审查概述 072

46 什么是实质审查? 072

第二节 商标注册申请实质审查的绝对理由 074

47 商标注册申请实质审查中的绝对理由具体包含哪些? 074

48 不得作为商标使用与不得作为商标注册的区别是什么? 075

49 哪些是不得作为商标使用的标志? 075

50 哪些是不得作为商标注册的标志? 079

51 商标缺乏显著性都有哪些情形? 080

52 商标与烈士姓名相同可以注册使用吗? 083

53 在食品相关类别上，可以申请注册含食物名称的商标吗？ 084

54 在药品上申请注册商标有什么特别注意事项？ 086

55 与宗教信仰相关的标志可以申请注册商标来使用吗？ 088

56 申请注册文字商标对字体及用语是否有要求？ 091

57 含有国名、地名的商标能否获得注册？ 092

58 申请注册的商标与申请人名义不符可以注册使用吗？ 099

59 何为"不以使用为目的的恶意商标注册申请"？ 102

60 大量申请注册商标就会被认定"恶意"吗？ 104

第三节 商标的显著性 106

61 怎么理解标志经过使用可以取得显著特征？ 106

62 可以把商品的外包装申请注册为平面商标吗？ 106

63 企业名称或企业字号可以申请注册为商标吗？ 107

第四节 商标注册申请实质审查的相对理由 110

64 如何判断与他人在先商标相同或近似的情况？ 110

65 如何判断组合商标近似？ 115

66 文字、图形组合商标因图形部分与他人在先商标近似被驳回，将组合商标中的文字部分单独重新提交申请，是否可审核通过？ 117

67 在不同的商品或服务类别上可申请注册相同或近似商标吗？ 118

68 商标已经无效的情况下，为什么还会被引证驳回其他商标？ 120

第五节 商标注册申请技巧与策略 123

69 商标一标一类与一标多类有什么区别？ 123

70 想申请注册图形和文字商标，要组合申请还是分开申请？ 125

71 集团公司与子公司/关联公司，是否可申请注册相同的商标？ 127

第六节 商标审查结论与救济 128

72 商标审查结果有哪几种？有哪些救济途径？ 128

73 《商标注册申请部分驳回通知书》中提及的"分割"是什么？ 132

74 商标初步审定并公告了，是否意味着商标已注册成功？ 134

75 任何人都可以对处在异议期的商标提起异议吗？ 134

76 使用已久的商标被他人抢注要怎么做？ 138

▶ 第四章
集体商标、证明商标的注册申请

第一节 集体商标、证明商标的基本概念 142

77 什么是集体商标？谁可以申请？ 142

78 什么是证明商标？谁可以申请？ 143

第二节 集体商标和证明商标的注册申请 145

79 在申请注册集体/证明商标之前，要准备什么材料？对材料有什么要求？ 145

80 集体/证明商标允许转让吗？可以转让给任意主体吗？需要什么材料？ 148

81 商标持有人可否自己使用该集体商标或证明商标？商标权利人/注册人以外的其他人如何使用该集体商标或证明商标？ 150

82 若申请人已成功注册集体/证明商标，是否会对其后续在相同或者类似商品或服务上申请相同或近似的普通商标构成权利障碍？ 151

► 第五章

地理标志商标的注册申请

第一节　地理标志商标的基本概念　154

83 什么是地理标志？　154

84 地理标志如何作为商标获得保护？　156

85 家乡的"土特产"可以注册为地理标志商标吗？　157

86 注册地理标志商标有什么好处？　159

第二节　地理标志商标的注册申请　163

87 地理标志作为集体商标或者证明商标注册的区别是什么？　163

88 申请注册地理标志商标填报商品时需要注意什么？　165

89 申请注册地理标志商标需要准备什么材料？　166

90 地理标志集体/证明商标的注册与普通商标有什么不同？　169

91 已注册的地理标志商标能被认定为驰名商标吗？　171

92 审查地理标志商标主要考虑哪些因素？　173

93 地理标志商标可以转让吗？　176

94 作为经营者，如何避免商品侵犯地理标志商标专用权？　177

95 地理标志产品专用标志是什么？　178

► 第六章

同日申请商标与审查意见书

第一节　同日申请商标　182

96 商标注册同日申请一般要经过哪些流程阶段？　182

97 商标注册同日申请处理中如何区分应对繁多的书面通知？　184

98 提交使用证据有什么注意事项？ 185

第二节 审查意见书 186

99 什么是审查意见书？ 186

100 一般会在哪些情形下启动审查意见书程序？ 187

101 收到审查意见书后应如何进行回文？ 191

102 关于审查意见书有什么注意事项？ 191

▶ 第七章
国际商标的注册申请

第一节 商标国际注册申请概述 196

103 已经在国内注册的商标，为什么还要在国外申请注册？ 196

104 在国外申请注册商标有哪几种途径？ 197

第二节 马德里国际商标体系介绍 200

105 什么是马德里国际商标体系？ 200

106 马德里体系有什么特点和优势？ 201

107 申请注册国际商标时，原属国是怎么确定的？ 203

第三节 马德里商标国际注册申请常见问题 204

108 谁可以申请马德里商标国际注册？ 204

109 可以将已受理注册申请的国内商标作为基础商标提交马德里商标国际注册申请吗？ 205

110 成功注册马德里国际商标后，国内基础商标无效会有影响吗？ 206

111 申请人可以直接向国际局提交马德里商标国际注册申请吗？ 209
112 提交马德里商标国际注册申请有什么途径？ 209
113 提交马德里商标国际注册申请时需要准备什么材料？ 210
114 填写《专属马德里议定书的国际注册申请》有什么注意事项？ 212
115 填写MM18表格需要注意什么？ 223
116 填写代理委托书时需要注意什么？ 223
117 已通过马德里体系在美国注册商标，还可以通过马德里体系在日本申请注册完全相同的商标吗？ 224
118 可以在哪些国家提出马德里商标国际注册申请？ 225
119 申请马德里商标国际注册需经过哪几个阶段？ 225
120 什么是国际注册证？ 228
121 收到商标局的国际注册商标补正通知时该如何回复？ 228
122 什么是国际局不规范通知？ 229
123 收到不规范通知时该如何回复？ 233
124 如何避免被国际局下发不规范通知？ 235
125 什么是商品和服务管理器？ 236
126 商品和服务管理器可以对申请的商品和服务进行准确翻译以及核对该商品在指定缔约方可否被接受吗？ 238
127 如何查询马德里国际注册商标状态？ 243
128 如何计算马德里商标国际注册申请的申请费用？ 244
129 申请马德里商标国际注册过程中需要注意什么？ 246
130 马德里国际注册商标在指定缔约方获得保护后还有什么需要注意的事项？ 247

▶ 第八章

商标转让、变更、续展、注销、许可、质押等

第一节 | **商标转让** 250

　　131 什么是商标转让？ 250

　　132 如何办理商标转让/移转？ 251

　　133 办理商标转让申请有什么注意事项？ 254

　　134 什么是商标移转？ 256

　　135 在哪些情况下不能办理商标转让/移转？ 261

　　136 提交商标转让/移转申请后可以撤回吗？ 262

第二节 | **商标变更** 264

　　137 企业名称和地址变更了，是否需要办理变更商标注册人名义和地址？ 264

　　138 商标变更有什么具体要求和注意事项？ 265

第三节 | **商标续展** 270

　　139 什么是商标续展？ 270

　　140 如何提交商标续展申请？ 270

　　141 商标续展与相同商标重新申请注册有什么区别？ 274

第四节 | **商标注销** 276

　　142 商标注册后又不想要了应该怎么办？ 276

　　143 如何提交注销商标申请？ 277

第五节 商标使用许可 280

144 注册的商标可以给其他人使用吗？ 280

145 如何办理商标使用许可备案？ 281

146 注册商标许可他人使用一定要备案吗？ 282

147 办理商标使用许可备案有什么具体要求和注意事项？ 283

148 商标转让和使用许可备案有何不同？ 286

第六节 商标权专用权质权登记 287

149 什么是商标专用权质押？ 287

150 办理商标专用权质权登记有什么具体要求和注意事项？ 288

151 如何在广州中心快速办理质权登记？ 292

152 商标质押融资有什么优势？ 293

▶ 第九章

商标使用注意事项

153 什么是商标的使用？ 296

154 商标注册后应如何正确使用？ 297

155 哪些情形属于不规范使用商标，不规范使用商标有什么后果？ 300

156 生产经营活动中如何保存商标使用的证据？ 302

157 使用未注册商标有什么注意事项？ 304

158 商标注册下来或取得商标专用权后，不使用这个商标可以吗？ 305

159 已使用的商标被他人注册了，只能放弃使用吗？ 308

160 商标的标记®与TM是什么意思？ 309

附录

附录1 本书涉及的主要法律法规、政策文献和参考材料 312

附录2 商标局及京外设立的商标审查协作中心信息表 314

附录3 国家知识产权局综合业务、商标业务受理窗口信息表 315

附录4 商标注册流程图 346

附录5 商标注册申请部分书式 347

附录6 商标后续业务部分书式 356

附录7 不同类型主体申请网申账号所需文件 385

附录8 商标网上服务系统账户注册流程 386

附录9 简易用户注册流程及商标规费线上缴纳流程 389

附录10 中国商标网证书助手安装流程 396

附录11 《类似商品和服务区分表》45个大类 403

附录12 马德里联盟缔约方 408

附录13 指定收取单独规费国家的收费标准 415

第一章
商标概述

随着我国市场经济的发展和繁荣，商标在经济生活中的作用越来越大。商标作为市场主体开展生产经营活动的重要组成部分，广泛存在于我们的日常生活中。如何正确地注册、使用和保护商标，成为社会公众日益关注的问题。本章将从商标的基本概念讲起，让您逐步走近商标、了解商标。

1 什么是商标？

一、商标的定义

商标，是用来识别和区分商品或服务来源的标志。

二、商标的特性

商标具有显著性和商业性。商标的显著性是指商标标志识别和区分商品或服务来源的能力，包括"识别性"和"区分性"两方面。"识别性"要求标志简洁、可记忆，与使用对象之间没有直接关联性。"区别性"要求标志能够区别于其他标志，与他人在相同和类似商品上使用的标志不相同、不近似。过于简单的几何图形或过于复杂的图形、字母等要素组合不具有显著性。不具有显著性的标志详情可参考第三章第二节相关内容。商标的商业性主要体现在商标是依附于商品或服务而存在的，如果商品或服务不用于商业，则其标志也不能称为商标。

三、商标的分类

我国《商标法》[1]第八条规定：任何能够将自然人、法人或者其他组织的商品与他人的商品区别开的标志，包括文字、图形、字母、数字、三维标志、颜色组合和声音等，以及上述要素的组合，均可以作为商标申请注册。

（1）按照构成要素来说，商标可以分为两种：一种是传统商标，即我们最常见的平面可视性商标，如常见的文字、图形、字母、数字以及上述要素的组合商标，如图1-1所示。

---

[1] 未作特别说明的情况下，本书提及的《商标法》均指2019年修正的《中华人民共和国商标法》。

图1-1 传统商标

另一种是非传统商标,即新型商标,如立体商标、颜色商标、声音商标、气味商标、位置商标、触觉商标、动态商标等。在我国可以注册的新型商标有三维标志商标[1]、颜色组合商标、声音商标三种,如图1-2所示,其他新型商标形态按我国法律要求,目前还不能注册为商标。

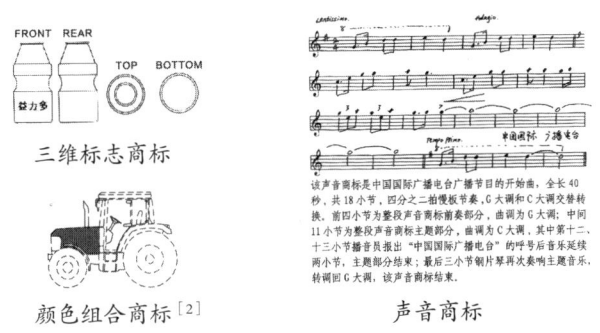

图1-2 在我国可注册的新型商标

----

[1] 立体商标即三维标志商标,为与《商标法》和国际惯例保持一致,本书统一采用"三维标志商标"表述。

[2] 该颜色组合商标由绿色和黄色两种颜色组合构成。其中,绿色色号为PANTONE 364C,黄色色号为PANTONE 109C。绿色用于车辆外部,黄色用于车轮。虚线部分用以表示颜色在该商品上的位置,车辆轮廓和外形不是商标的构成要素。

（2）按照注册情况区分，商标可以分为未注册商标和注册商标。未注册商标是指未获得商标局注册，使用人不具有商标专用权的商标。未向商标局申请注册的商标、提出注册申请但未获得审查通过取得《商标注册证》的商标，都属于未注册商标。注册商标是指经商标局核准注册的商标，即使用人向商标局提出注册申请，商标局经审查通过后核准注册并发放《商标注册证》，且仍在注册有效期内的商标。

（3）注册商标按照使用对象和功能区分，可以分为商品商标、服务商标、集体商标和证明商标。商品商标是指用来区分商品来源的商标，如注册使用在服装、药品、日常用品、电子产品等商品上的商标。服务商标是指用来区分服务来源的商标，如注册使用在餐饮服务、住宿服务等服务项目上的商标。集体商标是指以团体、协会或者其他组织名义注册，供该组织成员在商事活动中使用，以表明使用者在该组织中的成员资格的标志。集体商标一般都由团体、协会等进行注册，如佛山市顺德区生物医疗器械协会注册的"佛山市顺德区生物医疗器械协会 FSBDA FOSHAN SHUNDE BIOMEDICAL DEVICES ASSOCIATION"商标（图1-3），该协会成员单位可以使用在其提供的商品上。证明商标，由对某种商品或者服务具有监督能力的组织所控制，而由该组织以外的单位或者个人使用于其商品或者服务上，用以证明该商品或者服务的原产地、原料、制造方法、质量或者其他特定品质的标志。证明商标一般由对某种商品或服务具有监督能力的组织注册，如广州市增城区农产品推广中心注册的"增城菜心 ZENGCHENG"商标（图1-4），使用该证明商标（地理标志）的菜心产品应符合"增城菜心"的相关品质标准。根据《商标法》和《商标法实施条例》规定，地理标志可以作为证明商标或者集体商标申请注册。因此根据是否为地理标志，集体商标、证明商标还可分为普通集体商标、普通证明商标、地理标志集体商标和地理标志证明商标。

图1-3 集体商标

图1-4 证明商标（地理标志）

四、商标专用权

商标注册人享有商标专用权，即注册商标所有人具有在核定的商品或者服务项目上使用核准注册商标的专有权利，任何他人不得在相同或类似商品上使用与注册商标相同或近似的标志。也就是说，商标权利主体对核准注册的商标享有独占权，该权利受到法律保护，违者可追究其法律责任。注册商标的专用权以核准注册的商标和核定使用的商品和服务项目为限。

通常注册商标的主要目的在于取得专用其商标的权利。对商标专用权的保护主要体现在以下三个特性上。

（1）专有性。第一是有权在其取得注册商标的商品及经营该种商品的广告、发票、说明书等处使用该商标；第二是有权禁止他人在相同或类似的商品及经营该种商品的广告等处使用相同或近似商标，有权禁止他人擅自印制与其注册商标相同或近似的标志。[1]

（2）地域性。地域性是指专用权的保护受《中华人民共和国商标法》效力的地域范围限制（港澳特殊情况除外）。例如，在中

---

[1] 商品商标的有关说法，适用于服务商标。

国注册的商标要想在其他国家受到相关法律保护,必须到相应国家进行注册,或通过国际注册获得相应的保护。

(3)时限性。在我国,注册商标专用权有效期限为10年,10年期满可以进行续展;注册期满未办理续展手续,注册商标将被注销。

2 我国商标工作主管机关有哪些?

我国商标相关工作主要由国家市场监督管理总局和国家知识产权局等机关部门组织指导并开展管理,具体职责分工如下。

(1)国家市场监督管理总局。国家市场监督管理总局是国务院直属机构,管理国家知识产权局,负责监督管理市场秩序,组织指导查处不正当竞争、侵犯商标知识产权和制售假冒伪劣商品等行为。

(2)国家知识产权局。国家知识产权局是国家市场监督管理总局管理的国家局,负责管理商标局,与商标工作有关的职责包括:一是负责拟订和组织实施国家知识产权战略;二是负责保护知识产权,包括拟订严格保护含商标在内的知识产权制度并组织实施,指导商标执法工作,指导地方知识产权争议处理、维权援助和纠纷调处;三是负责促进知识产权运用;四是负责商标等知识产权的审查注册登记和行政裁决;五是负责建立知识产权公共服务体系,推动商标、专利等知识产权信息的传播利用;六是负责统筹协调涉外知识产权事宜。

2018年,原国家工商行政管理总局商标局、商标评审委员会、商标审查协作中心整合为国家知识产权局商标局(以下简称商标局)。商标局是国家知识产权局所属事业单位,主管全国商标注册和管理工作，主要职责包括：承担商标审查注册、行政裁决等具体工作；参与商标法及其实施条例、规章、规范性文件的研究制定；参与规范商标注册行为；参与商标领域政策研究；参与商标信息化建设、商标信息研究分析和传播利用工作；承担对商标审查协作单位的业务指导工作；组织商标审查队伍的教育和培训；完成国家知识产权局交办的其他事项。

（3）地方知识产权管理部门。各省、市、县级知识产权管理部门分级管理各自辖区内的商标工作，主要负责对本辖区内注册商标和未注册商标使用行为的监督管理，依职权或依投诉查处商标侵权行为。

（4）其他知识产权保护管理部门，如公安部门、检察院、法院、海关部门等。其中，公安部门负责对涉嫌构成假冒注册商标犯罪案件的立案侦查工作；检察院负责商标侵权刑事案件的审查批捕、起诉等工作；法院负责与商标有关的行政、民事、刑事案件审判工作；海关部门依职权对进出口侵犯商标权货物进行查处，可以根据商标权人申请对商标进行备案，扣留涉嫌侵权的进出口货物。

3 通过哪些渠道了解和学习商标知识与资讯？

为更好地维护自身权利，不断了解商标知识与资讯，掌握有效的办事指南与维权途径必不可少。

首先，认准并关注官方相关管理部门——国家知识产权局与国家知识产权局商标局。经常登录国家知识产权局官网（https://www.cnipa.gov.cn/）与商标局官网"国家知识产权局商标局 中国商标网"（http://sbj.cnipa.gov.cn/），可及时掌握国家对知识产权的重要规划与政策解读，可以及时进行商标查询、商标申请获取

《商标法》《商标法实施条例》《商标审查审理指南》等法律法规、规范性文件，也可以查询公开的商标注册审查决定文书、商标异议决定书与商标评审文书等。

其次，商标局目前在全国设有地方商标业务受理窗口，可供申请人自行办理多项商标申请事宜；在京外开设5处商标审查协作中心，各商标审查协作中心一般开设有商标审查业务与线下商标业务受理窗口。广州商标审查协作中心是全国首个开设的京外商标审查协作中心，线下在广州市越秀区和黄埔区开设有商标业务受理大厅，向公众提供免费商标咨询、商标注册申请受理业务、商标变更转让续展业务以及质权登记等服务；线上开设有"广州商标审查协作中心"微信公众号，可搜索"广州商标审查协作中心"或"teccgz"进行关注，了解商标网上申请简易办事指南、更多商标即时资讯与商标线下活动。

最后，如果想掌握更多商标资讯信息，可以通过《中国知识产权报》《中华商标》等相关报纸、期刊进行进一步了解。

第二章
国内商标注册申请的提交和受理

在了解了注册商标的必要性之后,相信作为市场主体的您也开始慎重考虑商标注册的事情。在此之前,您肯定还想进一步了解注册一个商标难不难、注册商标要怎么申请、注册商标有什么要求、要花多少钱、时间要多久等这些非常现实的问题。

第一节
国内商标注册申请概述

4 什么是商标注册申请?

在我国,商标注册采取的是自愿注册为主、强制注册为辅的原则。自然人、法人或者其他组织,均可以依照《商标法》及其实施条例的规定,向商标局申请商标注册,并缴纳规费,这个程序就是商标注册申请程序。

《商标法》第四条规定:自然人、法人或者其他组织在生产经营活动中,对其商品或者服务需要取得商标专用权的,应当向商标局申请注册。不以使用为目的的恶意商标注册申请,应当予以驳回。

狭义的商标注册申请仅指商品和服务商标注册申请、商标国际注册申请、证明商标注册申请、集体商标注册申请、特殊标记登记申请[1]。广义的商标注册申请除包括狭义的商标注册申请内容外,还包括变更、续展、转让申请,以及其他商标事宜的办理。

5 谁可以申请商标注册?

《商标法》第四条规定:自然人、法人或者其他组织,在生产经营活动中,对其商品或者服务需要取得商标专用权的,应当向商

---

[1]为统一表述,此后所称的商标注册申请均为狭义含义。

标局申请商标注册。《商标法》第十七条规定：外国人或者外国企业在中国申请商标注册应当按照其所属国和中国签订的协议或者共同参加的国际条约办理，或者对等原则办理。

需要注意的是，国内申请人作为商标申请主体应从事生产经营活动，而国家党政机关因不能直接参与生产经营活动，故不能申请商标注册。[1]

不同身份的申请人，应提供相应的身份证明文件及主体资格证明文件，具体分为以下几种情形。

1. 国内申请人

（1）以我国内地（大陆）自然人的名义申请商标注册的，应使用身份证或户籍证明等有效身份证件复印件、个体工商户营业执照复印件或农村土地承包经营合同复印件等主体资格证明文件作为身份证明文件。需要注意的是，按照现行规定，自然人申请商标注册必须提供个体工商户营业执照或农村土地承包经营合同，仅有身份证是无法申请商标注册的。

（2）以我国香港特别行政区、澳门特别行政区或台湾地区自然人的名义申请商标注册的，则应当使用在有效期内（一年以上）的《港澳居民来往内地通行证》《台湾居民来往大陆通行证》或《港澳台居民居住证》作为身份证明文件。

（3）以我国内地（大陆）法人或其他组织的名义申请商标注册的，应当使用标注社会统一信用代码的身份证明文件。企业一般使用的是营业执照，非企业组织可以使用法人登记证书、事业单位法人证书、社会团体法人登记证书、民办非企业单位登记证书、基金会法人登记证书、律师事务所执业许可证等有效证件。

---

[1] 详见问题4。

（4）以在我国内地（大陆）没有营业场所的，香港特别行政区、澳门特别行政区或台湾地区法人或其他组织的名义申请商标注册的，应当委托依法设立的商标代理机构办理。

2.国外申请人

（1）以国外自然人的名义申请商标注册的，应当使用护照及公安部门颁发的在有效期内（一年以上）的《外国人永久居留证》或《外国人居留许可》作为身份证明文件，同时应当提交对应的中文翻译件；没有以上身份证明文件的，应当委托依法设立的商标代理机构办理。

（2）以在中国没有营业所的国外法人或其他组织的名义申请商标注册的，应当委托依法设立的商标代理机构办理。

6 社会团体可以申请注册商标吗？

社会团体是指为一定目的由一定数量公民或企事业单位自愿组成，并取得法人资格，按章程开展活动的社会组织，包括行业性社团、学术性社团、专业性社团和联合性社团。社会团体持有主体资格证明文件的[1]，可申请注册商标。

以社会团体名义申请商标注册的，应当提交其依法成立的主体资格证明文件。主体资格证明文件可以是非营利法人的事业单位或者社会团体经登记成立的批准文件，如事业单位法人证书、社会团体法人登记证书、农民专业合作社法人营业执照等。

---

[1] 主体资格证明文件，一般为证明主体存续的身份文件，而非证明主体具有某种特殊能力或资格的文件。医疗机构执业许可证、办学许可证、期刊登记证、卫生许可证等仅为法律规定的某些行业必须经过许可由主管部门颁发的许可经营的证明文件，在申请注册商标时不能作为主体资格证明文件。

社会团体可以申请普通商标，符合要求的也可以申请集体商标、证明商标及地理标志集体商标、地理标志证明商标。

7 党政机关、事业单位可以申请注册商标吗？

《商标法》第四条规定：自然人、法人或者其他组织在生产经营活动中，对其商品或者服务需要取得商标专用权的，应当向商标局申请商标注册。基于此条款，一般来说必须是从事生产经营活动的主体才可以申请商标。

党政机关，包括党委机关、国家权力机关、行政机关、政协机关、审判机关、检察机关、监察机关等，也包括各级党政机关派出机构。《中共中央办公厅、国务院办公厅关于党政机关兴办经济实体和党政机关干部从事经营活动问题的通知》（中办发〔1992〕5号）文件中规定，县及县以上的党政机关不得经商、办企业，不能从事生产经营性活动。因此，党政机关单位不能作为商标注册申请人提出商标注册申请。

需要注意的是，党政机关和事业单位不同，事业单位是国家为了社会公益目的而设立，从事教育、科技、文化、卫生等活动的社会服务组织。事业单位的表现形式为组织或机构的法人实体，持有事业单位法人证书，按现行规定可以申请注册商标，办理商标注册申请提交的资料与企业在申请商标注册时所需的文件基本一致。

8 可以和其他人共同注册申请一个商标吗？

商标注册申请可以是单一主体申请，也可以是两个以上的主体共同申请。

《商标法》第五条规定：两个以上的自然人、法人或者其他组织可以共同向商标局申请注册同一商标，共同享有和行使该商标专用权。对于商标申请权来说，共同申请人各自享有平等的权利，属于共同共有关系。商标申请被核准注册以后，共同申请人共同享有和行使该商标专用权。

《商标法实施条例》第十六条规定：共同申请注册同一商标或者办理其他共有商标事宜的，应当在申请书中指定一个代表人；没有指定代表人的，以申请书中顺序排列的第一人为代表人。

指定代表人仅为确定商标文书的送达对象，商标局和商标评审委员会的文件会直接送达代表人。在商标申请的后续流程中，如商标审查、驳回通知、异议和评审等，以共有人选定的共有商标代表人作为申请人办理相关业务。代表人负有将商标注册申请过程中商标局发送的受理通知书、驳回决定书及《商标注册证》等法律文件告知其他共同申请人的义务，代表人未经其他共同申请人一致同意，不得变更商标注册申请的实质性内容，也不得撤回商标注册申请。若代表人变更商标权的实质性内容、放弃异议申请或者评审申请、撤回商标注册申请或者撤销商标注册，必须经其他共同申请人的一致同意。

9 商标注册申请有哪些途径？

《商标法》第十八条规定：申请商标注册或者办理其他商标事宜，可以自行办理，也可以委托依法设立的商标代理机构办理。

目前，国内商标申请有自行办理和委托办理两种途径。按现行规定，有两类主体不能自行办理商标注册申请，必须通过委托办理：一类是在内地（大陆）没有经常居所或营业所的，我国香港特别行政区、澳门特别行政区和台湾地区申请人；另一类是在中国没有经常居所或营业所的外国人或外国企业。

一、自行办理

（1）网上办理。网上办理是通过商标局官网商标网上服务系统在线提交商标注册申请。申请人自行通过网申系统在线提交商标注册申请的，应当先注册网上申请用户，经商标局审核通过后，可在线提交商标注册申请，提交方法详见"中国商标网→商标网上申请"。商标网上服务系统网址为http://sbj.cnipa.gov.cn/wssq/[1]。

（2）现场办理[2]。符合自行办理要求的申请人，可以到以下地点现场办理商标注册申请：国家知识产权局商标局注册大厅、商标局驻中关村国家自主创新示范区办事处、京外商标审查协作中心及地方商标业务受理窗口[3]。

二、委托办理

申请人可以根据自身实际需求，自愿委托在商标局备案的商标代理机构办理商标注册申请。根据《商标法实施条例》相关规定，委托办理需要注意以下事项：

（1）申请人可以自愿选择任何一家依法设立的、在国家知识产权局备案的商标代理机构。

（2）委托代理机构办理，除提交一般资料外，还应当提交商标代理委托书，委托书应当载明代理内容及权限，外国人或外国企业的商标代理委托书还应当载明委托人的国籍。

（3）委托代理机构报送的各项商标申请文件，应当加盖该代

---

[1]商标局官网账号注册及在线申请注册相关问题，详见第二章第一节和第二节。
[2]关于线下如何办理商标注册申请，详见问题10。
[3]商标局、京外商标审查协作中心及地方商标业务受理窗口信息详见附录2和附录3。

理机构公章，并由相关商标代理从业人员签字。

（4）不能以商标代理机构从业人员的个人名义进行委托。

（5）委托代理机构办理的，商标文件送达至被委托的代理机构视为送达当事人。

（6）委托代理机构办理的，除商标局收取的商标申请规费之外，代理机构一般会收取相应的代理费用，费用金额暂无统一规定。

10 如何注册"网上申请用户"？

"网上申请用户"注册流程具体如下：

（1）准备申请资料。不同的主体需要提供的身份证明及主体资格证明等申请材料有所不同，需按照要求提前准备好相关申请材料。[1]

（2）注册用户。登录国家知识产权局商标局官网http://sbj.cnipa.gov.cn/wssq/，点击"商标网上申请"（图10-1），选择"网上申请用户登录"，申请软证书[2]，按附录8所述流程指引提交用户注册申请后等待商标局审核结果。若审核通过，商标局将发送用户注册成功通知至注册时填写的邮箱。

（3）安装证书助手。提交用户注册申请后进入商标网上服务系统首页，在页面右下侧点击"数字证书驱动下载"，下载并安装证书助手。[3]

（4）签发软证书激活账户。收到商标局发送的用户注册成功通知的，且已安装证书助手的，通过用户名和申请人名称登录证书

---

[1] 详见附录7。
[2] 详见附录8。
[3] 详见附录10。

助手，执行证书签发[1]。成功签发下载软证书后，登录商标网上服务系统，激活账号。

图10-1 国家知识产权局商标局官网界面

11 如何在线提交商标注册申请？

已在商标局官网注册"网上申请用户"的申请人，可通过网申系统在线提交商标注册申请，填写步骤及注意事项如下：

（1）登录网申系统，在左侧菜单栏选择"商标注册申请"。

（2）"申请人信息"栏，在线填写商标注册信息，有"★"标记的为必填项目。"申请人名称（中文）"栏应填写身份证明文件上的名称，"申请人地址"栏应当按照主体资格证明文件中的地址填写。"国内申请人联系地址"栏填写申请人联系地址，无联系地址的，可按照主体资格证明文件中的地址填写。"国内申请人联系地址"栏用于接收商标后续业务的法律文件，也用于自行办理的国内申请人接收本申请的各种文书。

（3）在"商标申请声明"栏，申请注册集体商标、证明商标

---

[1]详见附录8。

的，以三维标志、颜色组合、声音商标申请商标注册的，应当按照申请内容进行勾选，并上传相关文件。普通商标或者商标指定颜色的，不用勾选此栏。

（4）在"商标说明"栏填写商标说明，此为必填项。对于普通商标，仅需将商标所包含的文字内容填入即可，商标为外文或者包含外文的，应当说明含义。以三维标志、声音标志申请商标注册的，应当说明商标使用方式。以颜色组合申请商标注册的，应当提交文字说明，注明色标，并说明商标使用方式。注意：填写商标说明时只能使用简体中文、英文或阿拉伯数字，不得使用其他任何文字或字符。

（5）在"共同申请信息"栏勾选是否共同申请。是共同申请则需填写共同申请人信息，需上传每个共同申请人的由该共同申请人盖章或签字的身份证明文件。

（6）在"优先权信息"栏勾选是否有优先权。有优先权的需要按要求提交相关证明文件，若申请人不能立即上传，可以选择优先权证明文件后补。

（7）在"商品"栏，点击"添加商品/服务项目"，弹出添加商品的窗口，可以通过输入关键字、商品编码或通过查询类别来查询商品的信息，选择该商标的指定商品或服务项目。

（8）在"商标图样"栏上传商标图样。商标图样文件格式应为JPG格式，图形应清晰，图样文件大小应小于200KB，且图形像素介于"400×400"—"1500×1500"。以三维标志申请商标注册的，提交能够确定三维形状的图样并应至少包含三面视图。以颜色组合或者着色图样申请商标注册的，仅上传着色图样即可。不指定颜色的，应上传黑白图样。以声音标志申请商标注册的，应按要求上传图样：应当以五线谱或者简谱对申请用作商标的声音加以描述并附加文字说明；无法以五线谱或者简谱描述的，应当使用文字进行描述，商标描述与声音样本应当一致。

（9）信息填写好后确认，预览所填信息无误后提交，系统生成《商标注册申请书》。《商标注册申请书》格式参见附录5。

12 线下如何办理商标注册申请？

不便通过网申系统在线办理商标注册申请的申请人，可以在商标局商标注册大厅、京外商标审查协作中心及地方商标业务受理窗口现场提交商标注册申请。

一、准备申请材料

（1）经申请人盖章或签名的身份证明文件复印件。申请人为企业的，需加盖企业公章；申请人为自然人的，由自然人本人签名。不同名义的申请人身份证明文件及主体资格证明文件不同，具体分为以下几种情形。

①以我国内地（大陆）自然人名义申请的，需提交身份证复印件、个体工商户营业执照复印件或农村土地承包经营合同复印件（农村土地承包经营户可以以其承包合同签约人的名义提出商标注册申请，商品和服务范围以其自营的农副产品为限）。

②以我国内地（大陆）法人或者其他组织名义申请的，应当使用标注统一社会信用代码的身份证明文件复印件。企业一般应提交营业执照复印件，非企业可以提交事业单位法人证书、社会团体法人登记证书、民办非企业单位登记证书、基金会法人登记证书、律师事务所执业许可证等的复印件（期刊证、办学许可证、卫生许可证等不能作为申请人身份证明文件）。

③以我国香港特别行政区、澳门特别行政区或台湾地区自然人

名义申请的，提交申请人的身份证明文件复印件、在有效期内（一年以上）的《港澳居民来往内地通行证》《台湾居民来往大陆通行证》或《港澳台居民居住证》等的复印件。

④以国外自然人名义申请的，提交国外自然人身份证明文件复印件、公安部门颁发的《外国人永久居留证》或有效期一年以上的《外国人居留许可》的复印件及身份证明文件中文翻译件。

（2）商标图样，要求为电子版，JPG图片格式，图样文件大小应小于200KB，且图形像素介于"400×400"—"1500×1500"。商标需要指定颜色的，应提交着色图样；不指定颜色的，应当提交黑白图样。

（3）经申请人签字或盖章的《网上申请确认书》[1]。

为提高办事效率，建议申请人提前选择好申请注册类别、商品或服务项目[2]，准备好接收商标文件及通知的电子邮箱、手机号码。

二、现场办理

申请人可以根据自身情况就近选择前往国家知识产权局商标局注册大厅、商标局驻中关村国家自主创新示范区办事处、京外商标审查协作中心及商标业务受理窗口办理商标申请[3]。广州商标审查协作中心受理服务窗口位于广东省广州市越秀区流花路117号流花展贸中心。

目前，所有现场办理的窗口均已实现网申办理，现场工作人员将对申请材料进行书式审查，扫描相关申请材料上传至网申系统，按要求填写申请信息，申请人确认所填写和上传的信息无误后，提

---

[1] 详见附录5。
[2] 如何选择申报的商品、服务项目，详见问题37-38。
[3] 详见附录2和附录3。

交申请，现场办理完成。

三、等待受理结果

商标局在收到申请人提交的商标注册申请文件后，将对申请手续及申请文件进行形式审查。申请人需留意邮箱及短信提示，后续商标文件都将通过电子发文形式发送至申请时预留的邮箱。经形式审查合格，且申请人在规定期限内缴纳商标规费后，商标局受理该商标申请，并向申请人发放受理通知书。

13 商标注册申请受理前会经过哪些程序？

申请人提交商标注册申请后，商标局按照《商标法》及其实施条例对申请手续及申请文件进行形式审查，主要程序如下。

一、补正（非必经程序）

经形式审查基本符合要求，但需要补正的，商标局通知申请人予以补正，发放补正通知书。申请人收到补正通知书后，应按要求补正回文。

二、缴纳规费

经形式审查合格的，包括经过补正后符合形式审查要求的，商标局书面通知申请人缴纳商标规费，发放缴费通知书。申请人自收到缴费通知书之日起7日内，向商标局缴纳商标申请费用。

三、受理

经形式审查合格，且申请人在规定期限内按要求缴纳商标规费的，商标局书面通知申请人予以受理，发放受理通知书，即表示该商标注册申请已经成功受理，此商标注册申请文件进入后续的审查环节。

四、不予受理

商标注册申请文件形式审查不合格的、未缴纳规费的或未按要求补正的,商标局书面通知申请人不予受理,发放不予受理通知书,即表示商标局不予受理商标注册申请文件,该商标提交注册申请失败。

遇到此种情况,一般建议对不予受理的理由进行认真分析,及时向商标局重新提交符合要求的商标注册申请(原申请日期不予保留)。若对商标局作出的不予受理决定不服,亦可提起行政复议和行政诉讼。

第二节
商标注册申请的形式要求

14 商标设计需要重点考虑哪些方面？

商标是用来区分商品和服务来源的标志，利用文字、图形、字母、数字、三维标志、颜色组合、声音以及上述要素的组合设计的商标，都可以向商标局提交商标注册申请。注意，目前气味商标、位置商标、触觉商标、动态商标等法律规定之外的新型商标形态，均不可以在我国申请注册商标。

商标局依据我国《商标法》《商标法实施条例》等法律法规，以及《商标审查审理指南》[1]对商标注册申请进行审查，这些法律法规及指南可以作为申请人设计商标的重要参考文件。在此，结合《商标法》《商标法实施条例》及《商标审查审理指南》，对商标设计中需要考虑的重要方面作简要说明。

（1）设计商标不得违反《商标法》相关禁用条款。《商标法》第十条规定，下列标志不得作为商标使用：

（一）同中华人民共和国的国家名称、国旗、国徽、国歌、军旗、军徽、军歌、勋章等相同或者近似的，以及同中央国家机关的名称、标志、所在地特定地点的名称或者标志性建筑物的名称、图形相同的；

（二）同外国的国家名称、国旗、国徽、军旗等相同或者近似

---

[1]本书所称的《商标审查审理指南》是国家知识产权局于2021年发布的指导性文件，可在国家知识产权局官网和商标局官网下载。

的，但经该国政府同意的除外；

（三）同政府间国际组织的名称、旗帜、徽记等相同或者近似的，但经该组织同意或者不易误导公众的除外；

（四）与表明实施控制、予以保证的官方标志、检验印记相同或者近似的，但经授权的除外；

（五）同"红十字"、"红新月"的名称、标志相同或者近似的；

（六）带有民族歧视性的；

（七）带有欺骗性，容易使公众对商品的质量等特点或者产地产生误认的；

（八）有害于社会主义道德风尚或者有其他不良影响的。

县级以上行政区划的地名或者公众知晓的外国地名，不得作为商标。但是，地名具有其他含义或者作为集体商标、证明商标组成部分的除外。

申请人在进行商标设计时，要注意避免违反以上条款规定。[1]

（2）设计商标应具有显著特征。《商标法》第十一条规定，下列标志不得作为商标注册：

（一）仅有本商品的通用名称、图形、型号的；

（二）仅直接表示商品的质量、主要原料、功能、用途、重量、数量及其他特点的；

（三）其他缺乏显著特征的。

前款所列标志经过使用取得显著特征，并便于识别的，可以作为商标注册。

---

[1] 此处法律条款的具体解释和审查规定详见第三章。

商标的显著特征，即商标的显著性，是商标标志获得商标注册的重要要件。显著特征能让商标被消费者识别、记忆，可以发挥指示商品或服务来源的功能与作用。在设计商标时，要充分考虑该商标是否便于让消费者识别、记忆。[1]

（3）设计商标尽量避免与他人在先商标权利产生冲突。《商标法》第三十条规定：申请注册的商标，凡不符合本法有关规定或者同他人在同一种商品或者类似商品上已经注册的或者初步审定的商标相同或者近似的，由商标局驳回申请，不予公告。

《商标法》第三十一条规定：两个或者两个以上的商标注册申请人，在同一种商品或者类似商品上，以相同或者近似的商标申请注册的，初步审定并公告申请在先的商标；同一天申请的，初步审定并公告使用在先的商标，驳回其他人的申请，不予公告。

在设计商标时，要充分考虑商标在视觉效果上或者声音商标在听觉感知上是否与在先在类似商品或服务项目上已申请或注册的商标相同或者近似。如果存在相同或近似的情况，很可能会因为与他人在先商标权利产生冲突而导致商标无法注册。故此，要尽量保证商标的独创性，避免复制、摹仿他人商标，最好在设计前了解想指定使用的商品或服务项目上已经申请和注册商标的情况。

15 用汉字设计商标有什么注意事项？

商标中使用的汉字，原则上要求是规范汉字。规范汉字是指经过整理简化并由国家以《简化字总表》（1986年10月发布）与《通用规范汉字表》（2013年6月发布）形式正式公布的简化字与传承

---

[1] 此处法律条款的具体解释和审查规定详见第三章。

字。商标中汉字也可以是繁体字,以及行书、草书、隶书、篆书等书法形式的汉字。

一、不得使用不规范字体

商标中含自造字和缺笔画、多笔画或笔画错误的汉字,易使公众特别是未成年人对其书写产生错误认知的,一般视为含不规范汉字的商标。通常来说,商标含中文汉字的,汉字部分不能使用自造字,或者缺笔画、多笔画或笔画错误的汉字,否则该商标整体将被认定为属于《商标法》第十条第一款第(八)项规定中有其他不良影响的情形,不得作为商标使用。

原因在于,如果不规范汉字作为商标在日常生活中被广泛使用,容易潜移默化地使公众对汉字、汉语言文化产生错误认知,阻碍我国汉字传承和文化事业的发展,对我国社会公共利益和公共秩序产生消极、负面的影响。

对于含不规范汉字的商标,《最高人民法院关于审理商标授权确权行政案件若干问题的规定》第五条规定:商标标志或者其构成要素可能对我国社会公共利益和公共秩序产生消极、负面影响的,人民法院可以认定其属于商标法第十条第一款第(八)项规定的"其他不良影响"。

如果商标中含有中文汉字,尤其是印刷体或普通手写体形式的汉字,要秉承科学严谨的态度,尊重笔画顺序、汉字构成规则,坚守"避免使公众,尤其是未成年人对汉字书写产生错误认知"的底线,尽量不设计自造字,或者缺笔画、多笔画或笔画错误的汉字。

【示例15-1】此"百惠"商标中的"惠"字笔画少一笔,为不规范字体,以易产生不良影响驳回。

【示例15-2】此"初母礼"商标中的"礼"字笔画多一笔,为不规范汉字,以易产生不良影响驳回。

【示例15-3】此"茂格尔"商标中的"格"笔画错误,一般认定商标中"格"为汉字的不规范使用,以易产生不良影响驳回。

【示例15-4】该商标为申请人设计的自造字,该自造字易识别为现有汉字的错字,与现有的汉字体系产生混淆,社会公众容易对现有汉字产生错误认识。因此,以易产生不良影响驳回该商标。

二、不限制汉字的艺术化设计

对不规范汉字的管治,并不是限制商标的艺术设计,在符合相关法律法规、社会公共利益的前提下,进行艺术化设计商标是允许的。具体而言,对汉字可以进行艺术化、图形化、风格化设计,形式上汉字可以是简体、繁体,也可以是行书、草书、隶书、篆书等书法形式的书法体,只要不易使公众特别是未成年人对其书写产生错误认知的,一般不会因含不规范汉字、易产生不良影响驳回该商标。

【示例15-5】

"猴"图形化设计　　"香蕉与车厘"图形化设计　　"新酷菜"图形化设计

"高""梅"图形化设计　　"装""汇"笔画共用　　"尊""活"笔画共用

16 "商标说明"应如何填写？

一、一般填写要求

申请人应当根据实际情况填写商标说明，只能使用简体中文、英文或阿拉伯数字，不得使用其他任何文字或字符。商标说明长度应在180个字符以内（1个全角字符为2个字符，1个中文字为2个字符）。

二、新型商标填写要求

根据《商标法》《商标法实施条例》规定，申请以三维标志、颜色组合标志及声音标志申请商标注册的，必须填写"商标说明"，具体要求如下：

（1）以三维标志申请商标注册的，应当在"商标说明"栏内说明三维标志商标在商品或服务上的使用方式。申请人可以在商标说明中对三维标志商标的图样作文字描述，也可以对商标图样中不主张权利部分声明放弃专用权。

（2）以颜色组合标志申请商标注册的，应当在"商标说明"栏内列明颜色名称和色号，并说明颜色组合商标在商品或服务上的使用方式。

（3）以声音标志申请商标注册的，应当在"商标说明"栏中说明声音商标在商品或服务上的打开方式。

三、其他情形

除上述规定的新型商标必须填写商标说明外，申请人以普通商标申请商标注册的，也可以根据实际情况填写商标说明，具体要求如下：

（1）对商标图样中设计化的文字或非规范文字予以说明，并注明文字的规范写法及正规出处。

（2）商标包含外文或设计化外文的，应当说明外文的规范写法，并说明含义。

（3）对商标中含有的非显著性部分或不主张权利部分，声明放弃专用权。

（4）自然人将自己的肖像、创作画或计算机制作的虚构的人物形象作为商标图样进行注册申请时应当予以说明。申请人将他人肖像作为商标图样进行注册申请时应当予以说明，并附送授权声明书。

（5）申请人认为需要说明的其他事项，也可以在"商标说明"栏予以说明。

综上，"商标说明"一栏在商标申请书式填写中起很重要的作用，申请人应按要求规范填写，以便商标顺利通过审查。

17 什么是放弃专用权？

商标专用权是指商标所有人独占性享有该商标的权利，即可以在核定的商品或者服务项目上使用核准注册的商标，可以禁止他人在相同或类似商品或服务项目上使用与注册商标相同或近似的标志。也就是说商标权利主体对核准注册的商标享有独占性和排他性权利，注册商标的专用权以核准注册的商标和核定使用的商品或服务为限。

放弃专用权，即放弃商标专用权，是指申请人选择放弃商标中某部分标志的专用权，声明放弃专用权部分不在商标整体保护范围之内。例如，申请人申请"佳兴苹果"商标，指定使用在第31类"苹果"商品上，因"苹果"属于商品通用名称，申请人提交商标申请书时声明"苹果"二字放弃专用权。申请人作出的这一声明即为商标放弃专用权声明。

《商标法》第十一条第一款规定，下列标志不得作为商标注册：

（一）仅有本商品的通用名称、图形、型号的；

（二）仅直接表示商品的质量、主要原料、功能、用途、重量、数量及其他特点的；

（三）其他缺乏显著特征的。

《商标法》第五十九条规定：注册商标中含有的本商品的通用名称、图形、型号，或者直接表示商品的质量、主要原料、功能、用途、重量、数量及其他特点，或者含有的地名，注册商标专用权人无权禁止他人正当使用。

上述条款是对商标不具备专用权的情形作出的规定。

18 什么情况下需要放弃专用权？

《商标法》并未对放弃专用权作出明确要求。申请人提交申请书时，可以在商标说明中声明商标中哪部分内容放弃专用权，也可以不作声明。申请人按照自己的主观意愿选择是否声明放弃专用权、放弃哪部分内容，没有强制要求。

一般来说，申请人可以根据《商标法》第十一条规定，选择将仅为商品通用名称、行业术语等缺乏显著性的文字或图形放弃专用权。对于符合规定的放弃专用权说明，《商标注册证》上会标明"'××'放弃专用权"的字样。例如，申请人申请注册"嘉禾公司"商标，"公司"一词仅为企业组织形式，不具备显著识别特征，申请人可以声明就商标中"公司"二字放弃专用权，商标局在商标申请注册的实质审查时将依据申请人的声明，同意申请人就"公司"二字放弃专用权，并对该商标的显著识别部分"嘉禾"进行审查。

19 放弃专用权是否影响商标的审查结论？

虽然申请人可以自主选择是否声明放弃商标专用权，或放弃商标中某一部分内容的专用权，但商标局会对放弃专用权的内容进行有效性认定，即根据申请人的声明，结合实际情况确定其放弃专用权部分是否合理、有效。并非所有商标声明放弃专用权的主张都能得到商标局的支持。

《商标法》第二十九条规定：在审查过程中，商标局认为商标注册申请内容需要说明或者修正的，可以要求申请人做出说明或者修正。申请人未做出说明或者修正的，不影响商标局做出审查决定。

因此，不管申请人声明放弃专用权的内容是什么，都不影响商标局对该商标进行相对理由和绝对理由的审查。申请人可根据主观意愿，依据《商标法》第十一条选择放弃哪部分专用权，但放弃部分不得违反《商标法》禁止使用的条款，且不得侵犯他人在先权利。商标如果包含法律禁止使用或注册的内容，或是包含与他人在先权利冲突的内容，即便申请人声明放弃该部分的专用权，也不影响商标局依职权对其进行绝对理由和相对理由的审查。

【案例19-1】A申请人申请"香蕉出品"商标，指定使用在第9类"手机"商品上，提交申请书时声明"香蕉"放弃专用权，B申请人在先在"手机"商品上注册"香蕉"商标。"香蕉"虽然属于商品通用名称，但判断商标是否缺乏显著特征，还应结合指定的商品来判断。显然，"香蕉"不属于电子产品行业的通用名称，其作为商标指定使用在"手机"商品上具备商标显著识别特征，可区分商品来源。对于"香蕉出品"商标,其中"出品"一词意为"生产制造;出产",属于不具备显著性的文字,该商标的显著识别部分则为"香蕉"二字。由于B申请人在相同商品上已注册"香蕉"商标,"香蕉出品"与"香蕉"两商标的显著部分完全相同,所以A申请人的"香蕉出品"商标与B申请人在先注册的"香蕉"商标在相同商品上构成近似商标,故对于A申请人放弃专用权的声明,商标局视为无效。

【案例19-2】 A申请人申请"兴盛苹果汁"商标,指定使用在"葡萄汁"商品上,申请人声明"苹果汁"放弃专用权。"苹果汁"属于商品通用名称,结合该商标指定使用的商品,"苹果汁"仅起到描述商品的作用,不具备商标可识别功能,故申请人的放弃专用权声明有效。但是,"苹果汁"是指以苹果为原料制作而成的饮品,如果将"苹果汁"作为商标使用在"葡萄汁"商品上,对消费者而言则具有欺骗性、误导性。虽然商标已声明放弃部分专用权,但相关公众并不知晓商标放弃专用权的情况,仍会对商标中的"苹果汁"三字加以识别,且一般公众在购买饮品时,对于商标中描述商品原料或成分的文字关注度较高,商标上表示商品描述性的文字极易误导消费者购买。因此,即使放弃该商标"苹果汁"的专用权,也会因与指定使用的商品不一致,造成使相关公众对商品或商品原料特点产生误认,商标局依据《商标法》第十条第一款第(七)项规定,驳回"兴盛苹果汁"商标。

20 申请注册三维标志商标时，申请书式中有什么注意事项？

三维标志商标，也可称为立体商标，一般是指由三维标志或者含有其他要素的三维标志构成的商标。相对于平面商标，三维标志商标"立体"的特殊性，要求申请人在《商标注册申请书》中声明"以三维标志申请商标注册"，说明商标使用方式，并提供至少包含三面视图的商标图样以确定三维形状。

一、勾选相应"商标申请声明"

申请三维标志商标时，注意在《商标注册申请书》[1]中"商标申请声明"栏勾选"以三维标志申请商标注册"。如果未勾选，一般视为申请人不以三维标志申请商标注册。这样，即便商标图样含有多面视图或立体效果图，也视为申请注册普通平面商标。

如果未在"商标申请声明"栏声明以三维标志申请商标注册，但在"商标说明"栏内明确说明以三维标志申请商标注册，需要进行补正。若经补正，申请人仍未在"商标申请声明"栏声明，则视为申请人不以三维标志申请商标注册，不对其所附相关文件进行审查。

二、在"商标说明"栏内说明商标使用方式

申请三维标志商标时，注意在"商标说明"中说明三维标志商标在商品或服务项目上的使用方式。同时，申请人可以在"商标说明"中对三维标志商标中不主张权利部分声明放弃专用权，也可以对商标的图样作文字描述。

申请人声明以三维标志申请商标注册，但未在申请书"商标说明"中说明商标使用方式的，需要补正；经补正后，仍未在申请书

---

[1]《商标注册申请书》详见附录5。

中报送商标使用方式的，不予受理。

三、提交合格图样

申请三维标志商标时，注意提交的商标图样应当至少包含三面视图，且能够确定构成唯一的三维形状。商标图样不符合要求的，需要补正；补正后商标图样仍不符合要求的，不予受理。

很多时候，申请人提供的图样虽然至少包含了三面视图，但根据该提供的视图并不能确定唯一的三维形状，导致注册申请被驳回。

【示例20-1】此商标是厦门某公司申请的三维标志商标，指定使用在"文具"等商品上。由于申请人提交的三维标志商标图样中，正视图和后视图中所显示的大小叶子左右位置未形成对应关系，无法确定该商标唯一的三维形状，不符合三维标志商标的申请要求。

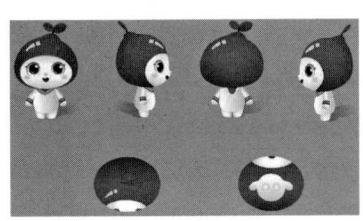

【示例20-2】此商标为北京某公司申请的三维标志商标，指定使用在电视播放等服务项目上。由于该三维标志图样的两个侧视图缺少人物胳膊，不能与其他视图构成唯一三维立体形状。

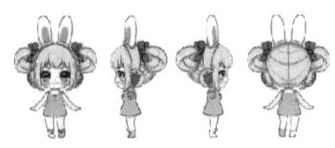

21 申请注册颜色组合商标时,申请书式中有什么注意事项?

我国目前不接受单一颜色标志作为商标申请注册,只接受颜色组合标志作为商标申请注册。

颜色组合商标是指由两种或两种以上颜色按照特定方式组合构成的商标。颜色组合商标仅由颜色构成,其保护对象是申请人以特定方式使用的颜色组合本身,不受固定的外部轮廓限制,不限定商标的具体形状,商标图样中商标形状并不是颜色组合商标保护的对象。

那么颜色组合商标和指定颜色的商标有什么区别呢?指定颜色的商标是指着色的商标,可以是着色的中文商标,也可以是着色的文字图形组合商标等,且指定的颜色可以是单一颜色,也可以是多种颜色。包含文字、图形等要素的指定颜色商标不属于颜色组合商标,指定颜色商标保护的是附色的商标图样整体,包括该商标所含的颜色、文字、图形等要素。

一、勾选相应"商标申请声明"

申请颜色组合商标时,注意在申请书中"商标申请声明"栏勾选"以颜色组合申请商标注册",并附送相关文件。申请人未勾选的,一般不视为以颜色组合申请商标注册。申请人未在"商标申请声明"栏声明以颜色组合申请商标注册,但在商标说明栏内明确说明以颜色组合申请商标注册的,需要补正;经补正,申请人仍未在"商标申请声明"栏声明的,视为不以颜色组合申请商标注册,不对其所附相关文件进行审查。

二、说明颜色名称、色号及商标使用方式

申请颜色组合商标时,注意在"商标说明"栏内列明颜色名称

和色号,并说明颜色组合商标在商业活动中的使用方式。申请人未声明的,不视为申请颜色组合商标。

申请人未在申请书中说明商标使用方式,或者未在申请书中列明颜色名称或色号的,需要补正;经补正后,申请人仍未在申请书中报送商标使用方式,或者仍未在申请书中列明颜色名称或色号的,不予受理。

三、提交合格图样

申请颜色组合商标时,注意提交清晰合格的彩色图样。提交的商标图样应当是颜色组合的色块,或是可以表现颜色使用位置的虚线图形轮廓。因该图形轮廓不是商标构成要素,故用虚线表示图形轮廓,而非实线。商标图样不符合要求的,需要补正;补正后商标图样仍不符合要求的,不予受理。

22 申请注册声音商标时,申请书式中有什么注意事项?

声音商标,是指用来区分商品或服务来源的声音本身所构成的商标。声音商标可以由音乐性质、非音乐性质或二者兼并的声音构成。以声音标志申请商标注册的,应当在《商标注册申请书》中"商标申请声明"栏选择"以声音标志申请商标注册",并在"商标说明"栏内说明商标使用方式。

一、勾选相应"商标申请声明"

申请声音标志时,注意在"商标申请声明"栏勾选"以声音标志申请商标注册",并附送相关文件。申请人未声明的,一般视为不以声音标志申请商标注册,不对其所附相关文件进行审查。申请人未在"商标申请声明"栏声明以声音标志申请商标注册,但在商标说明中明确说明以声音标志申请商标注册的,需要补正;经补正,申请人仍未在"商标申请声明"栏声明的,视为不以声音标志申请商标注册。

二、说明商标及其使用方式

申请声音标志时,注意在商标说明中说明声音商标在商业活动中的使用方式,具体说明在哪种情形下使用该声音商标,或者以何种方式使用该声音商标。

【示例22-1】"用于酷狗音乐播放器软件及硬件启动问候语"("Hello kugou"声音商标)。

【示例22-2】"该商标使用在申请人指定商品/服务项目上,具体表现为申请人所提供应用程序中信息提示时的短促嘀嘀嘀嘀嘀嘀的声音"("嘀嘀嘀嘀嘀嘀"声音商标)。

三、提交声音样本

申请声音商标应当注意提交符合要求、清晰、易于识别的声音样本。一般要求声音样本单独存放在独立的音频文件中,且该音频文件的格式与大小符合申请时的具体要求。如果申请人以纸质方式递交申请,则其通过提交只读光盘提供声音样本,且该只读光盘应只存有该声音样本的音频文件。通过数据电文方式提交的,按要求正确上传声音样本即可。

四、提供声音商标描述

申请声音商标时,注意在商标图样中对声音商标进行描述。该描述应当清晰可辨识,且与提交的声音样本一致。商标描述方式包括五线谱、简谱、文字说明、文字描述。对声音商标进行描述,应当以五线谱或简谱对声音样本进行描述并附加文字说明;无法以五线谱或简谱描述的,应当以文字加以描述;商标描述需要与声音样本一致,如声音样本中有歌词的,商标描述中相应地说明歌词。同时,一份完整的声音商标描述包括五线谱、简谱、文字说明等,须整体提交在一份商标图样中。

23 在"报纸、期刊、杂志(期刊)、新闻刊物"商品上申请注册商标有什么注意事项?

一般情形下,在"报纸、期刊、杂志(期刊)、新闻刊物"商品上申请注册商标,提交的申请材料与自然人、法人和其他组织在其他商品或服务上申请商标注册所提交的材料是一致的,但存在一些特殊情形。

一、提交报纸、期刊出版许可证的情形

(1)申请注册的商标名称含有国家名称。

(2)申请注册的商标名称含有县级以上行政区划的地名。

(3)申请注册的商标是中央国家机关所在地特定地点的名称或标志性建筑物的名称。

(4)缺乏显著特征的标志。

【案例23-1】申请人甲公司在"报纸、期刊、杂志(期刊)、新闻刊物"商品上申请了"甲乙教育报"商标,除了需要准备一般商标注册申请所需的材料外,还需要提交报纸、期刊出版许可证吗?

甲公司申请的商标是"甲乙教育报"。首先,"甲乙教育报"没有与我国的国家名称相同或者近似,没有与中央国家机关所在地特定地点的名称或者标志性建筑物的名称相同;其次,也没有包含县级以上行政区划的地名;再次,没有属于《商标法》第十条规定的其他情形,商标局需核对国家出版行政部门核发的报纸、期刊出版许可证的情形。因此,甲公司在申请该商标时只需准备一般普通商标申请所需要的材料即可,无需提供报纸、期刊出版许可证。

【案例23-2】 申请人乙公司在"报纸、期刊、杂志（期刊）、新闻刊物"商品上申请了"江苏教育报"商标，除了需要准备一般商标注册申请所需的材料外，还需要提交报纸、期刊出版许可证吗？

乙公司申请的商标是"江苏教育报"。显然，该申请注册的商标中的"江苏"是指我国的江苏省，是一个无第二含义的地名，符合"商标名称由县级以上行政区划的地名构成，或者含有县级以上行政区划的地名的"这个条件，属于需要提供报纸、期刊出版许可证的情形。因此，乙公司在申请该商标时除了需要准备一般普通商标申请所需材料，还需要提供报纸、期刊出版许可证。

二、提交报纸、期刊出版许可证的具体要求

商标申请人提交的报纸、期刊出版许可证应符合如下要求：

（1）商标申请人名义应与所提交的报纸、期刊出版许可证上显示的持有人名义一致。

（2）商标申请人申请注册的商标名称应与所提交的报纸、期刊出版许可证上显示的经国家出版行政部门批准使用的报纸、期刊名称一致。

三、提交报纸、期刊出版许可证的途径和时间

申请人可以在提交申请材料时一并提交报纸、期刊出版许可证。如果在提交申请时没有提交，可以在商标注册补正程序中提交。在商标审查过程中，商标局会对应当提交报纸、期刊出版许可证而没有提交的商标申请人发出商标审查意见书，申请人在规定的时间内向商标局提交即可。

24 两个以上申请人共同申请注册同一商标，需要注意什么？

根据商标申请途径，商标注册申请分为纸件申请和网上申请，不同申请方式的注意事项有所不同。

一、以纸件提交共有商标注册申请

两个以上申请人共同申请注册同一商标，且通过纸件方式提交，填写《商标注册申请书》时，应将指定的代表人填写在"申请人名称"栏。指定代表人仅为确定商标文书的送达对象，商标局和商标评审委员会的文件会直接送达代表人。在"商标申请声明"栏勾选"两个以上申请人共同申请注册同一商标"，在《商标注册申请书》附件"其他共同申请人名称列表"栏填写其他共有人名称，并在空白处按顺序加盖共同申请人章戳或由共同申请人本人签字。外国申请人应当同时填写中文名称和英文名称，并附上所有共同申请人的主体资格证明文件及身份证明文件（盖章或签字）。

二、通过网上申请系统提交共有商标注册申请

两个以上申请人共同申请注册同一商标，通过网申系统提交时，应在"共同申请信息"栏中按要求正确填写。

在"共同申请信息"栏内，在"是否共同申请"项选择"是"，然后点击"添加共同申请人信息"，按要求正确填写其他共同申请人名称。应分别上传由该共同申请人盖章或签字的身份证明文件彩色扫描件（pdf格式文件）。外国共同申请人应当同时填写中文名称和英文名称，并且需分别上传由该共同申请人盖章或签字的身份证明文件原件及中文译文彩色扫描件（pdf格式文件）。

需要注意的是，如果共同申请人有我国港澳台企业或者外国企业，需要委托依法设立的代理机构办理。

25 什么是优先权?

商标优先权是指商标注册申请人对其商标注册在申请日期上享有优先权。申请人在两种情形下可以享有优先权。

一、第一种情形

商标注册申请人自其商标在外国第一次提出商标注册申请之日起六个月内,又在中国就相同商品以同一商标提出商标注册申请的,依照该外国同中国签订的协议或者共同参加的国际条约,或者按照相互承认优先的原则,可以享有优先权。在这种情形下享有优先权,需要提交第一次提出商标注册申请的文件副本,同时需要符合以下三个条件:

(1)两次提交的商标注册申请,商标图样和指定使用的商品必须保持一致。

(2)在国内提交申请的日期与在国外提交申请的日期相差在六个月之内。

(3)在国外提交商标申请的国家必须同中国签订协议或者共同参加国际条约,或者两个国家之间有相互承认优先的原则。

【案例25-1】申请人甲公司在2021年7月1日向我国提起商标注册申请,商标名称为"未来国际",指定使用在第32类"啤酒"商品上。在提交申请时,甲公司声称其有优先权,提供了其2021年5月1日在与我国共同参加国际条约的甲国提交商标注册申请文件的副本,该副本显示商标名称为"未来国际",指定使用在第32类"啤酒"商品上。那么申请人甲公司是否享有优先权?在我国提交商标注册申请的日期是2021年7月1日还是2021年5月1日?

此案例中,申请人甲公司在甲国提交商标注册申请的时间是2021年5月1日,在我国提交商标注册申请的时间是2021年7月1日,两个申请日期相差不超过六个月；同时，申请人甲公司首次提交商标注册申请的甲国与我国共同参加了国际条约；申请人甲公司两次申请的商标图样和指定使用的商品都是一样的。因此，申请人甲公司符合第一种情形享有优先权的三个条件，可以享有优先权，在我国提交商标注册申请的时间是2021年5月1日。

【案例25-2】申请人丙公司在2021年6月11日向我国提起商标注册申请，商标名称为"味来国际"，指定使用在第32类的"啤酒"商品上。在提交申请时，丙公司声称其有优先权，提供了其2020年12月1日在与我国共同参加国际条约的甲国提交商标注册申请的文件副本，该副本显示商标名称为"味来"，指定使用在第32类"麦芽啤酒"商品上。那么申请人丙公司是否享有优先权？在我国提交商标注册申请的日期是2021年6月11日还是2020年12月1日？

此案例中，丙公司在国外提交商标注册申请的时间是2020年12月1日，在国内提交商标注册申请的时间是2021年6月11日，两个申请日期相差超过六个月；申请人丙公司首次提交商标注册申请的甲国与我国共同参加了国际条约；此外，申请人丙公司第一次在甲国提交申请的商标名称为"味来"，指定使用在第32类"麦芽啤酒"商品上，而在国内提交申请的商标名称为"味来国际"，指定使用在第32类"啤酒"商品上，两次申请注册的商标图样和指定使用的商品都不一样。因此，申请人丙公司不符合第一种情形享有优先权的其中两个条件，不可以享有优先权，在国内提交商标注册申请的时间是2021年6月11日。

二、第二种情形

商标在中国政府主办的或者承认的国际展览会展出的商品上首次使用的，自该商品展出之日起六个月内，该商标的注册申请人可以享有优先权。在这种情形下享有优先权，需要提交展出其商品的展览会名称、在展出商品上使用商标的证据和展出日期，同时需要符合以下两个条件：

（1）参加的国际展览会必须由我国主办或是被我国承认。

（2）在国内提交申请的日期与该商品的展出日期相差在六个月之内。

【案例25-3】申请人乙公司在2021年9月12日向我国提交商标注册申请，商标名称为"医护卫"，指定使用在第5类"止痒水"商品上。在提交申请时，乙公司声称其2021年5月4日在一个我国承认的国际展览会展出的商品上首次使用这个商标，享有优先权，还提供了展出其商品的展览会名称、在展出商品上使用商标的证据和展出日期等相关证明文件。那么申请人乙公司是否享有优先权？在我国提交商标注册申请的日期是2021年5月4日还是2021年9月12日？

此案例中，申请人乙公司在国际展览会展出的商品上首次使用这个商标的时间是2021年5月4日，在国内提交商标注册申请的时间是2021年9月12日，两个日期相差在六个月之内，且申请人乙公司参加的国际展览会是我国所承认的。因此，申请人乙公司符合第二种情形享有优先权的条件，可以享有优先权，在国内提交商标注册申请的时间是2021年5月4日。

【案例25-4】申请人丁公司在2021年10月15日向我国提起商标注册申请，商标名称为"宜夏饮"，指定使用在第32类"矿泉水"商品上。在提交申请时，丁公司声称其2021年2月4日在一个国际展览会展出的商品上首次使用这个商标，享有优先权，还提供了展出其商品的展览会名称、在展出商品上使用商标的证据和展出日期等相关证明文件，但该展会不被我国所承认。那么申请人丁公司是否享有优先权？在我国提交商标注册申请的日期是2021年2月4日还是

2021年10月15日？

此案例中，申请人丁公司在国际展览会展出的商品上首次使用这个商标的时间是2021年2月4日，在国内提交商标注册申请的时间是2021年10月15日，两个日期相差超过六个月，且申请人丁公司参加的国际展览会不是我国所承认的。因此，申请人丁公司不符合第二种情形享有优先权的条件，不享有优先权，在国内提交商标注册申请的时间是2021年10月15日。

商标优先权的主要作用是完善在先申请原则。很多国家的商标审查以在先申请原则为基础，先申请先核准，优先权就是通过证明自己的商标申请在先，确定更早的申请日，从而有效保护自己的在先权利。如果申请人在申请商标时主张优先权，在提交申请时切勿忘记提交优先权证明文件，这是保护商标申请权的重要步骤。

26 商标注册申请时需注意哪些细节，以有效避免收到补正通知书？

申请人在办理商标注册申请时，常因申请材料填写有误、申请文件缺失、报送图样不符合要求等在形式审查环节被下发补正通知书。商标局向申请人发放《商标注册申请补正通知书》后，申请人需按要求进行补正回文，未及时进行补正回文或未按告知内容进行补正回文的，会导致该注册申请不予受理。

按照《商标审查审理指南》，涉及商标注册申请补正的类型一般有五种，包括申请事项的补正、商标图样和声音样本的补正、商品和服务项目的补正、委托办理事项的补正及其他事项补正。需特别注意应避免的情形主要有以下几种：

（1）以自然人名义申请，未填写身份证号码。若是以自然人名义申请，应填写身份证号码，并与身份证上的号码保持一致。

（2）申请书中的申请人地址与身份证明文件上的地址不一致。申请书中的申请人地址应详细填写，并与身份证明文件上的地址保持一致。

（3）商标图样不清晰或部分不清晰。应在"商标图样"栏重新上传清晰的商标图样，图样中的每一个组成部分都应清晰完整，但不可以改变商标图样。

（4）商标图样中含有注册标记。应在"商标图样"栏重新上传去掉注册标记后的商标图样。

（5）商标图样中包含非正常书写的商标要素，未说明其规范写法或未就该书写方法出处提交相关证明资料。应报送图样中的文字在各类字典、字帖等正规出版物所在页的复印件，复印件上文字的写法应与商标图样中文字的写法一致。若该文字是自行设计的，应予以说明。

（6）勾选了"商标申请声明"栏目中的选项，但未提交相关文件或提交的文件不符合要求。应重新提交符合要求的相关文件，如勾选了"以三维标志申请商标注册"的，应提交至少包含三面视图的商标图样，且根据视图能够确定构成唯一的三维形状，并在"商标说明"栏内说明商标使用方式。

（7）申报的商品和服务项目名称不规范。应按照申请时施行的《类似商品和服务区分表》版本进行申报，且尽量使用《类似商品和服务区分表》中现有的商品和服务项目名称。如不使用现有名称，应按照分类原则，使用具体、准确、规范的名称进行填写。要避免使用含混不清、过于宽泛且不足以划分其类别或类似群的商品或服务项目名称。

（8）未提交代理委托书，或委托书中商标与所申请商标不一致,或委托书中委托人国籍不正确。委托代理机构办理的,委托书中应载明代理内容及权限,委托书中的商标应与所申请商标一致,外国人或外国企业的委托书中委托人国籍应与法律组成一致。

27 收到《商标注册申请补正通知书》后,如何提交补正回文?

商标局在下发的《商标注册申请补正通知书》中,已详细列出要求补正的事项,申请人应按照补正要求进行补正并交回商标局。具体如下:

一、在期限内回复补正文件

商标注册申请补正回文的期限为自收到通知之日起30天内。申请人收到补正通知书后,应在指定期限内按照指定内容补正或陈述意见,对于申请文件的修改应当针对补正通知书指出的需补正内容进行,且修改内容不得超出原申请文件所载的事项范围。申请人在规定期限内按照指定内容补正并交回商标局的,保留原申请日期。期满未补正的或未按要求进行补正的,商标局将不予受理并书面通知申请人。

二、选择正确的回文途径

不同的申请途径,补正回文的方式也有所不同。以纸件申请的,应在收到补正通知书后将补正内容连同《商标注册申请补正通知书》一并交回商标局;自行在网申系统申请的,应在收到商标局短信及邮件的电子文件送达提示后,登录网申系统按照要求在线提交补正内容;在商标局受理窗口提交网申的,应在收到申请时预留邮箱中的补正通知书后,登录邮箱按照链接在线提交补正内容;委托代理机构办理的,由代理机构按照要求补正回文。

三、在线提交补正回文的注意事项

直接登录商标网上服务系统在线提交补正回文［无需寄（交）回补正通知书、无需将补正通知书打印后上传］，应将补正回文内容在线填写在相应栏目内。需要重新提交部分文件的，应在相应栏目内上传有关文件。

需要注意的是，申请人一定要留意补正的期限，补正通知书中有明确时间限定，切勿延误提交，否则该申请将不予受理。

28 收到《商标注册申请受理通知书》意味着什么？

申请人收到《商标注册申请受理通知书》仅意味着该件商标注册申请通过形式审查环节，已被商标局成功受理，并不代表所申请商标已获准注册。根据商标注册申请流程，该件商标申请将进入商标注册申请实质审查环节，申请人需持续关注商标注册申请审查状态及后续流程。

商标在提出注册申请之后、核准注册之前为未注册商标，需按未注册商标使用。如果该商标的使用侵犯了他人商标专用权，不影响有关管理机关对该行为进行查处。

29 商标注册申请不予受理的情形有哪些？

按照《商标审查审理指南》，商标注册申请不予受理的类型主要包括：申请事项的不予受理、商标图样和声音样本的不予受理、商品和服务项目的不予受理、委托办理事项的不予受理及其他事项的不予受理。商标注册申请不予受理的常见情形主要有以下几种：

（1）申请书式不规范或使用书式不正确。

（2）申请书中申请人名称、章戳（签字）与报送的身份证明文件不一致。

（3）声明两个以上申请人共同申请注册同一商标，但未报送申请书附件，或未报送其他共同申请人身份证明文件。

（4）证明文件为外文，但未报送中文译文，或中文译文与申请书中内容不一致。

（5）补正后变更商标图样。

（6）声明以三维标志申请商标注册，补正后商标图样仍不符合要求，或仍未在申请书中报送商标使用方式。

（7）声明以颜色组合申请商标注册，补正后商标图样仍不符合要求，或仍未在申请书中报送商标使用方式，或仍未在申请书中列明颜色名称或色号。

（8）声明以声音标志申请商标注册，补正后商标描述或声音样本仍不符合要求，或仍未在申请书中报送商标使用方式，或者仍未附送声音样本。

（9）未在申请书中填写商品或者服务项目名称。

（10）未报送申请人身份证明文件，或报送的身份证明文件与申请人不一致，或文件不清晰无法辨认，或申请时提交的身份证明文件已失效，或明显存在造假情形。

（11）申请书内容涂改且影响后续审查，但申请人或代理机构未在涂改之处盖章或签字确认。

（12）申请商标不符合《商标法》第八条要求。

（13）未向商标局缴纳规费。

（14）要求申请人予以补正，申请人期满未补正或者未按照要求进行补正。

30 收到《商标注册申请不予受理通知书》时怎么办？

收到《商标注册申请不予受理通知书》后，如果对商标局不予受理决定不服，可依据《行政复议法》第九条规定，自收到通知书之日起六十日内向国家知识产权局申请复议；也可依据《行政诉讼法》第四十六条规定，自收到通知之日起六个月内直接向北京知识产权法院提起行政诉讼。

收到不予受理通知书后，若无必要的复议和诉讼理由，一般建议申请人根据不予受理的情形合理调整申请文件和办理手续，及时另行提交符合要求的商标注册申请（原申请日期不予保留）。

31 机构有两个或两个以上名称的，应按照哪个名称提交《商标注册申请书》？

《商标法实施条例》第十四条规定：申请商标注册的，申请人应当提交其身份证明文件。商标注册申请人的名义与所提交的证明文件应当一致。

营业执照上有两个或两个以上名称的，须选其中一个名称并使用与之配套的公章申报，不可同时使用两个或两个以上名称，即"申请人名称"与"申请人章戳"处所盖章戳以及所附身份证明文件中的名称应当一致。

【案例31-1】某机构营业执照上的名称为"广州××中心（广州××管理中心）"，对应的两个公章分别为"广州××中心"和"广州××管理中心"。若申请商标注册时填写的商标申请人名称为"广州××中心"，应使用"广州××中心"字样公章；若申请商标注册时填写的商标申请人名称为"广州××中心"，而使用"广州××管理中心"字样公章，则为不一致。因此，填写商标申请人名称时，只能选择其中一个名称进行申报，并使用与之对应的公章。

32 目前商标注册申请中哪些环节和业务需要缴费，哪些不需要缴费？

《商标法》规定：申请商标注册和办理其他商标事宜的，应当缴纳费用。

为鼓励网上申请，现行标准下通过商标局网上申请系统提交的商标申请规费是纸件申请费用的九折，且通过网上申请系统提交商标变更申请免费。如无纸质申请必要，建议优先选择通过商标局网上申请系统提交商标申请。网上申请系统业务范围包括商标注册申请、续展、转让、变更、马德里商标国际注册、驳回复审、异议、撤三等。

详细费用清单见表32-1。

目前，商标业务申请不收费的项目有：商标使用许可提前终止备案、商标注销申请、删减商品/服务项目申请、撤回商标注册申请、撤回商标续展注册申请、撤回变更申请、撤回删减商品/服务项目申请、撤回转让/移转申请/注册商标申请、撤回商标使用许可备案、现场出具商标注册证明及变转续证明。

表32-1 商标业务申请详细费用清单[①]

序号	收费项目	纸质申请收费标准（按类别）	接受电子发文的网上申请收费标准（按类别）
1	受理商标注册费	300元[②]	270元[③]
2	补发商标注册证费	500元	450元
3	受理转让注册商标费	500元	450元
4	受理商标续展注册费	500元	450元
5	受理续展注册迟延费	250元	225元
6	受理商标评审费	750元	675元
7	变更费	150元	0
8	出具商标证明费	50元	45元
9	受理集体商标注册费	1500元	1350元
10	受理证明商标注册费	1500元	1350元
11	商标异议费	500元	450元
12	撤销商标费	500元	450元
13	商标使用许可合同备案费	150元	135元

①截至2022年3月。
②限定本类10个商品。10个以上商品，每超过1个商品，每个商品加收30元。
③限定本类10个商品。10个以上商品，每超过1个商品，每个商品加收27元。

33 提交商标注册申请后,如何缴纳商标规费?

商标局在收到商标注册申请文件,经形式审查合格的,会发送《商标注册申请缴费通知书》。

一、缴费期限

申请人或代理机构应自收到商标局缴费通知书之日起七日内,向商标局缴纳费用,期满未缴纳的,商标局不受理其申请。对未按要求缴费或未在规定期限内缴费的商标注册申请,商标局发放不予受理通知书,相应地,不需缴纳受理商标注册费。

二、缴费方式

(1)申请人委托代理机构办理。委托代理机构办理,申请人不用自行缴纳,由接受委托的代理机构按规定代为缴纳费用。

①代理机构已经在商标网上申请系统注册正式用户的,缴费通知书无缴费码,代理机构相关人员须登录代理机构账户进行在线支付。

②代理机构未在商标网上申请系统注册正式用户的,须在注册简易用户后凭缴费码进行在线支付。

(2)申请人直接办理。

①申请人通过网上方式提交申请的,缴费通知书无缴费码,申请人须登录提交商标注册申请的账户在商标网上申请系统进行在线支付。

②申请人直接在商标局注册大厅、商标局驻中关村国家自主创新示范区办事处、京外商标审查协作中心、商标业务受理窗口递交申请,或者通过邮政或其他快递企业递交申请的,收到缴费通知书后须登录注册商标网上申请系统,用户凭缴费码在线缴纳费用。未注册商标网上申请系统正式用户,可以注册简易用户后

缴纳费用[1]。

③当事人在京外商标审查协作中心、商标业务受理窗口直接办理并通过网上方式提交申请的,可以持有缴费码的缴费通知书到京外商标审查协作中心、商标业务受理窗口,根据商标审查协作中心、商标业务受理窗口出示的商标网上服务系统中的二维码缴纳费用。

(3)特殊情况。适用缴费通知书有缴费码,但因特殊情况确实无法通过该缴费码在网上申请平台完成缴费的,可以持有缴费码的缴费通知书通过银行汇款缴费。收款账户信息请通过商标局官方渠道进行确认了解。

特别注意:汇款人汇款时应当在附言中只填写缴费码,缴费信息填写有误的,可在汇款三日内在商标局网上申请系统"银行汇款补充缴费信息申请"功能中补充相关信息;无法通过"银行汇款补充缴费信息申请"功能补充信息的,将缴费通知书复印件(加盖汇款单位公章或汇款人签字)、银行汇款回单邮寄至商标局。寄发邮件邮戳日期视为缴费日期。邮戳日期不清的,需提供邮局证明。未按要求填写并邮寄材料的、汇款金额不足的、缴费超期的视为未缴费,所提交申请依法不予受理。

详情可登录商标局官网"商标申请"栏目,查看《商标业务缴费指南》。

34 如何获取商标电子票据?

为进一步简化商标业务缴费流程,推进财政票据电子化改革,

---

[1] 详见附录9。

目前各项商标业务均可通过线上缴纳费用,线上领取票据。

当事人和代理机构缴纳商标费用后,商标局统一开具电子票据。根据财政部《关于统一全国财政电子票据式样和财政机打票据式样的通知》(财综〔2018〕72号)规定,财政电子票据可以入账报销。

一、申请人委托代理机构办理

申请人委托商标代理机构办理商标申请的,电子票据开具对象为商标代理机构。商标局将财政电子票据直接发送至该代理机构网上用户账号中,商标代理机构需在缴费5—7个工作日后登录商标网上服务系统自行下载电子票据。

二、申请人自行办理

(1)通过商标网上服务系统正式用户缴费的,电子票据开具对象为申请人,申请人需使用缴费账户在缴费5—7个工作日后登录商标网上服务系统自行下载电子票据。

(2)通过商标网上服务系统简易用户缴费的,电子票据开具对象为申请人,申请人需使用缴费账户在缴费5—7个工作日后登录简易账户自行下载电子票据。

(3)通过京外商标审查协作中心和商标业务受理窗口提交网上申请的,并且到京外商标审查协作中心、商标业务受理窗口,根据商标审查协作中心、商标业务受理窗口出示的商标网上服务系统中的二维码缴纳费用的,财政电子票据下载链接将以电子发文的方式被发送至当事人申请时预留的电子邮箱中,申请人收到通知后需及时登录邮箱下载,也可以到提交申请的京外商标审查协作中心或地方商标业务受理窗口现场领取财政电子票据打印件的电子版。

注意:商标网上服务系统电子票据保存期限为3个月,当事人和代理机构缴费后应及时下载,超过保存期限的,需向商标局提出申请后登录商标网上服务系统下载。

35 有人说能通过加钱来加急办理商标注册申请，是真的吗？

假的！

商标注册申请规费以商标局官网公布的收费标准为准，除在中国商标网上公开的收费项目，商标局不收取其他任何费用。

目前商标注册申请规费清单是2019年7月1日起实施的。申请人可在商标局官网收费标准查询详细的规费清单[1]。以受理商标注册费为例，通过商标局网上申请系统提交1个商标、申报1个类别、10个商品的商标注册申请，若予以受理，受理商标注册费为270元，注册商标的有效期为十年。注册商标有效期满后需要继续使用的，应当在期满前的十二个月内按照规定办理续展手续。商标注册申请不存在通过加钱加急办理的情形，请商标申请人注意辨别，避免遭受损失。

如发现不当行为，可拨打举报电话：010-63218500。

36 什么是商标注册申请中的商品和服务项目？

一、类似商品和服务项目

商标是依附于商品和服务项目使用的，商标注册申请时由申请人选择自己所需的商品或服务项目。在现实生活中，我们身边存在大量类似的商品和服务项目。

---

[1] 详见问题32。

类似商品是指商品在功能、用途、所用原料、销售渠道、消费对象等方面具有一定的共同性，如果在类似商品上使用相同或近似商标，易使相关公众认为其存在特定联系，使消费者误认为是同一企业生产的商品。例如，在"上衣、裤子、游泳裤、防水服"等商品上使用相同或近似的商标，易使相关公众对商品的来源产生混淆。

类似服务是指服务项目在目的、内容、方式、对象等方面具有一定的共同性，如果在类似服务上使用相同或近似商标，易使相关公众认为其存在特定联系，使消费者误认为是同一企业提供的服务。例如，在咖啡馆、餐厅、饭店、旅馆、茶馆等之类的餐饮服务项目上使用相同或近似的商标，消费者很容易认为这些都是由同一家企业开设的消费场所，享受的都是一家企业的服务。

二、我国类似商品和服务的分类方式

我国现行的《类似商品和服务区分表》是指国家知识产权局商标局编著的《类似商品和服务区分表——基于尼斯分类第十一版（2022文本）》。每年，《类似商品和服务区分表》都会随着国际分类表的修订而作相应的调整，一是增加新的商品，二是会对部分商品和服务项目的类别和可接受性进行调整。[1]

现行《类似商品和服务区分表》共分为商品（第1类至第34

---

[1] 尼斯分类表是根据《商标注册用商品和服务国际分类尼斯协定》制定的商标类目分类表。《商标注册用商品和服务国际分类尼斯协定》（以下简称尼斯协定）是一个有多国参加的国际公约，该协定于1957年6月15日在法国尼斯签订，1961年4月8日生效。尼斯协定的宗旨是建立一个共同的商标注册用商品和服务国际分类体系，并保证其实施。目前世界上已有130多个国家和地区采用此分类表。我国1988年11月1日起采用国际分类。尼斯协定主要规定的是商品与服务分类法，它将商品分为34大类，服务项目分为11大类，该分类为商标检索、商标管理提供了很大方便。自1994年我国加入尼斯协定以来，积极参与了对尼斯分类的修改与完善，已将多项有中国特色的商品加入尼斯分类中。

类，34个类别）和服务（第35类至第45类，11个类别）两大部分，基本上涵盖了市场流通和交易所涉及的各类商品和服务。[1]

《商标法》第二十二条第一款规定：商标注册申请人应当按规定的商品分类表填报使用商标的商品类别和商品名称，提出注册申请。《类似商品和服务区分表》是商标申请人用于判断商品和服务项目类似与否的主要依据和参考工具。

在商标注册审查阶段及驳回复审程序中，判断类似商品或服务项目的关系时，原则上以《类似商品和服务区分表》为判断依据。《类似商品和服务区分表》把某些存在特定联系、容易造成误认的商品和服务项目划分在同一类似群组，同一类似群组的商品和服务项目原则上是类似商品和服务项目。但也有特例，关于特殊类似关系规定在《类似商品和服务区分表》注释里有详细说明，在判断类似关系的时候可以以具体注释为准。

【示例36-1】"新鲜苹果"和"新鲜梨子"是否属于类似商品？

根据《类似商品和服务区分表》，"新鲜苹果"和"新鲜梨子"都是同一个类似群的商品，都是属于3105类似群组的。显然，这两个商品都是水果，从功能、用途、生产部门、销售渠道、消费对象等方面进行综合判断，这两个商品属于类似商品。

【示例36-2】"寻找赞助"和"销售展示架出租"是否属于类似服务项目？

根据《类似商品和服务区分表》，"寻找赞助"和"销售展示架出租"都是划分在3508这个类似群组中，但《类似商品和服务区分表》3508的类似群组注释说明显示，该类似群组为单一服务项

---

[1]《类似商品和服务区分表》45个类别的大致区分情况详见附录11。

目,各服务项目都不是类似服务项目。通俗点说,对"寻找赞助"和"销售展示架出租"从服务的目的、内容、方式、对象等方面进行分析,可以判断二者没有类似关系。

当然《类似商品和服务区分表》不能穷尽所有的类似商品和服务项目,申请人申报《类似商品和服务区分表》以外的其他商品或服务项目时,应遵照商品和服务分类原则。[1]判断商品或服务是否类似时应以相关公众对商品或服务的一般认识进行综合判断。

37 申报标准商品或服务项目时有什么注意事项?

在申请商标注册时,申请人应尽量按照《类似商品和服务区分表》中规范的商品或服务项目名称填写。注意事项如下:

(1)在申报时,应填写具体的商品和服务项目名称,申报的标准商品或服务项目名称应为《类似商品和服务区分表》中编码是6位数字的商品或服务项目名称(6位数字编码不用填写),不能填写类别号、类别标题、类别注释、类似群号、类似群名称、数字编号等。

例如,申请人拟在第16类商品上申请注册商标,申报的标准商品名称不能填写类似群号"1604 工业用纸",也不能填写含项目编号的名称"纸160006",而应该填写"纸""混凝纸""羊皮纸"等标准商品名称。

(2)申报的商品和服务项目名称应符合《国家通用语言文字法》、《标点符号用法》及社会公众语言习惯,应使用规范简体汉字表述,不得出现错别字、繁体字等。

---

[1] 在《类似商品和服务区分表》中没有的商品或服务项目的申报,详见问题38。

例如,"动物皮"不能写成"动物疲"和"動物皮","空气净化器"不能写成"空汽净化器"等。

(3)在申报时,应当按照《类似商品和服务区分表》分类原则,依据具体产品的功能、用途申报在相应的类别上。

例如,"手套(服装)"属于服装,应申报在第25类上;"防事故用手套"属于救护器具,应申报在第9类上;"医用手套"属于医疗用辅助器具,应申报在第10类上;"绝缘手套"属于绝缘用品,应申报在第17类上;"家务手套"属于家务用具,应申报在第21类上;"竞技手套"属于体育和运动用品,应申报在第28类上。"一次性手套"为不规范名称,因为该商品的功能用途并不明确,如"医用一次性手套"应申报在第10类上;"家务用一次性手套"应申报在第21类上。

(4)依照提交申请时施行的《类似商品和服务区分表》版本进行申报,不得申报提交申请时已经失效或尚未生效的商品和服务项目名称。

例如,2022版《类似商品和服务区分表》删除了第43类商品"旅游房屋出租",2022年1月1日后,若提交的商标注册申请包含此商品,将会被要求补正。

38 在《类似商品和服务区分表》中没有的商品或服务项目,如何申报?

若申请人拟申报的商品或服务项目未在《类似商品和服务区分表》中列出,即需要申报非标准商品或服务项目名称时,应当依照提交申请时施行的尼斯分类和《类似商品和服务区分表》版本进行申报,且符合商品和服务项目分类申报原则。不得申报提交申请时已经失效的商品和服务项目名称。

为进一步方便申请人，国家知识产权局商标局在官网公布了《类似商品和服务区分表》以外可接受商品和服务项目名称，并定期更新。申请人申报前可先登录商标局官网查询。

若查询后，仍需申报官网公布的可接受的非规范商品清单以外的其他商品和服务项目名称，应符合以下要求：

（1）符合提交申请时施行的尼斯分类和《类似商品和服务区分表》版本分类原则。例如，2022年提交的商标申请，不能参考2021年及其他年份版本的《类似商品和服务区分表》进行申报。同时，按照商品和服务分类原则申报在正确的类别上。

①商品分类原则：商品为制成品，原则上按功能或用途进行分类；商品为多功能的组合制成品，应依据主要功能或用途进行分类；商品为原料、未加工品或半成品，原则上按其组成的原材料进行分类；商品按其组成的原材料分类时，如果由几种不同的原材料制成，原则上按其主要原材料进行分类；商品是构成其他产品的一部分，且该商品在正常情况下不能用于其他用途，则该商品原则上与其所构成的产品分在同一类别；用于盛放商品的专用容器，原则上与该商品分在同一类别。

②服务分类原则：比照《类似商品和服务区分表》所列标准名称，依据服务所属的行业，并结合服务的目的、内容、方式、对象等因素进行综合判断；出租服务，原则上与通过出租物所实现的服务分在同一类别；提供建议、信息或咨询的服务，原则上与提供服务所涉及的事物归于同一类别；以电子方式（如电话、计算机网络）提供建议、信息或咨询不影响这种服务的分类；特许经营的服务，原则上与特许人所提供的服务分在同一类别。

（2）申报的商品名称或服务项目力求具体、准确、规范，以便明确指定该商标的保护范围。该名称应足以使此商品或服务项目与其他类别的商品或服务项目相区分。应避免使用含混不清、过于宽泛、不足以确定其所属类别或易产生误认的商品或服务项目名称。

例如，"家用电器"包括的范围过大，涉及《类似商品和服务区分表》中多个类别的商品。如第7类的洗衣机、厨房用电动碾磨机；第11类的冰箱、淋浴热水器等均属于家用电器，因此不宜申报范围过大的商标名称或服务项目。诸如此类的情况还有"塑料制品""皮制品"等。

（3）避免申报的商品或服务项目名称包含两个或两个以上类别，或包含两个或两个以上同类别的商品或服务项目。

例如，申报"鱼"。在《类似商品和服务区分表》中"鱼（非活）"属于第29类，"活鱼"属于第31类，因此，申报"鱼"是属于不可接受的不规范的商品名称。申报"钢及钢管"，该名称包含现行《类似商品和服务区分表》中"钢"和"钢管"两个标准商品，应分别逐项申报。

（4）申请人申请商标注册时，可申报含有描述性词语的商品和服务项目名称。关于商品的描述性词语，一般包括说明商品功能、用途、所用原料、销售渠道、消费对象等方面的词语；关于服务的描述性词语，一般包括说明服务目的、内容、方式、对象等方面的词语。

（5）申报非标准商品和服务项目名称的申请人可附送对该商品或服务项目的说明，该说明材料仅为对商品或服务项目的补充解释说明，并非商品或服务项目名称组成部分。即使申请人附送了对商品或服务项目的说明材料，该商品或服务项目名称本身也应符合上述所有申报要求。

一般说来，一个商品或服务项目在《类似商品和服务区分表》

中有规范的标准名称时，应使用《类似商品和服务区分表》中的规范名称。使用规范的商品及服务项目名称，更加符合商标局形式审查的要求，有助于加快商标的注册进程，确保申请人及时获得商标专用权。

39 已注册商标可以扩大商品或服务范围吗？

经商标局核准注册的商标，其专用权保护的范围是以《商标注册证》上核准使用的商品和服务范围为限。

《商标注册证》上核准使用的商品和服务范围等实质性的内容不属于变更的范围。商标注册人不能在原注册证上申请增加商品和服务范围，仅可以根据需要申请注销注册商标（全部注销）或者注销其商标在部分指定商品上的注册（部分注销）。

《商标法》第二十三条规定：注册商标需要在核定使用范围之外的商品上取得商标专用权的，应当另行提出注册申请。

一种情况是申请人拟增加其他类别商品或服务项目的。例如，A公司申请在第25类商品上使用"灰兔"商标，并获得商标注册证。A公司想扩大保护范围，拟申请在第18类商品上获得商标专用权，需要重新在第18类商品上提交商标注册申请，若核准注册，届时商标局会颁发第18类的商标注册证。

另一种情况是申请人拟在原先注册的同类别上再申请其他商品或服务项目的。例如，A公司在第25类商品上已申请注册"灰兔"商标，原商标注册证上核定使用的商品为"服装、毛衣、夹克、衬衫、鞋"A公司想在第25类其他商品上再申请"灰兔"商标，如帽子、长袜、围巾等，则A公司需要重新向商标局提交商标注册申请，申请书上填写的商品名称为"帽子、长袜、围巾"。若获得核准注册，届时商标局再颁发专用权保护商品范围为第25类帽子、长袜、围巾的商标注册证。两个第25类的注册证会分别对应不同的注册号，申请人办理商标后续业务的时候需要分开办理。

40 如何查询商标注册申请的受理和审查进程？

申请人提交商标注册申请后，可通过以下方式查询所申请商标的受理和审查进程。

（1）登录商标局官网"中国商标网→商标网上查询→商标状态查询"栏进行查询。商标局官网网址：http://sbj.cnipa.gov.cn/。

（2）登录广东省知识产权公共信息综合服务平台"在线查询→商标查询"栏进行查询。广东省知识产权公共信息综合服务平台网址：https://www.gpic.gd.cn。

（3）拨打商标局或京外商标审查协作中心或地方商标业务受理窗口咨询电话。例如，广州商标审查协作中心咨询电话：020-83772305。[1]

41 提交商标注册申请后可以撤回申请吗？

申请人在其申请注册的商标核准注册之前，包括处于初步审定公告期内，都可以向国家知识产权局提出撤回该商标注册的申请。

撤回商标注册申请手续齐备且按照规定填写申请文件，经审查符合规定的，国家知识产权局向申请人发出准予撤回商标注册申请通知书。提出撤回商标注册申请不需要缴纳规费，但申请注册时已

---

[1] 商标局、京外商标审查协作中心及地方商标业务受理窗口信息详见附录2和附录3。

经缴纳的规费不予退回。

申请人申请注册的商标已经核准注册后，申请人不能撤回该商标的注册申请，而应当办理注销注册商标手续。

撤回共同申请商标注册的，需由代表人提出申请，且必须经共同申请人一致同意，其他共同申请人的名称依次填写在共有人信息栏。原申请人名义发生变更的，在申请撤回商标注册申请时应以变更后的名义申请撤回，但应提供登记部门出具的变更证明。

42 什么是商标文件送达？

商标申请中的商标文件是指提交商标业务申请后，商标局向申请人发送的法律文件。

一、商标文件送达方式

（1）申请人自行通过商标网上服务系统提交的，以电子文件方式送达，申请人自行登录商标网上服务系统"电子送达→我的发文"下载。需要回文的通知文件，以在线方式提交回文。

（2）申请人在地方商标审查协作中心受理大厅、地方商标业务受理窗口提交的，以电子文件方式送达，同时将通过手机短信和电子邮件提示申请人，申请人通过邮件链接从商标网上服务系统下载（申请人应确保所提供的手机号码和电子邮箱的正确性及可以正常接收信息）。需要回文的通知文件，以在线方式提交回文。

（3）申请人在商标注册大厅、商标局驻中关村国家自主创新示范区办事处窗口以纸件提交的，以邮寄方式送达。回文以邮寄方式提交或者到商标注册大厅或办事处面交。

（4）申请人委托已备案商标代理机构代为办理的，文件送达商标代理机构视为送达当事人。

二、商标文件送达日期

（1）电子发文。通过网上申请系统提交的商标注册申请，商标文件以电子文件方式送达，自文件发出（发送至商标网上申请系统）之日起满15日视为送达当事人。例如，商标注册规费缴纳期限为"自收到缴费通知书之日起7日内向商标局缴纳费用"，届满日为《商标注册申请缴费通知书》文件发出（上传至商标网上申请系统）之日起15日+7日。申请人应及时登录网上申请服务系统查看，未登录或未查看的，不属于《商标法实施条例》第十条规定的无法送达的情形，不再通过公告方式送达。

（2）纸质发文。以纸质方式提交的商标注册申请，商标注册部门以邮寄的方式送达当事人，送达日期以当事人收到的邮戳日为准；邮戳不清晰或没有邮戳的，自文件发出之日起满15日视为送达当事人，但是当事人能够证明实际收到日的除外。无法送达的，通过公告的方式，自公告发布之日起满30日视为送达。

需要注意的是，商标局以纸件方式邮寄送达的文书，不会发送到付邮件，收到署名商标局的到付邮件时，谨防上当受骗。

43 商标代理机构为自身申请注册商标是否会更加容易？

商标代理机构熟悉各项商标业务办理流程，善于获取有关商标行业的信息，其办理商标业务较一般申请人容易。

为防止商标代理机构作为申请人利用其专业优势，恶意抢注他人商标，从而通过向市场兜售商标牟利，法律上对商标代理机构加以限制，仅允许其在代理服务上施展专业优势。根据《商标法》第十九条第四款的规定，在商标申请注册的环节禁止代理机构在代理服务以外的商品或服务上申请注册商标。《商标审查审理指南》明确规定，商标代理机构的代理服务以《类似商品和服务区分表》中对应的第45类4506类似群服务内容为限。商标代理机构如果为自身申请注册商标，仅能在第45类4506类似群上提出申请。在商标申请注册环节的形式审查中，如果商标代理机构在除代理服务以外的商品或者服务上申请注册商标，该申请将不予受理。对于已通过形式审查的申请，在后续的实质审查环节，审查员核实申请人为代理机构的，亦会驳回其申请。

商标代理机构从事商标代理业务应在商标局进行备案，但即便没有经过备案，其营业执照上的经营范围包括"商标代理""知识产权代理"等相关业务的或者有实际证据证明其从事商标代理业务的，在审查中都将视其为商标代理机构。

44 申请注册商标前，为提高申请成功率可以做些什么准备？

一、多了解商标业务信息

申请人提交商标注册申请前，可以登录商标局官网，通过商标申请指南了解商标注册申请文件及流程。商标局官网网址：http://sbj.cnipa.gov.cn/，详见"商标申请"栏目；也可拨打商标局或京外商标审查协作中心或地方商标业务受理窗口咨询电话了解商标申请途径、需要准备的材料、注册的流程等信息。商标审查协作中心和商标业务受理窗口信息详见附录2和附录3。

二、做好资料准备

根据了解的商标申请注册信息，准备好商标注册申请材料。申请材料填写时应确保信息准确无误，提交的证明文件真实有效，提交的商标图样清晰完整。

三、选择申报的商品和服务项目

准备好商标申请所需要的材料，选好拟申请商标的类别、商品或服务项目名称。若申报的商品属于《类似商品和服务区分表》以外的非规范商品，可以通过"商标局官网→商标网上查询→商品/服务项目"，输入拟申报的商品或服务项目名称，查询是否属于可接受范围。不属于可接受范围的非规范商品，建议按照尼斯分类及《类似商品和服务区分表》的商品或服务项目分类原则申报。

四、核查法律禁止注册或者依法不得注册的情况

申请人在申请商标注册前，应先行核查拟申请的商标是否符合《商标法》第十条、第十一条、第十二条、第十三条的相关规定。

五、查询商标在先申请注册情况

通过网上申请系统账号在线提交商标申请前，申请人可通过"商标局官网→商标网上查询→商标近似查询"，按照拟申请的商标图样所包含的图形、文字等商标组成要素分别检索在相同或类似商品上是否已有相同或近似的商标。申请人也可以登录广东省知识产权公共信息综合服务平台"在线查询→商标查询"栏进行查询。广东省知识产权公共信息综合服务平台网址：https://www.gpic.gd.cn。

除上述方式外，申请人还可以到广州商标审查协作中心商标服务大厅等开设有事先咨询窗口的服务窗口现场面对面咨询了解。广州商标审查协作中心商标服务大厅目前面向申请人提供免费事先查询服务，帮助查询拟申请注册文字商标的合法性、显著性及在先申请注册情况。同时，申请人也可详细了解商标业务相关知识、业务办理注意事项等。通过窗口事先咨询需提供查询人的身份证复印件、主体资格证明文件复印件。

45 商标注册申请成功受理后，还要经过什么流程才能完成注册？

商标注册申请被受理后，一般情形下会经过实质审查、初步审定公告、注册公告等环节，商标局官网公布了详细的商标注册流程图[1]。成功受理后的主要流程及发放的商标文书如下。

一、实质审查

商标实质审查是相对于形式审查而言的下一环节。在形式审查环节，审查的是商标注册申请手续是否齐备、申请文件是否符合规定。在实质审查环节，审查的是这个标识是否可以作为商标在申请人申报的商品或服务项目上注册和使用。

在实质审查过程中，商标局对予以受理的商标注册申请依照《商标法》及《商标法实施条例》的有关规定进行审查，符合规定或者在部分指定商品上使用商标的注册申请符合规定的，予以初步审定，并予以公告；不符合规定或者在部分指定商品上使用商标的注册申请不符合规定的，予以驳回或者驳回在部分指定商品上使用商标的注册申请，书面通知申请人并说明理由。服务商标同此情形。

在实质审查环节，商标局发放的通知文书主要有以下几种。

（1）《商标注册申请审查意见书》。商标局在审查过程中，发现需要申请人作出补充、解释、说明等情形，向申请人发出《商标注册申请审查意见书》，要求申请人回文提供相关材料。发出审查意见书并非商标注册阶段的必经程序，仅在特定的适用情形下启动。[2]

---

[1] 详见附录4。
[2] 关于《商标注册申请审查意见书》的具体情形和处理方式，详见第六章。

（2）《商标注册申请部分驳回通知书》。商标局经审查后对在部分指定商品上使用商标的注册申请不符合规定的，予以驳回，发放《商标注册申请部分驳回通知书》，书面通知申请人并说明理由。服务商标同此情形。[1]

（3）《商标注册申请驳回通知书》。商标局经审查后对在指定商品上使用商标的注册申请不符合规定的，予以驳回，发放驳回通知书，书面通知申请人并说明理由。[2]

（4）《初步审定通知书》。商标局经审查后对符合规定的商标注册申请，予以初步审定，并予以公告，发放《初步审定通知书》。申请人收到此文书，即表示商标顺利通过实质审查环节，进入后续的注册环节。

若商标局在审查过程中，发现有相同或近似商标注册在相同或类似的商品或服务项目上，则启动同日申请程序。[3]

二、初步审定并公告

商标局对在实质审查环节中获得初步审定通过的商标，进行为期三个月的公告。

《商标法》第三十三条规定：对初步审定公告的商标，自公告之日起三个月内，在先权利人、利害关系人认为违反本法第十三条第二款和第三款、第十五条、第十六条第一款、第三十条、第三十一条、第三十二条规定的，或者任何人认为违反本法第四条、第十条、第十一条、第十二条、第十九条第四款规定的，可以向商标局提出异议。

商标注册申请在初步审定公告环节，若被人提出异议，商标局

---

[1] 关于《商标注册申请部分驳回通知书》的具体情形和处理方式，详见第三章。
[2] 关于驳回的具体情形和处理方式，详见第三章。
[3] 关于同日申请程序的具体情况，详见第六章。

发放的通知文书主要有以下几种。

（1）《商标异议答辩通知书》。商标的注册申请在初步审定公告期内，被人提出异议的，商标局将商标异议材料副本及时送交被异议人，限其自收到商标异议材料副本之日起30日内答辩，发放《商标异议答辩通知书》。被异议人收到《商标异议答辩通知书》后，可视情况在期限内提交答辩。被异议人不答辩的，不影响商标局作出决定。

（2）《异议决定通知书》。商标局对被异议商标作出准予注册决定或者不予注册决定。

三、注册公告

在三个月公告期内未被人提出异议的或被异议商标经商标局作出准予注册决定的，商标局予以核准注册，发放《商标注册证》，并予注册公告。《商标注册证》及相关证明是权利人享有注册商标专用权的凭证。

申请人提交商标注册申请后，可登录商标局官网及时关注商标申请流程及状态，及时查收商标局发送的法律文书，避免因未能及时按要求回文或答辩导致申请不予受理或不予注册。

第三章
国内商标注册申请的实质审查

当申请人提交的商标注册申请文件顺利通过书式审查和形式审查之后,就会收到受理通知书,代表此商标注册申请已成功受理并进入实质审查环节。在这个环节,商标局对申请注册的商标是否符合商标法律法规的实质性要求进行全面审查,作出审查结论。实质审查是商标申请注册过程中非常关键且重要的一环,审查的内容和维度包括商标注册申请的方方面面。

第一节
实质审查概述

46 什么是实质审查？

一、实质审查的内容

（1）商标注册申请是否存在法律禁止使用的情形。

（2）申请注册的商标是否具备商标的显著特征。

（3）三维标志商标是否具备功能性。

（4）申请注册的商标与他人在先申请或者注册的商标是否存在冲突。

（5）申请是否为不以使用为目的的恶意商标注册申请。如是，予以驳回。

（6）商标注册申请的商标代理机构是否超出代理服务范围。如是，予以驳回。

二、实质审查的依据

实质审查环节主要适用《商标法》第四条、第十条、第十一条、第十二条、第十六条第一款、第十九条第四款、第三十条、第三十一条、第五十条规定。

《商标审查审理指南》中说明：《商标法》第十三条、第十五条、第三十二条旨在贯彻诚实信用原则，加大对驰名商标、在先使用未注册商标以及他人现有在先权利的保护，以弥补严格注册制之不足。根据私权自治和处分原则，由在先权利人或者利害关系人在异议、不予注册复审、请求无效宣告程序中，依法向商标注册部门提出申请，有明确的请求、事实、理由和法律依据，并提供相应证据。商标注册实质审查不适用《商标法》第十三条、第十五条、第三十二条的规定。

三、实质审查的绝对理由和相对理由

我国实行商标注册制，一般情况下申请人获得商标专用权需向商标局提交注册商标申请，商标局审查后对符合规定的申请注册商标予以初步审定并公告，对于不符合规定的予以驳回。其中，商标被驳回的理由按照性质可分为绝对理由和相对理由两类。商标能否获准注册，主要审查其是否存在不得作为商标的绝对理由和相对理由。绝对理由与相对理由并非对立，一件申请注册商标可能同时存在不得作为商标的绝对理由和相对理由而被驳回。

第二节
商标注册申请实质审查的绝对理由

47 商标注册申请实质审查中的绝对理由具体包含哪些？

绝对理由不考虑对特定权利人的影响，具有绝对性，一般涉及违反商标法中关于公共利益、商标的显著性以及非功能性的规定。在实质审查中，绝对理由包含的具体情形有：

（1）《商标法》第四条规定的不以使用为目的的恶意商标注册申请。

（2）《商标法》第十条规定的申请注册商标与不得作为商标使用的标志相同或近似的情况。

（3）《商标法》第十一条规定的申请注册商标缺乏作为商标应有的显著特征的情况。

（4）《商标法》第十二条规定的具有功能性不得注册的三维标志。

（5）《商标法》第十九条第四款规定的商标代理机构不得申请注册其代理服务以外的商标。

绝对理由贯穿整个商标注册申请、使用以及管理。即便商标已经获准注册，如果存在不得作为商标的绝对理由，商标管理部门都可以依法宣告该注册商标无效，其他单位或者个人也可以依法请求商标评审委员会宣告该注册商标无效。

48 不得作为商标使用与不得作为商标注册的区别是什么？

不得作为商标使用与不得作为商标注册两种情形在《商标法》中都有相应的规定，其中《商标法》第十条明确规定了不得作为商标使用的标志，而第十一条则规定了不得作为商标注册的标志。

不得作为商标使用的标志，属于《商标法》绝对禁止使用的标志。《商标法》除了禁止此类标志作为商标注册外，还禁止该类标志作为商标使用。根据《商标法》第五十二条的规定，对使用未注册商标违反《商标法》第十条的行为，地方工商行政管理部门可予以处罚。而不得作为商标注册的标志多指缺乏作为商标应有显著特征的标志，《商标法》并不绝对禁止缺乏显著性的标志注册，而是相对禁止，此类标志如果通过长期使用取得显著特征，可以作为商标注册。

申请标志与《商标法》所规定的不得作为商标使用的标志相同或近似的，包括整体相同或部分相同，都属于不得作为商标使用的范畴。而不得作为商标注册的标志在某些情形下可以作为商标的非显著部分存在于商标中，但不享有商标专用权。

49 哪些是不得作为商标使用的标志？

在商标注册程序中，不得作为商标使用的标志多指符合《商标法》第十条规定情形的标志，现就第十条的规定进行简单分析。

在《商标法》第十条第一款中，第（一）项至第（五）项明确了哪些特定标志不得作为商标使用及部分例外情形，分别是：第（一）项规定的国家名称、国旗、国徽、军徽、军旗以及国家机关名称等；第（二）项规定的外国国名、国旗、军旗等；第（三）项规定的政府间国际组织名称、徽记等；第（四）项规定的表明实施控制、予以保证的官方标志、检验印记等；第（五）项规定的"红十字""红新月"等。

【示例49-1】"天安门"坐落于我国首都北京，为我国标志性建筑物的名称，适用《商标法》第十条第（一）项的规定，予以驳回。

【示例49-2】"越南"为外国国家名称，未得到该国政府同意或授权的，适用《商标法》第十条第（二）项的规定，予以驳回。

【示例49-3】该标志整体与联合国旗帜近似，但并未获得联合国同意或授权，适用《商标法》第十条第（三）项的规定，予以驳回。

【示例49-4】该标志为中国强制性产品认证标志，以此申请注册商标，但未取得相关授权的，视作违反《商标法》第十条第（四）项的规定，予以驳回。

【示例49-5】该图形中含"红十字"标志，视为与"红十字"近似，适用《商标法》第十条第（五）项的规定，予以驳回。

需要留意，申请标志整体与《商标法》第十条规定情形相同或近似的属于违反《商标法》第十条规定，而申请标志的组成部分与《商标法》第十条规定情形相同或近似的亦属于违反《商标法》第十条规定。即在《商标法》第十条中提到"相同或者近似"，不仅包括整体相同或近似，也包括部分相同和近似，申请标志含有与不得作为商标使用的标志相同或近似的标志，可被驳回。

《商标法》第十条第一款中的第（六）项至第（八）项则是对

有损公序良俗标志的禁止使用规定，并没有明确到标志本身，是对不得作为商标使用的情形作出的规定和限制。第（六）项规定申请标志不得有民族歧视性含义，其规定范围比较明确，"民族"限定了标志主体是我国的民族，"歧视性"意味着标志整体含义消极，有丑化、贬低或者其他不平等看待民族的内容。如"蛮子""鞑子"等对少数民族的蔑称，都属于第（六）项规定的内容，禁止其作为商标使用。

《商标法》第十条第一款第（七）项中规定的情形是带有欺骗性，容易使公众对商品的质量等特点或产地产生误认。商标可视作一种浓缩的广告，商标上标注的信息应该与真实情况相符，不能带有欺骗性，即便标志本身没有夸大宣传，只要与现实不符，都可视为带有欺骗性。带有欺骗性的情形往往不受申请类别的限定，如申请人是自然人，申请商标中含"集团""银行"等文字，其申请商标显然与申请主体存在实质性差异，不管指定使用在哪些类别上，该申请都不予支持。部分使消费者产生误认的情况则与指定的商品或服务本身的关联性较强，很多词汇都只在特定的商品或服务上使消费者产生误认，如在"牛奶制品"等商品上申请含有"多糖"的商标，自然会让消费者对商品的原料、口味等产生误认，而在"服装"等商品上申请含"多糖"的商标，则不会使消费者对"服装"的原材料、用途、功能等特点产生误认。

【示例49-6】"银耳多糖"指定使用在"服装"等商品上，其中所含的"银耳"及"多糖"一般不会用于形容服装的制作用料以及功能用途，消费者在购买时不会因其产生误认，不违反《商标法》第十条第一款第（七）项的规定。

《商标法》第十条第一款第（八）项规定了申请标志不得有害

于社会主义道德风尚或者不得存在其他不良影响的情况。有害于社会主义道德风尚包含一些消极或具有贬损含义的标志，如"吝啬鬼""卖春"等。而其他不良影响的情况包含范围更为广泛，不同于有害于社会主义道德风尚的情形，不限于有贬损、消极含义的词汇，只要可能对社会公共利益和公共秩序产生负面影响的，都被视为具有其他不良影响。例如"一带一路"标志，本身是"丝绸之路经济带"和"21世纪海上丝绸之路"的简称，是由国家领导人提出的与相关国家的合作倡议，寄托着和古代丝绸之路一样与沿线国家和平互信、经济融合、文化包容的美好理念。这种带有国家性质的词汇显然不应作为商标获得注册，被生产主体在商业领域独占使用。"一带一路"作为商标会对社会公共利益产生消极影响，不得作为商标使用。与之相似的还有国家领导人姓名、烈士名称、国家级别工程（如国务院公布的"千企千镇工程"）、政治决策（如"一户一田"政策）等。这类文字、标志本身无消极含义，但作为商标却会产生消极社会影响，应该受到严格限制。对是否符合不良条款规定的情形需要综合考虑社会背景、政治背景、历史背景、文化传统、民族风俗、宗教等多种因素，结合时事以及当下主流的道德意识作出判断。不良条款具有较强的时效性，个别词汇原本并不具有其他不良影响，但经过某一社会事件发酵后可能就有了不良的含义。

【示例49-7】"MLGB"，原本只是普通的英文缩写，经过网络社交媒体使用及传播后，已经成为一个含义消极的词汇的拼音首字母缩写，予以驳回。

【示例49-8】"吴式牙签"其显著部分为"吴式"，单独的"吴式"并没有不良的含义，对在先含"吴式"的商标也予以初步审定。但"吴式牙签"整体影射社会上一起明星风化事件,其含义消极,符合不良条款规定的情形,予以驳回。

《商标法》第十条第二款则规定了县级以上行政区划地名或公众知晓的外国地名不得作为商标及其例外情况。县级以上的行政区划地名以民政部编的《中华人民共和国行政区划简册》为准,外国地名(中文译名或英文名)则参考商务印书馆出版的《外国地名译名手册》或中华人民共和国外交部官网上标注的外国名称。实质审查中,审查员主要考虑的是地名是否具有其他含义以及外国地名是否属于公众知晓,判断这些情况都需要根据具体情形进行综合考量。

50 哪些是不得作为商标注册的标志?

《商标法》除不得作为商标使用的规定外,还有若干不得作为商标注册的规定:《商标法》第十一条、第十二条、第十三条、第十五条、第十六条第一款、第十九条第四款、第三十条、第三十一条、第三十二条、第四十四条、第五十条等。

《商标法》第十一条、第十二条是关于商标显著性的要求,是对申请标志本身的规定;第十九条第四款是关于商标代理机构申请商标的限制;第三十条、第三十一条是关于在先权利冲突的规定;第三十二条规定不得以不正当手段抢注他人已使用并有一定影响力的商标等。

对于在商标注册审查程序中出现不得作为商标注册的情形,主要审查申请标志是否违反《商标法》第十一条、第十二条、第十九条第四款、第三十条、第三十一条等的规定。

51 商标缺乏显著性都有哪些情形？

缺乏商标应有显著特征的标志一般不得作为商标注册。申请标志是否具有商标的显著特征，一般根据《商标法》第十一条规定的情形作出判断。而关于商标的显著性，《商标法》第九条也有原则性规定：申请注册的商标，应当有显著特征，便于识别，并不得与他人在先取得的合法权利相冲突。

显著性是注册商标的核心属性之一，商标的显著性可以是申请标志自身固有的，也可以是商标经过长时间的市场使用而取得的。《商标法》第十一条第一款第（一）项至第（三）项针对固有显著性进行规定，第十一条第二款则规定了显著性的使用取得。在商标注册申请的实质审查环节，主要针对申请标志的固有显著性进行审查。

《商标法》第十一条第一款第（一）项和第（二）项规定，申请标志不得仅含有商品的通用名称、图形、型号以及不得仅直接表示商品的功能、用途等特点，是对商标显著性比较具体的规定；第（三）项规定了其他缺乏显著特征的情形，范围较广。

一般情况下，如果申请标志由多种要素组成，除缺乏显著性的部分外，还存在其他具有显著特征的要素，则不直接认定该标志缺乏显著性，即某些缺乏显著性的要素可以作为组成商标的一部分，不具有商标专用权，但不禁止其作为商标使用。

例如 ![] 商标和 ![] 商标，两个商标指定使用在"餐厅""饭店"等类似服务上。商标中所含的"火锅"文字为"餐厅"服务行业中的通用名称，即使商标整体获得注册，根据《商标法》第五十九条第一款规定，对于注册商标中含有商品或服务的通用名称的，商标权利人无权禁止他人正当使用。而在审查中，"火锅"部分被视为缺乏显著性，不具有商标专用权，故即使两个商标"火锅"部分的结构、位置、外观都有近似的地方，其整体也不视为近似，亦不因其含有行业通用名称"火锅"而禁止其作为商标使用，仅对"火锅"以外的显著部分进行实质审查，如果没有其他违反商标注册的绝对理由和相对理由，可予以初步审定。需要注意的是，此情况有一定的前提条件，即不具备显著特征部分应与所申请的商品或服务特点一致，不得带有欺骗性，不易造成公众误认。

对于《商标法》第十一条第一款第（一）项和第（二）项规定，一般的申请主体较容易理解，只要申请标志不是仅有商品通用名称或行业术语，不是仅有描述商品特点的词汇即可。

【示例51-1】该标志指定使用在"服装"等商品上时，仅直接表示服装尺码的通用型号，符合《商标法》第十一条第一款第（一）项的规定，予以驳回。

XXS

【示例51-2】该标志指定使用在"面霜"等化妆品类商品上时，仅直接表示化妆品的功能、用途等特点，符合《商标法》第十一条第一款第（二）项的规定，予以驳回。

美白祛斑

《商标法》第十一条第一款第（三）项关于其他缺乏显著特征情形的规定，不如前两项直观，《商标审查审理指南》中依照社会通常观念，列举6种情形可作为参考，包括：①过于简单或过于复杂的标志；②普通的宣传广告；③日常商贸用语；④企业的组织形式、行业名称或简称；⑤仅有申请人（自然人除外）名称的全称；⑥常用祝颂语和日常用语、网络流行词汇及表情包、常用符号、节日名称、格言警句等。

【示例51-3】该标志属于日常用语，不具备作为商标的显著性。

唯有爱与美食不可辜负

【示例51-4】该标志属于普通宣传广告，缺乏作为商标的显著特征。

知你所想 足你所求

【示例51-5】该标志为一般商业用词，缺乏作为商标的显著特征。

清仓

对比以往的规定，2021年版的《商标审查审理指南》新增了对网络流行词汇和网络流行表情包的限制，认为网络流行词汇和网络流行表情包是网民们约定俗成的表达方式，不具备商标的显著特征。

【示例51-6】该标志为热门捂脸表情，广泛使用于社交平台，难以被公众识别为商标，视为缺乏商标显著特征。

【示例51-7】该标志为网络热词，对应"爷的青春回来了"的缩写被广泛使用，不具备作为商标的显著特征。

爷青回

【示例51-8】该标志为网络热词，其造词逻辑来源于网络视频中成语"好自为之"的谐音，一时间流行网络，被视为缺乏商标显著特征。

耗子尾汁

随着商标注册便利化改革的推进，申请商标越来越方便，"蹭热度"申请网络热词和流行图形的行为也越来越普遍。例如"耗子尾汁"一词，在2020年11月至2020年12月一个多月时间内，就有

200多件申请。新加入的对网络流行词汇和网络流行表情包的规定一来完善了不具备商标显著特征的情形，二来也是对这种蹭网络热度的申请行为作出制度性回应。

《商标法》第十二条也是关于商标显著性的规定：以三维标志申请注册商标的，仅由商品自身的性质产生的形状、为获得技术效果而需有的商品形状或者使商品具有实质性价值的形状，不得注册。该情形限定于以三维标志申请注册的商标。

52 商标与烈士姓名相同可以注册使用吗？

申请注册与烈士姓名相同或者含烈士姓名，整体易使社会公众将其与烈士姓名产生联想的商标，容易损害烈士的荣誉、名誉和公众的爱国情感，易产生不良社会影响，应予以驳回。

申请人可通过退役军人事务部主办的中华英烈网的烈士英名录、各级地方有关部门建立的烈士名录、地方志等方式查询烈士信息，并判断申请注册的商标是否与烈士姓名相同。但并非所有与烈士姓名相同或者含有烈士姓名的商标都会被驳回，具体还应结合申请人信息、商标构成要素以及整体与该烈士的关联程度等因素，综合判断该商标的注册和使用是否可能损害烈士的名誉、荣誉或产生其他不良影响。总体上，与烈士姓名相同或含烈士姓名的商标不以易产生不良社会影响被驳回的例外情形如下：

（1）商标虽与烈士姓名相同，但本身为申请人姓名、企业字号、社会组织简称，不易使社会公众将商标与烈士姓名产生联想的。例如，申请人某省卓同游戏有限公司申请注册"卓同"商标。虽然经查询"中华英烈网"，"卓同"为烈士姓名，但"卓同"同时也与申请人的企业字号相同，这种情形下"卓同"商标与申请人的关系相对更为密切,社会公众一般认为"卓同"商标指向申请人,申请人使用"卓同"商标一般不易使社会公众将商标与烈士姓名产生关联,不易损害烈士荣誉、名誉和公众的爱国情怀。

(2)商标虽与烈士姓名相同,但本身有其他含义,不易使社会公众将商标与烈士姓名产生联想。例如,申请人某省安心科技有限公司申请注册"黄河"商标,虽然"黄河"为烈士姓名,且不与申请人企业字号相同,但在社会生活中"黄河"早已形成较强的固定含义,一般指向中国第二大河流,这种情形下申请人使用"黄河"商标一般不会使社会公众将其与烈士姓名联系,不易损害烈士荣誉、名誉和公众的爱国情怀。

(3)商标虽与烈士姓名相同或者含有烈士姓名,但无法与特定烈士形成对应关系。例如,申请人某省安心科技有限公司申请注册"张女士"商标,虽然"张女士"为烈士姓名,但在一般社会语境下,"张女士"可泛指张姓女子,难以对应特定烈士,社会公众也通常不会将其与烈士姓名联系,申请注册"张女士"不易损害烈士荣誉、名誉和公众的爱国情怀。相同情况还有"李氏""周小姐""高先生""张铁匠""王木匠""宋队长"等。

综上,商标与烈士姓名相同是否可以注册使用需要具体问题具体分析。一般而言,除特殊情形外,商标如果与烈士姓名相同或者含有烈士姓名,易使公众将其与烈士姓名产生联想的,申请时会以易产生不良社会影响被驳回。

53 在食品相关类别上,可以申请注册含食物名称的商标吗?

我国《类似商品和服务区分表》中,与食品相关的商品类别为第29类至第33类。在这些与食品相关的类别上,可以申请注册含食物名称的商标,但该申请的审查结论一般与商标具体所含的食物名称相关。

含食物名称的商标申请使用在指定的商品上时,要考虑具体所含的食物名称是否易使社会公众对该商标指定使用的商品的种类、主要原料、成分等特点产生错误认识。例如,申请人准备分别在第29类"培根、奶茶(以奶为主)"、第30类"咖啡、红茶、茶饮料、蜂蜜"、第32类"啤酒、果汁"与第33类"白酒、葡萄酒"商品上申请注册"欢乐茶"商标。由于"欢乐茶"商标含"茶",现实生活中"茶"可以用作饮品或调味料等,而一般社会认知中,培根、咖啡、蜂蜜或各类酒精等商品中通常不含"茶",此时该商标"欢乐茶"申请使用在第29类"培根"、第30类"咖啡、蜂蜜"、第32类"啤酒、果汁"、第33类"白酒、葡萄酒"商品上,一般易使公众对该商标指定使用的商品原料、成分等特点产生错误认识,因此商标"欢乐茶"在这些商品上不应获准注册;而申请人申请指定使用的第29类"奶茶(以奶为主)"、第30类"红茶、茶饮料"商品与"茶"相关,"欢乐茶"商标使用在这些茶类商品上,与商品含"茶"的实际情况相符,一般不易使消费者产生错误认识,如无在先权利障碍,在第29类"奶茶(以奶为主)"、第30类"红茶、茶饮料"商品上可获准注册。

在相关的商品类别上,申请含有该类商品通用名称的商标时,一般只核准相关商品。例如,申请人申请注册"欢乐啤酒"商标在第32类"啤酒、矿泉水"商品上,该商标使用在"矿泉水"商品上一般易使消费者对商品成分等特点产生误认,不予注册;而指定使用的"啤酒"商品与商标"欢乐啤酒"所含"啤酒"对应,"欢乐啤酒"在"啤酒"商品上用作商标不易使公众产生错误认识,如无在先权利障碍，该商标可予以注册。又如，申请人申请注册"欢乐白酒"商标在第33类"葡萄酒、果酒"商品上，由于"白酒"与"葡萄酒、果酒"的口味、度数、酿造工艺等特点区别明显，该"欢乐白酒"商标使用在葡萄酒、果酒商品上易使消费者对商品的种类等特点产生错误认识，一般不予注册。

申请注册的商标中含食品通用名称，易使公众对食品的种类、主要原料、成分等特点产生误认的，一般认定构成《商标法》第十条第一款第（七）项所指情形，不得作为商标使用。例如，在"羊肉"商品上申请注册"欢乐牛肉"商标。但食品名称表述不同，相关公众一般认为是同一事物的商品的除外，如土豆和马铃薯，番茄和西红柿。例如，在"新鲜土豆"商品上申请注册"欢乐马铃薯"商标。

54 在药品上申请注册商标有什么特别注意事项？

（1）建议申请人避免申请注册药品通用名称。药品通用名称是指列入国家药品标准的药品名称，而国家药品标准则在《药品管理法》第二十八条中予以规定，指国务院药品监督管理部门颁布的《中华人民共和国药典》和药品标准为国家药品标准。一般而言，药品通用名称不得作为药品的商标使用，会以通用名称缺乏显著特征或易使消费者对商品的原料等特点产生误认被驳回。例如，"狗皮膏"为列入国家药品标准的药品名称，即为药品通用名称，该名称不得作为药品商标使用。

（2）建议申请人避免申请暗示药品疗效、含治疗部位或涉及药理学、解剖学、生理学、病理学或治疗学的商标。对与药品相关的商标，即使间接地、暗示性地表示药品功能、用途等特点，或含涉及人体解剖部位、病理名称或疗效文字的，一般视情况以直接表示商品的功能用途等特点或易使消费者对商品的功能用途等特点产生误认驳回,该申请注册商标不能作为商标注册或使用。

【案例54-1】(指定使用商品:人用药、药草) 渴立婷

申请人申请注册"渴立婷"商标在"人用药"等商品上,由于商标所含文字与"渴立停"读音相同、字形近似,使用在指定的商品上时,易使消费者对商品的功能用途产生误认,一般不予注册。

【案例54-2】(指定使用商品:片剂、药茶) 濞立康

申请人申请注册"濞立康"商标在"片剂"等商品上,由于商标所含文字"濞"与"鼻"读音相同、字形近似,消费者容易将该商标识别为"鼻立康",并与"鼻子立即康复"等相关功能产生联系,对商品的功能用途等特点产生误认,不予注册。

【案例54-3】(指定使用商品:胶囊、搽剂) 胃英雄

申请人申请注册"胃英雄"商标在"胶囊"等商品上,由于该商标中含有人体解剖学、生理学等词汇,容易误导消费者对其治疗部位等特点产生联想,一般不予注册。

【案例54-4】(指定使用商品:中药成药、膏剂) 儿平喘

申请人申请注册"儿平喘"商标在"中药成药"等商品上,由于该商标中含有有关药理学、病理学或治疗学等词汇,使用在指定商品上,整体容易使消费者对商品的功能用途等特点产生误认,一般不予注册。

55 与宗教信仰相关的标志可以申请注册商标来使用吗?

此处所指的"与宗教信仰相关的商标",一般指商标含宗教或者民间信仰对象的名称、图形或其组合,如"观音""耶稣"等;或商标含宗教信仰活动地点、场所名称、图形或者其组合,如"MECCA"(伊斯兰教圣地麦加);或商标含宗教信仰的教派、经书、用语、仪式、习俗、专属用品以及宗教人士的称谓、形象,如"金刚经"(佛教经典经文)等。商标的文字或者图形虽然与宗教或民间信仰有关,但具有其他常用含义或者其与宗教信仰有关联的含义已经泛化,并不会使公众将其与特定宗教或者民间信仰相联系,不会损害相关公众的宗教信仰、宗教感情的除外,如"太极"虽然与道教思想有关,但现实生活中"太极"的宗教含义已淡化,一般人易由其联想到"太极拳"等含义,而不会将其与道教紧密关联。

与宗教信仰相关的商标可以注册,但其申请主体、所申请的商标与申请指定使用的商品或服务项目都有特殊限制与要求。对于非宗教相关团体、人员申请注册与宗教信仰相关的商标,通常认为其申请注册与宗教信仰相关的商标使用在商业活动中的行为,易伤害宗教信仰、宗教感情或者民间信仰,从而以易产生不良社会影响驳回申请。

一般而言,宗教相关团体、人员可以在非宗教禁忌的商品或服务上注册其专属且不至于损害其他方利益的宗教活动场所名称的商标。《宗教事务条例》第五十六条规定:宗教团体、宗教院校、宗教活动场所、宗教教职人员可以依法兴办公益慈善事业。具体而言,宗教团体、宗教院校、宗教活动场所、宗教教职人员和经其授权的宗教企业以专属的宗教活动场所名称作为商标申请注册,不损害其他宗教活动场所利益和相关公众的宗教信仰、宗教感情的，往往可以在非宗教禁忌的商品或服务上核准。

【案例55-1】申请人"某市甲乙禅寺"在指定商品"念珠"上申请注册"甲乙禅寺"商标。因申请人属于"宗教活动场所"，且"甲乙禅寺"为专属于申请人宗教活动场所的合理简称，一般认为该申请人在非宗教禁忌的指定商品"念珠"上注册"甲乙禅寺"商标不易伤害宗教信仰、宗教感情，不易产生不良社会影响，如无在先权利障碍，该商标可以获得注册。若申请人"某省甲乙寺"在指定商品"茶"上申请"甲乙禅寺"商标，虽然该申请人也属于宗教活动场所，但由于申请人的宗教活动场所简称为"甲乙寺"，而"甲乙寺"与"甲乙禅寺"虽只有一字之差，事实上却指向两个迥异的宗教活动场所。因此，该申请人申请注册"甲乙禅寺"商标容易使社会公众对其宗教活动场所名称产生错误认识，该商标一般难以获得注册。

但是，即使是宗教相关主体，在宗教禁忌商品或服务上申请以宗教活动场所名称作为商标，也不能被核准注册。

【案例55-2】申请人"某市甲乙寺"在指定商品"肉""烈酒""电子香烟"上申请"甲乙寺"商标。虽然申请人属于宗教活动场所，所申请的商标"甲乙寺"也为其宗教活动场所的简称，但"肉""烈酒""电子香烟"却属于其宗教戒律范围的产品，申请人在"肉""烈酒""电子香烟"商品上使用"甲乙寺"商标通常易伤害相关宗教信众的宗教信仰、宗教感情，往往以易产生不良社会影响被驳回。

除以上特殊情况外，一般与宗教信仰相关的商标易被认定为有害于宗教信仰、宗教感情或者民间信仰，以易产生不良社会影响被驳回，有以下几种情形。

（1）商标含宗教或者民间信仰对象的名称、图形或其组合的，如"观音""财神""妈祖""上帝"等。例如申请人申请注册"土地公"商标，由于"土地公"为我国民间信仰的神，此商标的注册易伤害宗教感情或者民间信仰，通常以易产生不良社会影响被驳回。

（2）商标含宗教信仰活动地点、场所名称、图形或者其组合的，如佛教圣地"蓝毗尼"、伊斯兰教圣地"麦地那"、三教圣地"耶路撒冷"等。例如申请人申请注册"LUMBINI"商标，由于"LUMBINI"可译为"蓝毗尼"或"兰毗尼"，是世界著名佛教圣地，该商标的注册易伤害宗教感情或者民间信仰，通常以易产生不良社会影响被驳回。

（3）商标含宗教信仰的教派、经书、用语、仪式、习俗、专属用品以及宗教人士的称谓、形象的，如佛教经典经文"地藏经"、基督教"圣经"、伊斯兰教"古兰经"、佛教仪式"开光"等。

【案例55-3】申请人申请注册"朝拜"商标与右侧所示图形商标，由于"朝拜"为拜佛仪式，该图形所示为西藏密宗法器十字金刚杵，这些商标的注册易伤害宗教感情或者民间信仰，通常以易产生不良社会影响被驳回。

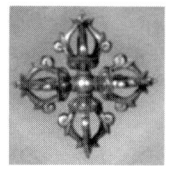

综上，商标与宗教信仰相关时是否可以注册使用需要综合判断。除了宗教相关团体、人员可以在非宗教禁忌的商品或服务上注册其宗教活动场所名称的商标外，其他情况下与宗教信仰相关的商标通常以易产生不良社会影响被驳回。

56 申请注册文字商标对字体及用语是否有要求？

《商标法》中未对申请注册商标的用字、用词格式作出明确规定，但《商标审查审理指南》对申请注册商标的用字和用词都有相应的规定。

一、对商标所含成语的用语规范性审查

成语是我国传统文化的一大特色，本身有着固定的结构和用法，对成语的不适宜改动可能会导致商标申请被驳回。成语的使用是否规范需要结合标志本身的外观及含义作出判断。例如，"随心所禦"标志被认定是对成语"随心所欲"的不规范使用，"左右逢缘"标志被认定是对成语"左右逢源"的不规范使用。两个例子中的标志与成语整体读音相同，仅改变了其中一个汉字，这种情形易使相关公众对成语的规范用法产生错误认知，构成对成语的不规范使用。而当词汇整体有较大改动或词汇整体变化不大但本身含义与相应成语差别较为明显，不易被直接与相应成语相关联的，不视为对成语的不规范使用。

二、对商标所含词语含义的审查

对于以成语或其他带有含义的词语申请注册商标的，即便不改变成语的顺序以及用字等，如该成语或词语的含义消极或有损公序良俗，视为不得作为商标使用的标志，予以驳回。

【示例56-1】该成语有伤风俗教化，整体格调 寻花问柳 不高，一般认为易产生不良社会影响。

词语本身属于格言警句或为前人总结治学修行的、常见的商贸交流词汇、祝颂用语，在商贸活动中使用也可构成不具备商标显著特征，不得作为商标注册，予以驳回。

【示例56-2】"千里之行,始于足下"是一个常见的格言警句,意指做事的成功在于由小到大、由少到多的逐步积累,用作商标整体缺乏显著特征。

千里之行
始于足下

【示例56-3】该词语为民间日常的祝颂用语,使用在商贸活动中不具有商标应有的显著性。

恭喜发财

57 含有国名、地名的商标能否获得注册?

国家名称严肃、庄重,不应毫无限制地在商业活动中使用。或许在某些市场环境中,消费者会将国家识别为商品产出的地区,但整体而言,国家名称与国家整体关联更为紧密,除了法律规定的例外情形,国家名称不适宜作为商标注册及使用。地名是对所在地区的地理性描述,有的地名除名称含义外,还存在其他含义,但并不代表地名适合作为注册商标或存在于注册商标中。

商标服务于商业活动,保护生产者和消费者的权益,但商业活动的本质是谋利,在商业活动过程中产生的商誉以及商业风险都可能汇聚到商标中,为公众所感知。如果商标中含有国家名称,在商标使用过程中,消费者很可能认为其指定的商品或服务得到了国家的背书,会对其品质和等级产生误认。更为关键的是,国家名称具有政治属性和公共资源属性,与一个国家的政治、经济、文化、社会生活等密切相关,不能为某个商业主体独占或成为商业宣传工具。

地名表示地区名称,如果申请人来自该地区,地名仅表示商品或服务的产地及来源;如果申请人不属于该地区,则会让消费者对商品或服务的来源、产地产生误认。

《商标法》对涉及国名、地名的商标申请设置了多种限定,如第十条第一款第（一）、（二）、（七）、（八）项，第十条第二款的有关规定。在审查环节，对国名、地名商标或含国名、地名商标的审查也有着相应的标准，需要综合考虑商标的整体外观，国名、地名在商标中是否被突出使用，地名本身是否有第二含义等因素，每种情况都有不同的审查标准。

一、商标含有我国国名

国名与国家尊严紧密相连，对含"中国"的商标都将进行慎重、严格的审查，原则上禁止其作为商标注册和使用。根据《商标法》第十条第一款第（一）项的规定，申请的标志整体与我国国家名称包括中文和外文的全称和简称等相同和近似的都不得作为商标使用。而对于申请标志含有中国国名标志的，其整体与国名可能不相同或不近似，但该标志作为商标注册可能造成国家名称的滥用，从而导致国家尊严受到损害的，可认定属于《商标法》第十条第一款第（八）项规定的情形，予以驳回。

【示例57-1】"中国劲酒"标志中，"劲"字较为突出，且写法、大小与"中国酒"文字都颇有不同，即便含有"中国"字样，整体也不视为与国家名称近似。但国家名称是国家的象征，不能随意将其作为商标的组成要素作商业使用，这个标志含有"中国"，作为商标使用会对社会公共利益和公共秩序产生其他消极、负面影响，符合《商标法》第十条第一款第（八）项规定，最终被驳回。

含有中国国名的商标注册申请存在以下例外情形：

（1）申请注册商标整体有其他含义，不易让人与我国国家名称产生联想的。例如《商标审查审理指南》中列举的"中华鲟"商标，虽然含有"中华"，但其整体是对客观事物的描述，国名含义已经不突出。

（2）申请人确实具有一定资质条件而且可以提供有效证据以证明自己符合要求，例如，当申请标志指定使用在第16类1606类似群的"报纸；期刊；杂志（期刊）；新闻刊物"等特定商品上时，如果标志含有中国国名，但整体是报纸、期刊、杂志名称，并与申请人名义一致，申请人也能够证明拥有合法的出版发行资格，那么在此类特定商品上认为其属于国名使用的例外情形，不予禁止。如"中国商务出版社"商标，可指定使用在"报纸；新闻刊物；杂志（期刊）"上。

（3）申请标志整体是企事业单位的简称，简称中含有中国国名。具体条件包括：①申请人主体资格是经国务院或其授权的机关批准设立的；②申请人名称经过名称登记机关的依法登记；③申请标志与申请人名称的简称一致，其简称经过国务院或国务院授权机关批准的；④该标志经过申请人在实际中的长期广泛使用，在相关公众的认知中，与申请人形成了唯一对应关系的。

对于认定申请人是否具有符合例外情形的资质，实质审查环节需要启动审查意见书程序，要求申请人提供相关的资质说明。

除上述情形外，还有一种例外情形，即虽然申请注册的商标含有我国国名，但国名与其他显著部分互相独立，属于非主要部分或附属部分，仅起到真实表示商品或者服务来源国的作用。此种情形需要根据商标实际情况进行判断，在《商标审查审理指南》中有详细说明。

二、商标含有外国国名

对于含国家名称的商标注册申请，国内和国外的限制较为类似。与外国国名的中文和外文全称、简称和缩写相同或近似的，不得作为商标使用，《商标法》第十条第一款第（二）项对此作出规定。本质上说，国家名称都不适合作为商标，对于与外国国名相同或近似及含外国国名的商标注册申请，适用相关法条予以驳回。

【示例57-2】"意大·利"商标，与外国国名 意大·利
相同，对此申请予以驳回。

含外国国名的标志申请注册商标也存在以下例外情形：

（1）在外国政府同意其以国名申请注册商标的情况下，不适用《商标法》第十条第一款第（二）项驳回其申请。一般情况下，含外国国名的标志如果在其本国获得注册，视为外国政府同意申请人将含有国名的标志注册为商标，申请人可提供本国商标注册证作为佐证。但外国政府明确表示在本国的注册不视为授权的，或对授权有其他明确要求的，不当然视为外国政府同意。

【示例57-3】该商标完整包含日本国名，已在日本成功注册，一般视为日本政府同意其使用含"日本"文字的标志作为商标。

（2）国名真实表示申请人所属国或与其他叙述性语言一起真实表示指定商品或服务有关特点，在商标中已成为缺乏显著性部分，或不将其视为国名予以驳回。

【示例57-4】此商标完整包含
韩国国名，指定使用在"餐厅"上，
"韩国烤肉"部分在相关服务上仅真实表示服务的特点。

三、商标含有我国县级以上行政区划地名

《商标法》第十条第二款规定：县级以上行政区划的地名或者公众知晓的外国地名，不得作为商标。但是，地名具有其他含义或者作为集体商标、证明商标组成部分的除外。

对于含有县级以上行政区划地名的标志是否可以申请注册商标，重点在于判断该地名是否具有第二含义。譬如，凤凰县为县级以上行政区划的地名，但"凤凰"在日常生活中具有第二含义，是

指古代传说中的百鸟之王,而且该含义已被大众所熟知,因此认定"凤凰"为有其他含义的地名,此种情形可以注册。此外,《商标法》还规定了其他例外情况:一是地名作为集体商标、证明商标组成部分的;二是已经注册使用地名的商标继续有效的。鉴于这两种情况均不属于本节讨论的重点,此处不作展开。

我国的行政区划主要包括:乡级行政区,如镇、乡、民族乡等;县级行政区划,如县、自治县、县级市、市辖区、旗、自治旗等;地级行政区划,如地级市、自治州、地区、盟;省级行政区,如省、直辖市、自治区等;香港和澳门两个特别行政区;台湾地区。

对于县级以上行政区划地名的保护不限于全称,还包括简称,对一些著名的旅游城市、省会城市、计划单列市以及省、自治区、直辖市、特别行政区名称的拼音形式也会予以保护。

【示例57-5】此标志整体为单独英文,但同时也是我国广东省省会广州市的拼音形式,一般视为属于县级以上行政区划地名,予以驳回。

我国疆域辽阔,地名众多,在县级行政区划中,仅县名称就有1300多个,不少地名是我们日常生活中经常使用的词汇。对于县级以上地名,主要考虑其地名是否有第二含义以及申请标志由地名和其他要素组成时地名在标志中是否突出等。

含县级以上行政区划地名的标志申请注册商标存在以下例外情形:

(1)标志中所包含的地名有强于作为地名的其他含义,不会误导相关公众的,一般不会以包含地名为理由驳回商标注册申请。例如,"天河区"为广州市辖区,属于县级以上行政区划地名;同时,"天河"是银河的古称之一,被广泛应用于中国的古诗词,有着强于其地名的含义,故可以不视为地名。

(2)标志中所包含的地名在标志整体中不易被识别为地名的,一般不会以包含地名为理由驳回商标注册申请。此情形下需要判断地名在商标中是否被突出使用,是否已经不具有明确地名含义的指向。例如,"青宁海红"这一文字标志中包含的"宁海"为县级以上地名,但其在整体中已经不突出地名含义,不视为与地名近似。

(3)标志由"地市级及以上行政区划地名+公共事业名称"组成,申请人符合相关条件并可以提供证明其符合要求的证据,可不以含地名为理由驳回商标注册申请。其条件包括:①申请人是资产投入主体为国有资产管理部门并依法登记的国有企业;②申请的商标名称应与申请人企业名称的简称一致,构成形式为"行政区划地名+公共事业名称"或者"行政区划地名+公共事业名称+其他要素";③申请指定使用的商品或服务对应的行业为关系国计民生的公共事业,如燃气、电力、地铁、高速等;④申请标志在实际中经过长期使用,与申请人主体在相关公众中形成了唯一对应关系。

出于对国有公用事业领域商标的保护要求,对上述符合要求的含地名的申请注册商标予以初审。如果申请人在申请之初没有提供相关证明,如上级主管部门的授权等,在实质审查中会对该申请启动审查程序,要求申请人提供相关证据,对不能提供证据的申请依旧适用相关条例驳回。

【示例57-6】"深圳地铁"标志中所含的"深圳"为广东省辖地级市、国家计划单列市,属于县级以上行政区划地名,其符合例外情形的条件要求,故予以初步审定。

四、商标中含有公众知晓的外国地名

以含有外国地名的标识申请注册商标的,在审查时重点考虑其包含的外国地名是否属于公众知晓。关于外国地名公众知晓程度的判定,一般综合考虑多种因素,视审查时的事实状态而定,列举以下几种情形:行政区划级别较高的地区,如外国首都或经济文化中心(如泰国首都"曼谷");涉及重大事件、重大历史背景的外国地名(如宗教圣地"耶路撒冷""麦加"等);因某种区域性特点而闻名于世的外国地名(如盛产红酒的"勃艮第"、汽车之城"底特律"等)。一般认为属于公众知晓的外国地名,不得作为商标注册。

【示例57-7】"新泽西"为美国东部一个州的州名,属于公众知晓的外国地名,对该申请不予注册。

【示例57-8】"休斯顿"为美国得克萨斯州的第一大城市,属于公众知晓的外国地名,对该申请不予注册。

对于一个外国地名有多个相应中文翻译的情形,一般参考《外国地名译名手册》以及中国外交部官网"国家和组织"页面中的对应信息。

应该注意的是,即便是非公众知晓的外国地名也存在不可注册的情形。商标含有外国地名且经认定该地名为非公众知晓外国地名的,如果此地域因生产的某些商品或者提供的某些服务而闻名,在审查时应结合指定使用的商品或服务来综合考虑是否会让消费者产生产地或来源误认,若易导致误认则不可以注册。

此外还有一种例外情形。若商标由公众知晓的外国地名和其他文字构成,整体形成强于地名以外的其他含义,在审查环节可不适用《商标法》第十条的地名条款,而是根据个案情况判定。

58 申请注册的商标与申请人名义不符可以注册使用吗?

申请注册的商标与申请人名义不符一般发生在申请注册的商标含企业名称时,包括企业全称、简称、企业中文名称、企业英文名称或者企业名称的汉语拼音等易使公众认为其指代企业主体身份的标识。该商标与申请人名义不一致的情形具体包括商标所含企业名称的行政区划或者地域名称、字号、行业或者经营特点、组织形式与申请人名义不符。对与申请人名义存在实质性差异的申请注册商标,一般以易使公众产生误认驳回,但符合商业惯例、不会使公众对商品或者服务来源产生误认的除外。

一、例外情形

申请注册的商标虽与申请人名义不一致,但不会使公众对商品或者服务来源产生误认的,可以注册。

【案例58-1】申请人"某省安安股份有限公司"申请注册"安安企业""安安股份""安安公司"商标。虽然这三个商标与申请人名称不完全一致,但申请人企业字号为"安安"且为股份制公司,一般社会商业语境下"安安企业""安安股份""安安公司"可视为申请人名义的合理简称,符合商业惯例,因此申请人申请注册这些商标显然不会使公众对商品或者服务来源产生错误认识,对其一般不会以易产生误认驳回。同样道理,申请人"广东丙丁医院有限公司"申请注册"广东丙丁医院"商标,虽然商标中少了"有限公司"四字,与申请人名称不完全一致,但二者谓称实质上符合商业惯例,现实生活中社会公众往往不会将二者区别为提供医疗服务的不同主体,不会对商品或者服务来源产生误认,故申请人"广东丙丁医院有限公司"申请注册"广东丙丁医院"商标一般不会以易产生误认被驳回,该商标如无在先权利障碍可获准注册。

二、一般情形

申请注册的商标所含企业名称的行政区划或者地域名称、字号、行业或者经营特点、组织形式与申请人名义不符的,通常以易使公众产生误认被驳回。

(1)申请注册的商标所含企业名称的行政区划或者地域名称与申请人名义不一致。

【案例58-2】申请人"广东甲乙丙网络有限公司"申请注册"北京甲乙丙网络有限公司"商标。由于"广东""北京"行政区划不同,该商标与申请人名义存在实质性差异,社会公众往往易将二者识别为位于广东和北京的两个不同市场主体。该申请易使消费者对商品或服务的来源产生错误认识,一般不予注册。申请人"广东甲乙丙有限公司"申请注册"甲乙丙有限公司"商标。该商标缺少申请人名称中的"行政区划"部分,而在我国不含行政区划的企业名称的核准登记条件与一般企业名称登记条件要求不同,二者在现实生活中往往体现为不同的市场主体,故申请人申请注册不含其行政区划的企业名称的商标,一般易使消费者对商品或服务的来源产生错误认识,不予注册。

(2)申请注册的商标所含企业名称的字号与申请人名义不一致。

【案例58-3】申请人"广东省甲乙网络有限公司"申请注册"丙丁公司""广东丁戊网络有限公司"商标。由于字号往往是社会公众识别、称呼不同市场主体的主要元素,申请人字号为"甲乙",其申请与其名义字号不一致的"丙丁公司""广东丁戊网络有限公司"商标,通常易使消费者对商品或服务的来源产生误认,不予注册。

(3)申请注册的商标所含企业名称的行业或者经营特点与申请人名义不一致。

【案例58-4】申请人"某省甲乙网络有限公司"申请注册"甲乙网络医院""甲乙网络银行""甲乙网络学院""甲乙网络学校"商标。由于申请人为网络公司，而非医院、银行、学院、学校相关主体，基于行业具体法律规定以及行业准入资格与行业规范管理的特殊要求，不具备相关资质条件的申请人申请注册上述与申请人名义存在实质性差异的商标，易使社会公众对其经营资格或经营内容等特点产生错误认识，扰乱市场秩序，一般不予注册。

（4）申请注册的商标所含企业名称的组织形式与申请人名义不一致。

【案例58-5】自然人"姜某某"申请注册"姜氏贸易有限公司""姜氏 JIANGSHI TRADING Co.,Ltd"商标。上述商标英文部分所含"Co.,Ltd."为有限公司"Company Limited"缩写，英文整体可视为"姜氏贸易有限公司"。一般而言，含"公司""Company"的商标使用在商品或服务上，易使消费者认为商品或服务提供者来源于某公司主体。而自然人申请注册商标，往往是以个体工商户等身份，而非公司制主体身份。事实上，申请人名义与其申请注册的含"公司""Company"的商标往往指向不同市场主体，商标无法正确指向申请人"姜某某"为其商品或服务提供者。因此，申请人"姜某某"申请含"公司"或"Co.,Ltd."的商标，易使消费者对商品或服务的来源产生错误认识，一般不予注册。又如申请人"广东姜氏贸易有限责任公司"申请注册"姜氏集团""姜氏股份"商标。由于有限责任公司与集团公司、股份公司三者设立注册条件不一致，社会生活中消费者往往视三者为不同商品或服务提供者。而申请人既非集团公司又非股份公司，申请注册此类商标时，一般以易产生误认驳回，不予注册。

59 何为"不以使用为目的的恶意商标注册申请"?

《商标法》第四条规定:自然人、法人或者其他组织在生产经营活动中,对其商品或者服务需要取得商标专用权的,应当向商标局申请商标注册。不以使用为目的的恶意商标注册申请,应当予以驳回。

一、理解"不以使用为目的的恶意商标注册申请"

要理解"不以使用为目的的恶意商标注册申请",先了解何为"不以使用为目的"。

(1)"不以使用为目的"的含义。"不以使用为目的"申请商标注册的行为是指申请人在申请注册商标时,既无将商标实际使用于正常生产经营活动的意图,也无准备使用商标的行为,或者依据合理推断,申请人无实际使用商标可能性。其不以使用为目的大量申请注册商标的行为,侵害公共利益、占用商标资源、扰乱商标注册秩序。

(2)"恶意"的衡量。具体衡量申请行为是否达到"恶意"程度是一个多方面、多因素综合考量的过程,应综合判断该申请行为是否明显超出申请人正当经营需求、明显与其实际经营能力不符、明显违背商业常识与商业惯例,或者明显具有牟取不正当利益和扰乱正常商标注册秩序的意图。

(3)构成"不以使用为目的的恶意商标注册申请"的因素。结合《规范商标申请注册行为若干规定》第八条,对申请人是否构成"不以使用为目的的恶意商标注册申请",通常会根据下列因素综合判断,包括但不限于:①申请人基本情况,如申请人经营资质与存续状态、所在的行业与经营范围等基本情况;②申请人提交商标注册申请整体情况,如申请人累计申请注册商标数量,该批次商标提交申请的时间与类别跨度、申请数量等整体情况；③提交申请注册的商标具体构成情况，如是否存在大量抢注知名人物姓名、企业字号、行政区划名称、山川名称、景点名称、行业术语等；④商标实际使用情况；⑤其他因素，如申请人在先是否存在被已生效的行政决定或者裁定、司法判决认定曾从事恶意商标申请注册行为的情况，与申请人存在特定关系的自然人、法人或其他组织累计申请注册商标数量、待审查商标注册申请数量、指定商品或服务类别情况。

（4）可能被认定为"不以使用为目的的恶意商标注册申请"的主要情形。在申请人无法提供证据证明其真实使用意图的情况下，以下申请行为可能会被认定为"不以使用为目的的恶意商标注册申请"：①大量申请注册与行政区划名称、山川名称、景点名称、建筑物名称等相同或者近似商标的；②大量申请注册与他人企业字号、企业名称简称、电商名称、域名，有一定影响的商品名称、包装、装潢，他人知名并已产生识别性的广告语、外观设计等商业标识相同或者近似商标的；③大量申请注册与知名人物姓名、知名作品或者角色名称、他人知名并已产生识别性的美术作品等公共文化资源相同或者近似商标的；④商标注册申请数量巨大，明显超出正常经营活动需求，缺乏真实使用意图，扰乱商标注册秩序的；⑤大量提交商标注册申请，并大量转让商标，且受让人较为分散，扰乱商标注册秩序的；⑥其他可以被认定为"不以使用为目的的恶意商标注册申请"行为的情形。

二、涉嫌"不以使用为目的的恶意商标注册申请"的审查及产生的影响

（1）对申请人涉嫌"不以使用为目的的恶意商标注册申请"的审查。对申请人申请状况综合考量后，商标局依据《商标法》第

四条第一款的规定,向涉嫌"不以使用为目的的恶意商标注册申请"的申请人发出《商标注册申请审查意见通知书》(以下简称审查意见书),要求其证明申请注册商标的真实使用意图。申请人是否在法定期限内就其商标注册申请作出说明或者修正并提供必要证据,直接关系到商标局对于申请人注册申请行为的主观意图是否属于"恶意"的认定。因此,建议申请人收到审查意见书后,在法定期限内及时就申请注册商标意图及使用情况作出说明,并针对审查意见书所述情形进行合理解释说明且提供相应的证据。

(2)对申请人产生的影响。商标局将涉及"不以使用为目的的恶意商标注册申请"的商标注册审查决定文书予以公布。相关市场监督管理部门依法立案调查,对于存在违法行为的申请人根据情节给予警告、罚款等行政处罚,没有违法所得的,可以处一万元以下的罚款,有违法所得的,可以处违法所得三倍最高不超过三万元的罚款。作出行政处罚决定的行政机关依法将处罚信息通过国家企业信用信息公示系统向社会公示。申请人还可能因恶意申请注册商标行为,被国家企业信用信息公示系统列入严重违法失信企业名单。

60 大量申请注册商标就会被认定"恶意"吗?

认定"恶意"是一个多方面综合考量的过程,商标申请数量多少只是其中一个考虑因素,具体是否涉及"恶意"还需结合申请人经营资质、商业惯例等其他因素,综合判断该申请是否明显超出申请人的正常生产经营需求,缺乏真实使用意图。

如果申请人提供的证据证明其具有使用商标的真实意图,证实其申请注册行为具有正当性与合理性,则该申请行为不会被认定为不以使用为目的的恶意商标注册申请行为。

对于出于防御目的的申请注册商标，要求适度。

防御性注册，应当是申请人为防止他人抢注其已实际使用且具有一定影响力的注册商标，而申请注册与其在先注册商标相同或近似商标的行为。一般而言，申请人基于防御意图，适度申请注册与其注册商标相同或近似的商标，或者为预期的生产经营活动预先适量申请注册商标的行为，通常不被视为"不以使用为目的的恶意商标注册申请"。

但即使出于防御目的，申请人的商标申请注册行为也应适度适量，不得明显超出正常生产经营需求，且申请人应当具备可说明其在先注册商标使用情况的相关证据，以证明其注册申请行为出于防御意图。换言之，如果申请人明显超出正常生产经营需求，明显不符合商业惯例地大量申请注册商标，又不能提供在先注册商标使用情况的相关说明证明其出于防御意图，其申请行为易被认定为"不以使用为目的的恶意商标注册申请"。

第三节
商标的显著性

61 怎么理解标志经过使用可以取得显著特征？

根据《商标法》第十一条第二款的规定，申请注册的商标显著性不强，但如果经过一定时间的市场使用，标志本身与申请人产生了消费者可识别的联系，并能通过相关证据加以证明，则该标志可以作为商标注册。例如"一卡通"商标，申请人某银行在第36类"保险"等服务上提交了"一卡通"商标的注册申请，在注册程序中，认定"一卡通"使用在指定的服务上仅直接表示服务的内容及特点，驳回了该商标注册申请。其后，申请人申请驳回复审。在驳回复审程序中，认定"一卡通"经长期使用与广泛宣传，已经和申请人之间建立了紧密的联系，在第36类"金融"服务上具有显著特征，可作为商标注册，予以初步审定并公告。

62 可以把商品的外包装申请注册为平面商标吗？

对于商品外包装的整体作用，有很多不同的理解和角度。其一，商品外包装最主要的作用和目的是美化商品以更好地取悦消费者，是商业营销手段之一。其二，为商品外包装上的商品信息表示商品的功能、用途等特点，方便消费者迅速识别商品信息，从而锁定需要购买的商品。其三，外包装除了外观上的商业功能，还兼具商品本身的使用属性，可方便运输及储存，便于消费者携带和使用。其四，商品外包装是区分商品来源的重要渠道之一，在某些商品上，商品的外包装比商标更抢眼，消费者往往根据外包装选购商品。

商品外包装和商标的区别在于：

（1）商标的生命在于使用，持续长时间地使用一个标志能更好地帮助相关公众将该标志与提供商品或服务的单位或个人联系到一起。商品的外包装多数情况下是出于美化商品、吸引消费者的考虑，随着不同商品营销策略的变化以及流行审美的变化而不断变化，未能长期维持一致性的使用，相关公众难以将其作为识别商品来源的稳定标志。

（2）商品外包装往往突出对商品的描述，消费者习惯通过外包装识别商品本身或其功能与用途，而非商品的来源。从商标保护的角度出发，注册商标拥有排他性，商品外包装中包含各种各样的信息，如多样的颜色搭配、丰富的符号及图形、醒目的商品外观图样以及描述商品的广告语等，如整体获得注册，或许会影响市场公平竞争。

《商标审查审理指南》就商品外包装申请注册商标的审查作出明确限定：商品的外包装，一般消费者不会将其作为区分商品或服务来源的商标标志看待，不具备商标的显著特征。故不建议申请人以商品外包装申请注册商标。

63 企业名称或企业字号可以申请注册为商标吗？

根据《企业名称登记管理规定》（2020年修订）第六条规定，企业名称由行政区划名称、字号、行业或者经营特点、组织形式组成。企业字号是企业名称的一个核心要素，是企业名称中最显著和最重要的组成部分。

字号的构成要素只能是文字，由两个或两个以上符合国家规范的汉字组成，不得含有汉语拼音、阿拉伯数字、行政区划用语及组织形式用语。而商标可以由文字、图形、字母、数字、三维标志、颜色组合和声音等要素单独或组合构成。因此从构成要素上看，企业名称、企业字号满足商标构成要素，企业可以将企业名称、企业字号申请注册为商标。

一、将企业名称申请注册为商标的情形

（1）使用企业名称中的字号（或商号）申请注册商标。

（2）使用企业名称的规范缩写或公众广泛知悉的简称申请注册商标。

（3）使用企业的全称申请注册商标。

二、将企业名称申请注册商标的审查标准

使用企业商号申请注册商标是一种很普遍的行为，只要申请注册的商标本身没有违反商标审查的绝对理由和相对理由就可提出申请。

使用企业全称申请注册商标的情况相对特殊，对于企业全称能否注册成为商标，社会各界一直有不同意见。有的观点认为，企业全称经过注册部门的登记，不会随意改变，可以较为稳定地使用在商品上，准确、直接地标记商品来源，与商标应有的功能一致，可以作为商标申请注册。有的观点则认为，企业全称使用在商品或服务上，是对商品的描述方式之一，同时，商品基本都对应各自的生产主体企业，但并非所有的商品都拥有注册商标，很大部分的消费者在日常消费中并不习惯第一时间都将企业全称与商标联系起来，因此企业全称缺乏作为商标的显著性，不宜作为商标申请注册。

虽然存在不同观点，但商标局对企业全称能否注册成为商标已经有了明确的规定。《商标审查审理指南》指出：一般来说，仅有申请人（不包括自然人）名称全称的，不具备商标的显著特征。

【示例63-1】以企业全称申请注册商标且不包括任何其他显著部分的，一般认为不具备商标的显著特征。但是，企业名称带有图形等要素而使整体具有显著特征的除外。

四川环聚生物科技有限公司

【示例63-2】以企业全称和具有显著性的图形部分注册商标的，一般认为具备商标的显著特征。

目前在实质审查环节，将企业全称视为不具有商标的显著特征，但并不禁止使用，申请人可将企业名称作为附加的商标要素，与显著图形一同组合申请。

第四节
商标注册申请实质审查的相对理由

64 如何判断与他人在先商标相同或近似的情况？

对商标注册申请的审查包括形式审查和实质审查，实质审查事由分为绝对理由和相对理由。与他人在先商标权利是否冲突的审查，属于相对理由的审查，是以《商标法》第三十条、第三十一条为法律依据，以《商标审查审理指南》为指引，主要遵循如下原则：首先，应认定指定使用的商品或服务是否属于同一种或者类似商品或服务；其次，应从商标本身的形、音、义和整体表现形式等方面，以相关公众的一般注意力和认知力为标准，采用隔离观察、整体比对和要部比对的方法，判断商标标志本身是否相同或者近似。同时，考虑商标本身显著性、在先商标知名度、相关公众的注意程度、申请人的主观意图等因素判定是否易使相关公众对商品或者服务的来源产生混淆。[1]

一、商标相同

商标相同是指两件商标在视觉效果上或者声音商标在听觉感知上完全相同或基本无差别。所谓基本无差别，是指两件商标虽有个别次要部分不完全相同，但主要部分完全相同或者在整体上几乎没有差别，以至于在一般注意力下，相关公众或者普通消费者很难在视觉或听觉上将两者区分开来。[2]

---

[1] 引自《商标审查审理指南》。
[2] 引自《商标审查审理指南》。

【案例64-1】A申请人申请注册"方圆"**方圆**商标,指定使用在"人用药"商品上;B申请人在先注册"方圆"**方圆**商标,指定使用在"人用药"商品上。

虽然A申请人申请注册的"方圆"**方圆**商标与B申请人已注册的"方圆"**方圆**商标文字分别为简体和繁体,字体书写不同,排列方式不同,但一般公众能够一眼识别两件商标文字构成均为"方圆",从文字构成、呼叫方式上看,两件商标仅存在细微差别,相关消费者很难将其区分开,指定使用在相同商品上不能起到区分商品来源的作用。因此,A申请人申请"方圆"**方圆**商标与B申请人在先注册"方圆"**方圆**商标构成相同商标。

二、商标近似

商标近似是指文字、图形、字母、数字、三维标志、颜色组合和声音等商标的构成要素在发音、视觉、含义或排列顺序等方面虽有一定区别,但整体差异不大,使用在同一种或者类似商品或者服务上易使相关公众对商品或者服务的来源产生混淆。[1]

【案例64-2】A申请人申请注册"好宇"**好宇**商标,指定使用在"服装"商品上;B申请人在先注册"好字"**好字**商标,指定使用在"裤子"商品上。

A申请人申请注册的商标指定使用的"服装"商品与B申请人在先注册的商标指定使用的"裤子"商品属于类似商品。两件商标虽然文字构成及呼叫方式不同,但是文字书写及字形设计相似,视觉上较难分辨,一般公众难以将其区分,使用在类似商品上易造成混淆。因此,A申请人申请注册的"好宇"**好宇**商标与B申请人在先注册的"好字"**好字**商标构成使用在类似商品上的近似商标。

---

[1] 引自《商标审查审理指南》。

【案例64-3】A申请人申请注册"轻喜来"*轻喜来*商标和"轻来喜"*轻来喜*商标，均指定使用在"围巾"商品上；B申请人在先注册"来轻喜"*来轻喜*商标，指定使用在"披巾"商品上。

A申请人申请注册的"轻喜来""轻来喜"商标与B申请人在先注册的"来轻喜"商标，均由三个相同的中文汉字组成，仅文字排列顺序不同。一般来说，仅调换汉字顺序，从视觉上来说相关公众难以将其区分，且该三件商标指定使用的"围巾"和"披巾"属于类似商品。因此，A申请人申请注册的"轻喜来""轻来喜"商标与B申请人在先注册的"来轻喜"商标在类似商品上构成近似商标。

【案例64-4】A申请人申请注册"玺进服装"*玺进服装*商标和"玺进"*玺进*商标，均指定使用在"市场营销"服务上；B申请人在先注册"玺进公司"*玺进公司*商标，指定使用在"市场营销"服务上。

A申请人申请注册的"玺进服装"商标指定使用在"市场营销"服务上，结合商标指定使用的服务，该标志中"服装"一词属于不具备显著识别性的部分，具有显著识别功能的部分为"玺进"。B申请人已注册的"玺进公司"商标，"公司"属于企业组织形式，不具备商标显著识别功能，该商标中具有显著识别功能的部分为"玺进"。通过要部比对的方法，且考虑在先商标的显著性，"玺进服装""玺进"与"玺进公司"三件商标的显著识别部分均为"玺进"，且指定使用在相同服务上，相关公众在选购服务时易将其混淆，误认为其存在关联性。因此，A申请人申请注册的"玺进服装"商标和"玺进"商标与B申请人在先注册的"玺进公司"商标在相同服务上构成近似商标。

【案例64-5】A申请人申请注册"理奇三"*理奇三*商标，指定使用在"肥皂"商品上；B申请人在先注册"理奇及图形" 理奇三 商标及"理奇THREE" 理奇THREE 商标，均指定使用在"肥皂"商品上。

A申请人申请注册的"理奇三"商标与B申请人在先注册的"理奇及图形""理奇THREE"商标虽然从文字构成、呼叫方式上不同，但"理奇及图形" 理奇三 商标中的图形部分与汉字"三"设计风格相似，从视觉上看该商标易视为"理奇三"；"理奇THREE"商标为汉字及英文组合构成，一般公众能够识别英文"THREE"含义为"三"，以中文方式呼叫该商标时会呼叫为"理奇三"。从商标本身的含义及整体表现形式，采用整体比对的方法，相关公众易对三件商标的来源产生混淆。因此，A申请人申请注册的"理奇三"商标与B申请人在先注册的"理奇及图形"商标、"理奇THREE"商标在相同商品上构成近似商标。

【案例64-6】A申请人申请注册"Wors" Wors 商标，指定使用在"饭店"服务上；B申请人在先已注册"VV0RS" VV0RS 商标，指定使用在"饭店"服务上。

A申请人申请注册的"Wors"商标由4个英文字母构成，B申请人已注册的"VV0RS"商标由4个字母"VVRS"及阿拉伯数字"0"组合构成，两件商标仅2个字母相同且首字母不同，从读音、呼叫方式上均不构成相同或近似。但从商标视觉效果上看，通过整体比对的方法，两件商标设计风格及整体表现形式相似，视觉上难以将其区分，相关公众易将其混淆。因此，A申请人申请注册的"Wors"商标与B申请人在先注册的"VV0RS"商标在相同服务上构成近似商标。

三、突破商标本身的其他考虑因素

除了从商标本身判定相同或近似外，在实质审查中，还会考虑商标本身的显著性、在先商标知名度、相关公众的注意程度、申请人的主观意图等因素,判定是否易使相关公众对商品或者服务的来源产生混淆。

【案例64-7】A申请人同一天申请注册"阿运"**阿运**商标、"迪动"**迪动**商标、"达品"**达品**商标、"斯牌"**斯牌**商标、"啊达"**啊达**商标、"迪斯"**迪斯**商标,指定使用在"服装"商品上;B申请人在先注册"阿迪达斯"**阿迪达斯**商标,指定使用在"服装"商品上。

仅从商标标志本身判断,对A申请人申请注册的"阿运""迪动""达品""斯牌""啊达""迪斯"商标与B申请人在先注册的"阿迪达斯"商标进行单一比对,从读音、表现形式、含义等方面,不管通过隔离比对、要部比对或是整体比对,均未构成相同或近似商标。但如果将这些商标排列拼凑,可组合形成右侧标志图样,即"阿迪达斯运动品牌""啊迪达斯",此时不难看出,A申请人的申请注册行为明显存在抄袭模仿的意图,且B申请人在先注册的"阿迪达斯"商标在服装领域知名度较高,消费者普遍认识。因此,商标局在判定商标相同或近似时,不仅从标志本身判断,还会考量申请人的主观意图及引证商标的知名度综合判定。在审查时,对A申请人申请注册的该系列商标与B申请人在先注册的"阿迪达斯"商标均判定为构成近似商标。

阿运 啊达
迪动 迪斯
达品
斯牌

商标审查在遵循标准执行一致原则的基础上,亦遵循个案审查原则,即实际审查中往往不能简单机械地套用标准,还需综合考虑多方面因素,根据个案情况进行审查。总之,对商标相同或近似的审查既从商标本身的形、音、义和整体表现形式等方面采用隔离观察、整体比对和要部比对的方法进行，又需综合考量引证商标的显著性、知名度、申请人主观意图等因素进行，最终落实到是否易导致相关公众对商品或服务来源产生混淆误认。

65 如何判断组合商标近似？

商标可以由文字、图形、字母、数字、三维标志、颜色组合和声音等要素单独或组合构成，当商标由两种或两种以上要素构成时，即为组合商标。与商标相对理由审查原则一样，对组合商标也是从商标标志本身在形、音、义和整体表现形式等方面，以相关公众的一般注意力和认知力为标准，采用隔离观察、整体比对和要部比对的方法，判断是否相同或者近似。

一、组合商标相同判定

商标的文字构成、图形外观及其排列组合方式基本相同，使商标在呼叫和整体视觉上基本无差别，易使相关公众对商品或者服务的来源产生混淆误认[1]，判定为相同商标。

二、组合商标近似判定

商标中各部分构成要素相同或者近似，易使相关公众对商品或者服务的来源产生混淆的，判定为近似商标。如果商标文字、图形不同，但排列组合方式或者整体描述的事物基本相同，商标整体外观或者含义近似，易使相关公众对商品或者服务的来源产生混淆的，也判定为近似商标。

【案例65-1】A申请人申请注册"藤野一村及图形"◎ ***藤野一村*** 商标，指定使用在"手机"商品上；B申请人在先注册"图形" ◎

---

[1]引自《商标审查审理指南》。

商标,指定使用在"手机"商品上;C申请人在先注册"藤野一村" 藤野一村 商标,指定使用在"手机"商品上。

A申请人申请注册的"藤野一村及图形"商标与C申请人在先注册的"藤野一村"商标文字部分完全相同,一般公众对于文字及图形的组合商标,会将注意力放在文字部分,而两件商标在文字构成、字体设计、呼叫方式上均相同,使用在同一种商品上,使消费者很难区分。另外,A申请人申请注册的"藤野一村及图形"商标与B申请人在先注册的"图形"商标,图形部分的设计基本毫无差别,消费者在隔离状态下施以一般注意力,易对商品来源产生混淆误认。因此,A申请人申请注册的"藤野一村及图形"商标与B申请人在先注册的"图形"商标、C申请人在先注册"藤野一村"商标在同一商品上均构成近似商标。

【案例65-2】A申请人申请注册"Yotu优璪"Yotu 优璪 商标,指定使用在"茶"商品上;B申请人在先注册"YOTU" YOTU 商标,指定使用在"茶"商品上。

A申请人申请注册的"Yotu优璪"商标由英文"Yotu"及中文"优璪"两部分组成,其中英文部分虽然与B申请人在先注册的"YOTU"商标字母大小写不同,但语种、拼读方式均完全相同,隔离比对之下消费者容易对商品来源产生混淆,故两件商标在相同商品上构成近似商标。

【案例65-3】A申请人申请注册"LISSE及图形" LISSE 商标,指定使用在"家用器具"商品上;B申请人在先注册"Lisse丽闪" lisse 丽闪 商标,指定使用在"家用器具"商品上。

A申请人申请注册的"LISSE及图形"商标由英文"LISSE"及图形组成,对于该件商标一般公众会把注意力放在文字部分。B申请人在先注册的"Lisse 丽闪"商标由英文"Lisse"及中文

"丽闪"组成,两部分字体构成占比相当,均有显著识别性,此时通过隔离比对及要部比对方法,消费者施以一般注意力,易对商品来源产生混淆误认。因此,两件商标在相同商品上构成近似商标。

66 文字、图形组合商标因图形部分与他人在先商标近似被驳回,将组合商标中的文字部分单独重新提交申请,是否可审核通过?

如果申请人选择将组合商标中的文字和图形拆分为两件新商标申请注册,则商标局对该两件商标作为纯文字、纯图形商标分别予以审查。

对于拆分后的文字商标,商标局会视为新申请商标进行全面审查,是否存在《商标法》规定的禁止使用情形、禁止注册情形,以及在先相同或近似商标权利障碍,仍需要根据再次审查时的事实状态重新进行判定。

【案例66-1】A申请人已注册"图形"◎商标,注册有效期为2020年4月7日至2030年4月6日;B申请人于2021年5月10日申请注册"康芙特及图形"◎商标,商标局于2021年8月20日发出《商标驳回通知书》,驳回理由是该商标与A申请人在相同商品上已注册的"图形"商标近似,申请人于期限内未提交驳回复审申请;C申请人于2021年10月26日申请注册"康芙特**康芙特**"商标;B申请人于2021年11月15日申请注册"康芙特**康芙特**"商标。以上四件商标均指定使用在"洗面奶"商品上。

基于以上案情,B申请人将原组合商标"康芙特及图形"拆分后于2021年11月15日重新申请注册的"康芙特"商标,因与他

人在先申请注册的相同或近似商标权利冲突被驳回,具体原因分析如下:

B申请人申请注册的"康芙特及图形"商标驳回通知书中告知的驳回理由是,与A申请人在先注册的"图形"商标近似,即"康芙特及图形"商标不涉及《商标法》第十条规定的禁用情形,该申请人不属于《商标法》第四条及第十九条第四款应驳回情形。在此前提下,对于B申请人新申请注册的"康芙特"商标能否核准通过,需审查是否存在在先相同或近似商标权利冲突。虽然B申请人提交原"康芙特及图形"组合商标申请时文字部分不存在在先权利障碍,但在B申请人原组合商标申请日至重新提交纯文字商标申请日期间,即2021年5月10日至2021年11月15日,C申请人于2021年10月26日提交了"康芙特"商标申请,对于在先商标的认定,在不存在优先权的情况下,以商标提交申请的申请日为准,即C申请人申请注册"康芙特"商标早于B申请人申请注册"康芙特"商标,构成在先相同商标权利冲突。

67 在不同的商品或服务类别上可以申请注册相同或近似商标吗?

注册商标的专用权是以核准注册的商标和核定使用的商品或服务为限。商标相同或近似的前提是商标指定使用的商品或服务相同或类似。因为商标的功能是区分商品或服务来源,当指定使用的商品或服务不构成相同或类似时,则不会造成商标混淆,相关公众可区分商品或服务的来源。不类似商品是指在功能、用途、生产部门、销售渠道、消费对象等方面不相同的商品;不类似服务是指在服务目的、内容、方式、对象等方面不相同的服务。在商标注册审查阶段及驳回复审程序中，判断类似商品或服务的关系时，原则上以《类似商品和服务区分表》为判断依据。

【案例67-1】甲在第35类"广告"上注册了"兔子"商标，乙在第31类"新鲜水果"上申请注册"兔子"商标，乙是否可以在"新鲜水果"上获得"兔子"商标专用权呢？

根据《类似商品和服务区分表》，"新鲜水果"是3105组的商品，属于商品类，"广告"是3501组的服务项目，属于服务类，"新鲜水果"商品与"广告"服务没有类似关系，所以甲仅在"广告"上获得了"兔子"商标专用权，在"新鲜水果"上没有"兔子"商标专用权。如果没有其他权利障碍，则乙可以在"新鲜水果"商品上获得"兔子"商标专用权。

【案例67-2】丙在第30类"蜂王浆"上注册了"猴子"商标，丁在第5类"补药"上申请注册"猴子"商标，丁是否可以在"补药"上获得"猴子"商标专用权呢？

根据《类似商品和服务区分表》，"蜂王浆"是第30类3005组的商品，"补药"是第5类0501组的商品，虽然这两个商品属于不同类别，但是"蜂王浆"商品与"补药"商品在功能、用途上是类似的，二者构成类似的商品。丁申请注册在第5类"补药"商品上的"猴子"商标与丙在第30类"蜂王浆"上已注册的"猴子"商标构成类似商品上的近似商标，丁将"猴子"商标使用在第5类"补药"商品上易造成消费者混淆误认。因此，丁不能获得在"补药"商品上的"猴子"商标注册专用权。

68 商标已经无效的情况下,为什么还会被引证驳回其他商标?

在商标审查中,引证的商标可能是有效的,但也可能是无效的。需要引证的无效商标应当符合《商标法》第五十条所规定的情形。

《商标法》五十条规定:注册商标被撤销、被宣告无效或者期满不再续展的,自撤销、宣告无效或者注销之日起一年内,商标局对与该商标相同或者近似的商标注册申请,不予核准。

商标在获得注册之后就会随商品或服务被投入市场使用。当商标因撤销、宣告无效或者注销而无效时,在市场上流通的商品或者服务可能并未同时退出市场,如果此时有新的申请人注册了一个与该无效商标相同或者近似的商标并投入市场使用,市场上就会同时出现两个企业生产或提供相同或近似商标的商品或服务,使消费者对商品或服务的来源产生混淆。因此,有必要设立一个隔离期,防止相同或者近似商标核准,让无效商标的商品和服务有必要的时间退出市场。由此,商标被撤销、宣告无效或者期满不再续展的情况下,一年之内对申请注册的商标仍构成障碍,是需要被引证的。当然,也有例外的情形存在,那就是在撤销连续三年不使用注册商标程序中被撤销导致无效的商标。撤销连续三年不使用注册商标程序是指商标注册之后,商标注册人在没有正当理由的情况下,连续三年没有使用商标,此时,任何人都可以对该商标向商标局提起撤销连续三年不使用注册商标程序,如果商标注册人没有提供商标使用证据,商标就会以此为由被撤销。在这种情况下,由于商标没有使用,其商品或者服务在市场上当然就没有流通。所以,因此情形无效的商标不属于构成权利冲突的商标,新注册申请商标审查中可不引证此种情形的商标。特别提醒：引证无效商标的原因是要给无效商标的商品一个退出市场的期限，《商标法》第五十条规定这个期限是一年。因此，无效超过一年的商标是不需要被引证的。

【案例68-1】甲公司于2020年10月9日申请注册"吉方"商标，指定使用在"植物"商品上，乙公司于2010年6月1日在"植物"商品上成功注册了"吉方"商标，2020年6月1日该商标因有效期届满未续展而无效。2021年2月5日，商标局对甲公司申请注册的"吉方"商标进行审查，是否需要引证乙公司的"吉方"商标驳回甲公司申请注册的"吉方"商标？

乙公司申请注册的"吉方"商标于2020年6月1日商标专用权有效期届满，商标局在2021年2月5日对甲公司申请注册的"吉方"商标进行审查，从时间上算，乙公司注册的"吉方"商标只过期了八个多月，未超过一年时间。因此，这种情况符合《商标法》第五十条的适用条件，需要引证乙公司的"吉方"商标驳回甲公司申请注册的"吉方"商标。

【案例68-2】甲公司于2020年10月9日申请注册"吉方"商标，指定使用在"植物"商品上，乙公司于2010年2月1日在"植物"商品上成功注册了"吉方"商标，2020年2月1日该商标因有效期届满未续展而无效。2021年2月5日，商标局对甲公司申请注册的"吉方"商标进行审查，是否需要引证乙公司的"吉方"商标驳回甲公司申请注册的"吉方"商标？

乙公司申请注册的"吉方"商标于2020年2月1日因有效期届满未续展而无效，商标局在2021年2月5日对甲公司申请注册的"吉方"商标进行审查，从时间上算，乙公司注册的"吉方"商标已失效超过一年。因此，这种情况并不符合《商标法》第五十条的适用条件，不应引证乙公司的"吉方"商标驳回甲公司申请注册的"吉方"商标。

【案例68-3】甲公司于2020年10月9日申请注册"吉方"商标，指定使用在"植物"商品上。乙公司于2012年2月1日在"植物"商品上成功注册了"吉方"商标，2022年2月1日该商标才过有效期，但是在2020年4月1日被丁公司提起撤销连续三年不使用注册商标程序，最终因乙公司无法提交有效的使用证据，于2020年11月6日被商标局撤销而无效。2021年2月5日，商标局对甲公司申请注册的"吉方"商标进行审查，是否需要引证乙公司的"吉方"商标驳回甲公司申请注册的"吉方"商标？

乙公司注册的"吉方"商标于2020年11月6日被商标局撤销，原因是没有正当理由商标连续三年未使用。由于商标没有使用，其商品在市场上当然就没有流通。因此，这种情况不符合《商标法》第五十条的适用条件，审查时不需要引证乙公司的"吉方"商标。

总的来说，无效商标在某些条件下是可以被引证的。

第五节
商标注册申请技巧与策略

69 商标一标一类与一标多类有什么区别？

一标一类和一标多类是两种不同的商标申请模式。一标一类，即商标注册申请人通过一份申请就一个类别的商标或服务申请注册一件商标；一标多类，是商标注册申请人通过一份申请就多个类别的商品或服务申请注册同一件商标。

一标多类是在《商标法》2013年修改后增加的，是我国商标申请制度与国际接轨的一次重大变革。一标一类与一标多类的缴费方式一样，在申请商标注册和办理其他商标事宜时都是按类别缴纳费用，即一个类别（10个商品以内）缴纳一次费用，所以两种申请模式在商标规费上无差别。二者在其他方面的区别如下：

一、注册申请的申请书不同

一标一类模式下，按类别分别提交注册申请书，申报几个类别则提交相应份数的申请书。而一标多类模式下，仅提交一份申请书。

正因为一标多类模式下申请注册商标不需要填写多份申请书，所以在一定程度上减少了填写的程序，同时也降低了申请书填写出错的可能性。而一标一类模式下，当申请人申报较多类别时，填写程序比较烦琐，填写出错的可能性也增大。

二、后续变更、转让、续展、注销的申请及使用许可备案不同

与注册申请一样，在后续变更、转让、续展、注销申请及使用

许可备案时，一标一类模式下是按类别分别提交申请书，而一标多类模式下仅提交一份申请书。

对于一标一类的商标，申请人可根据需要选择某个类别办理变更、转让、续展、注销申请及使用许可备案。而对一标多类的商标办理变更、转让、使用许可备案，不能指定部分类别提交申请，必须多个类别一并办理；对一标多类的商标办理续展及注销时，允许对其中部分类别提交续展及注销申请。

三、颁发注册证、发出驳回等通知书不同

对于一标一类的商标，按类别颁发注册证，多个类别的商标对应多个注册号；而对一标多类的商标，仅颁发一份注册证，只有一个注册号。驳回通知书等文书发出也一样，对一标一类的商标按类别发出商标驳回通知书；而对一标多类的商标，不管申请几个类别，仅发出一份商标驳回通知书。

对于同一标志的商标注册申请而言，如果部分类别上可初步审定，而在另外一部分类别上需予以驳回，那么以一标一类方式申请注册时，驳回的类别不会影响初审公告。但以一标多类方式申请注册时，对初步审定的类别需等待驳回的类别驳回复审期届满后，才能予以初审公告，因此初审公告及注册公告的时间将推迟。为了避免初审公告时间推迟，申请人可以在收到商标部分驳回通知书之日起15日内，提出商标分割申请；商标局收到分割申请后，对予以初步审定的商品或服务生成新的申请号，并及时予以公告。

四、商标审查速度不同

因为商标审查是按照商标提交申请日先后顺序进行审查，对于一标一类商标，一般很难保证对多个类别同时作出审查结论。而对一标多类商标，必须对多个类别审查后才能一并作出审查结论，即可保证多类别审查速度一致。

70 想申请注册图形和文字商标,要组合申请还是分开申请?

商标由文字、图形、字母、数字、三维标志、颜色组合和声音等要素单独或组合构成,单独申请或是组合申请,站在申请人角度来说二者各有利弊,主要体现在以下几方面。

一、驳回概率

(1)在相对理由审查方面。一种情形是,如果组合商标中文字、图形各要素相对独立且具有显著识别性,审查相对理由时,如果其中某一要素与他人在先商标构成相同或近似,那么组合申请也将予以驳回。此情况下,将各要素拆分申请注册,即使某要素因与他人在先商标相同或近似被驳回,其他要素依然有审核通过的可能。例如"康芙特及图形"商标,文字图形相对独立且各自具有显著识别性,如果其中图形部分方面在先有相同或近似商标、文字部分方面在先无相同或近似商标,以组合商标形式申请会被驳回,单独申请文字商标则审核通过概率较大。另一种情形是,文字、图形各要素单独作为商标时均具有显著特征,但组合作为商标时其中某要素不具备显著特征,此时即使组合商标与他人在先商标不构成相同或近似,各要素单独作为商标也可能会因与他人在先商标构成相同或近似而被驳回。例如,右图所示由老虎卡通形象及汉字"王"组合构成的商标,其中文字部分可视为图形中的一部分,在该商标中不能起到显著识别作用,审查相对理由时将商标视为整体进行审查,若无
在先相同或近似图形的权利障碍,则该商标审核通过概率较大;但如果将其中王部分拆分出来以"王"字作为商标申请注册,则需以文字商标的审查标准进行相对理由的审查。

（2）在商标显著性审查方面。一种情形是，商标仅为申请人（不包括自然人）名称全称的，通常不具备商标的显著特征，但带有图形等要素而使整体具有显著特征的除外。因此，以企业名称全称申请纯文字商标，被驳回的概率较大；如果以企业名称全称与其他具有显著特征要素申请组合商标，则通过概率相对较大。另一种情形是，2021年版《商标审查审理指南》中提到，若商标由独立文字部分和独立其他要素组成，文字部分不具备显著特征，则该商标整体应认定为缺乏显著特征。所以，不具备显著特征的文字单独申请或是与其他要素组合申请，也可能涉及《商标法》第十一条规定的缺乏显著性禁止注册的情形。

二、申请费用

商标注册申请费用是按商标申请件数收费的，将各要素组合在一起申请则按一件商标收取费用，分开单独申请则按多件收费。显然，组合商标在申请费用上占优势。

三、商标使用

由于商标使用要求与注册证上标志一致，所以组合商标在使用时，只能等比例放大或缩小注册证上的标志，不可拆分要素使用；而如果将各要素单独申请注册商标，获得专用权后，就可以分开使用或者组合使用各要素，但组合使用需注意不能对他人商标造成侵权，组合使用时也可以在各要素上标明注册标记。

综上，申请人可根据以上分析，从实际出发，结合自身需要，选择以组合商标申请或是将各单独要素分开申请。

71 集团公司与子公司/关联公司，是否可申请注册相同的商标？

根据《商标法》第四条，自然人、法人或者其他组织在生产经营活动中，对其商品或者服务需要取得商标专用权的，应当向商标局申请商标注册。申请人可根据自身需要，以集团公司名义、子公司名义或其他关联公司名义提交商标注册申请，只要商标形式审查通过，均会予以受理。

然而，集团公司与子公司或关联公司在法律上属于不同的主体，从商标注册申请主体来说，是不同申请人。根据《商标法》第三十条、第三十一条，如果以不同企业名称作为商标注册申请人，先后申请相同或近似商标，在后申请注册的商标会因与在先申请注册的商标构成权利冲突而予以驳回。如果同日提交申请，则需经过提供同日申请商标使用证据、同日商标协商、同日商标抽签的流程，以确定商标权利人。

因此，即使是集团公司与子公司、关联公司的关系，也不建议由不同申请人多方提交商标注册申请。企业应根据自身发展需要，确定商标注册申请主体，减少资源浪费。

如果企业确需以多方名义共同持有商标，可以共有人名义提交商标注册申请。

《商标法》第五条规定：两个以上的自然人、法人或者其他组织可以共同向商标局申请注册同一商标，共同享有和行使该商标专用权。

需要注意的是，以共有人名义申请注册商标，注册商标的专用权属于共有人共有，之后若共有人中任意一方单独申请注册相同或近似商标，将与在先共有商标构成权利冲突，予以驳回。共有商标变更、转让、续展等程序，均需以共有人名义提交申请材料。

第六节
商标审查结论与救济

72 商标审查结果有哪几种？有哪些救济途径？

一、初步审定

（1）初步审定的含义。初步审定是《商标法》规定的核准注册商标的必经程序，表示该商标已经通过商标审查部门的形式审查和实质审查。初步审定并不意味着这个商标最终可以获得注册。

（2）初步审定公告后被异议的救济途径。初步审定的商标在异议程序中有两种结果：核准予以注册和被裁定不予注册。若异议程序的结果是裁定不予注册，商标注册申请人可以通过不予注册复审进行救济。商标注册申请人自收到异议决定书之日起十五日内，可向商标局申请不予注册复审，商标局对异议裁定不予注册的商标进行审查。商标局是否支持复审理由，取决于申请复审时所提交的案件证据。如果商标局支持复审理由，那商标就可以获准注册。

（3）不予注册复审后的行政诉讼救济。商标在不予注册复审程序中有两种结果：核准予以注册和被裁定不予注册。商标局在不予注册复审程序中裁定不予注册后，申请人对此不予注册结果不服时，可以通过以下途径寻求行政诉讼救济。

①向人民法院起诉。申请人在收到不予注册复审决定书之日起三十日内向人民法院起诉，由法院对商标局作出的不予注册复审决定书进行全面的重新审查。法院是否支持起诉理由，取决于起诉时所提交的案件证据。如果法院支持起诉理由，认为异议商标获准

注册的证据合法、合理，会要求商标局重新作出裁决。当商标局不提起上诉申请时，法院的判决书就正式生效，商标局将重新作出裁决，这个商标就可以获得注册。

②向一审法院或其上一级人民法院提起上诉。当一审法院认同商标局作出的决定，认为不予注册复审决定理由成立，不应当准予注册时，申请人可以在收到一审法院判决书之日起十五日内向一审法院或者一审法院的上一级人民法院提起上诉。二审法院会对一审法院作出的判决书进行全面的重新审查。二审法院是否支持一审法院判决，取决于上诉时所提交的案件证据。如果二审法院认为异议商标获准注册的证据合法、合理，会要求商标局重新作出裁决，那么异议商标就可以获得注册。

二、驳回

（1）驳回的含义。商标驳回是指商标局对申请注册的商标审查后发现有违反《商标法》规定的情形存在，作出不予注册的决定。

（2）商标注册申请被驳回的救济途径。虽然商标局已作出驳回决定，但这个商标驳回决定不会立即生效，申请人可以通过驳回复审进行救济。申请人在收到商标局的驳回决定书之日起十五日内向商标局申请复审，提交相应的复审材料后，商标局对申请人提交的材料进行审查。商标局是否支持复审理由，取决于申请复审时所提交的案件证据。如果商标局认为驳回的理由不成立，不应当被驳回，那这个商标就可以获得初步审定。

（3）驳回复审后的行政诉讼救济。商标被驳回后在驳回复审程序中有三种结果：对复审的商品或服务予以初步审定；对复审的商品或服务予以驳回；对复审的商品或服务部分予以初步审定，部分予以驳回。若申请人对驳回复审程序中予以驳回的部分的决定不服，可以通过以下途径寻求行政诉讼救济。

①向人民法院起诉。申请人在收到驳回复审决定书之日起三十日内向人民法院起诉，法院对商标局作出的驳回复审决定书进行全面的重新审查。法院是否支持起诉理由，取决于起诉时所提交的案件证据。如果法院不认同商标局作出的决定，认为驳回理由不成立，不应当被驳回，那这个商标就可以获得初步审定机会，当商标局不提起上诉申请时，法院的判决书就正式生效，这个商标就可以获得初步审定。

②向一审法院或其上一级人民法院提起上诉。当一审法院认同商标局作出的决定，认为驳回理由成立，应当予以驳回时，申请人可以在收到一审法院判决书之日起十五日内向一审法院或一审法院的上一级人民法院提起上诉，二审法院对一审法院作出的判决书进行全面的重新审查。二审法院是否支持一审法院判决，取决于上诉时所提交的案件证据。如果二审法院不认同一审法院作出的判决书，认为驳回理由不成立，不应当驳回，那么这个商标就可以获得初步审定。如果二审法院认同一审法院作出的判决书，维持一审判决，商标局作出的驳回决定书就生效，这个商标就正式被驳回。

被商标局驳回的商标通过救济途径获得初步审定后，将进入三个月的异议期。如果在异议期内他人针对商标提出异议，经审查裁定不予注册的，申请人可以参考初步审定部分的救济方式寻求救济。

三、部分驳回

（1）部分驳回的含义。部分驳回是指当驳回理由仅涉及部分指定商品或服务时，驳回该部分商品或者服务上的商标注册申请，对在其他指定商品或服务上的商标注册申请，予以初步审定并公告。

（2）救济途径。虽然商标局作出部分驳回决定，但这个驳回决定不会立即生效，申请人可以通过申请驳回复审进行救济。申请人在收到部分驳回决定书之日起十五日内向商标局申请复审，商标局对被驳回部分的商品和服务进行重新审查。商标局是否支持复审理由，取决于申请复审时所提交的案件证据。如果商标局认为驳回的理由不成立，不应当驳回，那么这个商标就可以获得初步审定。

（3）驳回复审后的行政诉讼救济。商标在驳回复审程序中有三种结果：对复审的商品或服务予以初步审定；对复审的商品或服务予以驳回；对复审的商品或服务部分予以初步审定，部分予以驳回。若商标申请人对驳回复审中予以驳回的部分决定不服，可以通过以下途径寻求行政诉讼救济。

①向人民法院起诉。当商标局在驳回复审程序中作出驳回的决定，申请人在收到驳回复审决定书之日起三十日内向人民法院起诉，法院会对商标局作出的驳回复审决定书进行全面的重新审查。法院是否支持起诉理由，取决于起诉时所提交的案件证据。如果法院不认同商标局作出的决定，认为驳回理由不成立，不应当驳回，那么这个商标就可以获得初步审定机会，当商标局不提起上诉申请，法院的判决书就正式生效，这个商标就可以获得初步审定。

②向一审人民法院或其上一级人民法院提起上诉。当一审法院认同商标局作出的决定，认为驳回理由成立，应当予以驳回，申请人可以在收到一审法院判决书之日起十五日内向一审法院或一审法院的上一级人民法院提起上诉，二审法院会对一审法院作出的判决书进行全面的重新审查。二审法院是否支持一审法院判决，取决于上诉时所提交的案件证据。如果二审法院不认同一审法院作出的判决书，认为驳回理由不成立，不应当被驳回，那么这个商标就可以获得初步审定。如果二审法院认同一审法院作出的判决书，维持原

审判决,商标局作出的部分驳回决定书就生效,这部分的商品或服务项目就正式被驳回。

商标局作出部分驳回的商标,被驳回的部分通过了救济途径获得了初步审定,将进入三个月的异议期。如果在异议期内他人针对商标提出异议,经审查裁定不予注册的,可以参考初步审定部分的救济方式进行救济。

73 《商标注册申请部分驳回通知书》中提及的"分割"是什么?

根据《商标法实施条例》第二十二条的规定,商标局对一件商标注册申请在部分指定商品上予以驳回的,申请人可以将申请中初步审定的部分申请分割成另一件申请,分割后的申请保留原申请的申请日期。商标的分割并不是对商标的图案、文字进行分割,而是对商标原指定使用的商品或服务进行分割。商标局将予以初步审定的商品或服务和驳回的商品或服务分开,商标的名称、图样不作任何改变。

商标分割可以缩短获得注册时间,使予以初步审定的商品或服务尽早进入公告期,商标尽早获得注册。是否分割,申请人可根据自身实际需要选择,主要分为以下两种情形。

一、对被驳回的部分商品或服务不提起驳回复审的情形

在这种情形下,一般建议不考虑商标分割的问题。因为如果不提起驳回复审,被驳回的那部分商品和服务项目一旦过了驳回复审期就会无效,一般情况下,驳回复审期比较短。假如申请分割,仅比不分割早一点进入异议期,分割对予以初步审定的那部分商品或服务进入公告的流程没有太大推动作用。

【案例73-1】申请人丙公司在2020年12月3日申请注册"玉兔"商标，指定使用在"茶；蜂蜜"商品上。商标局在2021年4月1日对丙公司申请注册的"玉兔"商标进行审查，审查结论是对丙公司在"茶"商品上的申请予以初步审定，驳回丙公司在"蜂蜜"商品上的申请。若不对商标局作出的部分驳回的审查结论提起驳回复审程序，丙公司可以不选择商标分割，只需等过了驳回复审期，商标的部分驳回决定书生效，初步审定的在"茶"商品上的申请就会进入预排初审公告。由于驳回复审期比较短，从时间成本上看，选择商标分割与否，不会有太大差别。

二、对被驳回的部分商品或服务提起驳回复审的情形

如果予以初步审定的那部分商品或服务是申请人急需的，在这种情形下，选择商标分割的作用就比较大。选择商标分割可以使予以初步审定的那部分商品或服务缩短进入公告期的时间，商标尽快获得注册，从而尽早将商标投入市场使用。

【案例73-2】申请人丙公司在2020年12月3日申请注册"玉兔"商标，指定使用在"茶；蜂蜜"商品上。商标局在2021年4月1日对丙公司申请注册的"玉兔"商标进行审查，审查结论是对丙公司在"茶"商品上的申请予以初步审定，驳回丙公司在"蜂蜜"商品上的申请。若丙公司打算提起驳回复审程序，而且丙公司急需在"茶"商品上使用这个商标，那么选择商标分割与否，将会产生极大的区别。此时，若选择商标分割，那么丙公司在"茶"商品上的申请就会从原商标中分割出来，进入初审公告期，如果没有第三方提出异议，经过三个月左右的时间，丙公司就可以在"茶"商品上获得"玉兔"商标的专用权。如果丙公司不申请商标分割，那么在"茶"商品上的申请就必须等待驳回复审程序及其后续程序结束，才可以进入初审公告期，驳回复审程序及其后续程序的时长不确定性较大，有时半年，有时甚至一年以上。从时间成本上看，选择商标分割与否，区别较为明显。

综上所述，商标分割主要是可以缩短申请人商标注册时间，但分割与否，则需要申请人根据自身的情况来选择。

74 商标初步审定并公告了，是否意味着商标已注册成功？

初步审定表示该商标已经通过了审查部门的形式审查和实质审查，但这并不意味着商标最终可以获得注册。初步审定的商标在排版初步审定公告之后，进入三个月的异议期，向全社会公示。在这三个月的异议期内，如果没有第三人对商标提出异议或者提出异议但异议裁定予以初步审定，在异议期或异议流程结束后，商标正式获得注册。如果第三人提出异议且异议裁定不予注册，那商标是否获得注册还得看是否提起异议不予注册复审等后续流程及其裁定情况。

因此，即使商标的审查结论是初步审定，也不代表这个商标可以百分百获得注册。

75 任何人都可以对处在异议期的商标提起异议吗？

审查结论为初步审定的商标，在排版初审公告向全社会公示后，进入为期三个月的异议期。商标异议是指社会公众在异议期内对初审公告的商标向商标局提出反对意见，要求商标局不予核准商标注册。

一、可以提起异议的主体

对于处在异议期的商标，如果涉及违反《商标法》第四条、

第十条、第十一条、第十二条、第十九条第四款规定情形，任何人都可以提出异议申请；涉及违反《商标法》第十三条第二款和第三款、第十五条、第十六条第一款、第三十条、第三十一条和第三十二条规定情形，只能由相关权利人和利害关系人对其提起异议。

二、只能由相关权利人和利害关系人提起异议的情形

（1）复制、摹仿与其在相同或者类似商品或服务上的他人未在中国注册的驰名商标。

【案例75-1】G公司有一个注册商标，指定使用在"包"商品上，该商标于2002年3月4日在某一侵权案件中曾被认定为驰名商标，但G公司未在中国申请注册。甲公司在我国申请注册与G公司商标完全相同的商标，同样指定使用在"包"商品上，并获得初步审定，现处于异议期。那么，G公司是否可以针对该商标提起异议申请？

在该案件中，甲公司是复制、摹仿G公司之前被认定的驰名商标，虽然G公司未在中国注册该商标，但甲公司的行为依然损害了G公司的利益。因此，G公司属于相关权利人，只有G公司有权向我国商标局对甲公司申请注册的商标提起异议申请。

（2）在不相同或者不类似商品或服务上复制、摹仿他人已在中国注册的驰名商标。

【案例75-2】G公司有一个注册商标，指定使用在"包"商品上，并于1990年在中国获准注册。该商标于2002年3月4日在某一侵权案件中曾被认定为驰名商标。甲公司在我国申请注册一个与该商标完全相同的商标，指定使用在"服装"商品上，并获得初步审定，现处于异议期。那么，G公司是否可以针对该商标提起异议申请？

在该案件中，虽然甲公司申请注册的商标指定使用在"服装"商品上，与G公司指定使用的"包"商品没有相同或类似关系，但甲公司的行为是复制、摹仿G公司之前被认定的驰名商标，该行为依然损害了G公司的利益。因此，G公司属于相关权利人，只有G公司有权向我国商标局对甲公司申请注册的商标提起异议申请。

（3）属于注册人的委托人的商标，在未经授权的情况下，注册人当作自己的商标申请注册。

【案例75-3】甲公司因公司业务需要，委托某知识产权公司为其代理申请注册"百鸟非歌"商标。该知识产权公司的业务员丙在代理注册该商标时，发现"百鸟非歌"这个商标非常具有创意，于是偷偷用自己的名义申请注册"百鸟非歌"商标，并获得初步审定，现处于异议期。那么，甲公司是否可以针对该商标提起异议申请？

在本案中，丙是甲公司委托的代理机构的从业人员，"百鸟非歌"商标原本属于甲公司，丙未取得甲公司授权，擅自抢注甲公司的商标，甲公司作为相关权利人，有权向商标局对丙申请注册的"百鸟非歌"商标提起异议申请。

（4）商标中含有商品的地理标志，而该商品并非来源于该标志所标示的地区。

【案例75-4】B市森立区蔬菜行业协会在2010年成功注册"森立菜心"地理标志证明商标，位于A市的丁公司在2012年申请注册"文豪森立菜心"商标，指定使用在"新鲜蔬菜"商品上。该商标获得初步审定，现处于异议期。那么，B市森立区蔬菜行业协会是否可以针对丁公司申请注册的商标提起异议申请？

在本案中，丁公司申请注册的"文豪森立菜心"商标包含地理标志证明商标"森立菜心"，地理标志证明商标"森立菜心"是在2010年由森立区蔬菜行业协会注册的，代表着森立区菜心的特定品质和信誉。丁公司并不是B市森立区辖区内的企业，使用"文豪森立菜心"商标易让消费者误以为其产品就是森立区出品的地理标志产品，这将损害地理标志"森立菜心"相关权利人的利益，侵犯消费者的权益。因此，森立区蔬菜行业协会作为地理标志相关权利人，有权向商标局对丁公司申请注册的"文豪森立菜心"商标提起异议申请。

（5）与相关权利人已经注册或者申请在先的商标构成近似。

【案例75-5】甲公司在2020年成功注册"兔子"商标，指定使用在"蜂蜜"商品上。2021年，丁公司申请注册"兔一子"商标，指定使用在"枸杞"商品上，该商标获得初步审定，现处于异议期。那么，甲公司是否可以针对丁公司申请注册的商标提起异议申请？

在本案中，丁公司申请注册的"兔一子"商标与甲公司在先注册的"兔子"商标在文字组合方面差异不大且含义相近，不足以区分商品来源，且根据《类似商品和服务区分表》，"蜂蜜"和"枸杞"属于类似商品，两公司的商标构成近似商标。假如丁公司申请的"兔一子"商标获得注册，必定会对甲公司已注册的"兔子"商标专用权造成损害。因此，甲公司属于相关权利人，有权向商标局对丁公司申请注册的"兔一子"商标提起异议申请。

（6）损害了相关权利人和利害关系人的在先权利，如姓名权、肖像权、著作权等。

【案例75-6】丙是一名漫画家，他创作的某一本漫画作品受到社会大众的热捧，非常畅销，漫画中的主人公"克特"更是受到社会大众的喜爱。乙公司看中"克特"的热度，向商标局申请注册"克特"商标，指定使用在"玩具"商品上，该商标获得初步审定,现处于异议期。那么,丙是否可以针对该商标提起异议申请?

在本案中,丙虽然没有把"克特"注册成商标,没有取得商标专用权,但是"克特"是丙创作出来的,丙对"克特"拥有著作权。乙公司未经授权把"克特"申请注册商标,侵犯了丙的著作权。丙作为相关权利人,有权向商标局对乙公司申请注册的"克特"商标提起异议申请。

(7)抢先注册他人已经使用并有一定影响力的商标。

【案例75-7】甲公司是扎根于A县的本地企业,"花火"是甲公司一直使用在"面包"商品上的商标,但甲公司没有申请注册。经过甲公司十五年的苦心经营,"花火"商标已成为知名商标。A县的丁公司知道甲公司没有把"花火"商标进行注册,就率先向商标局申请注册"花火"商标,指定使用在"面包"商品上,该商标获得初步审定,现处于异议期。那么,甲公司是否可以针对该商标提起异议申请?

在本案中,甲公司虽然没有对"花火"商标进行注册,但"花火"商标是甲公司创立的,甲公司已经使用了十五年之久,把"花火"商标从一个普通商标打造成一个知名商标。若此时让丁公司成功注册"花火"商标,那么甲公司十五年的努力成果可能会被丁公司所窃取,这对甲公司而言极为不公平。因此,甲公司作为相关权利人,有权向商标局对丁公司申请注册的"花火"商标提起异议申请。

76 使用已久的商标被他人抢注要怎么做?

我国商标专用权的取得是以注册原则为基本原则,采用自愿注册为主、强制注册为辅的注册制度。同时,在以上制度的基础上兼顾使用原则，对在先使用的未注册商标给予保护。在现实生活中，商标没有及时申请注册，导致被他人抢先注册的情况时有发生。当发现自己的商标被他人抢注时，可以从以下途径维护自己的商标权利。

一、对抢注商标提起无效宣告程序

抢注商标已经成功注册时，权利人可以"以不正当的手段抢注他人商标"为由，向商标局提起商标无效宣告程序。商标局根据申请人的申请事由对侵权商标进行审查，综合考虑双方提供的商标使用证据，若无效宣告的理由成立，商标将被宣告无效。

【案例76-1】纯阳公司是扎根于G县的本地企业，"纯阳"是纯阳公司一直使用在"服装"商品上的商标，但没有申请注册。经过纯阳公司十五年的苦心经营，"纯阳"商标已成为知名商标。纯阳公司为了更好地保护自己的知名商标，向商标局提出申请，此时发现，本地另外一家企业刚杨公司早在一年前已经成功注册"纯阳"商标。那么，纯阳公司应该如何处理？

由于刚杨公司已经成功注册"纯阳"商标，无法通过商标异议程序解决。因此，纯阳公司可以"以不正当的手段抢注他人商标"为由，向商标局提交无效宣告申请书。商标局在收到纯阳公司的无效宣告申请书后，启动无效宣告程序。若无效宣告理由成立，刚杨公司注册的"纯阳"商标将被宣告无效，刚杨公司注册的"纯阳"商标专用权视为自始不存在。

二、对抢注商标提起异议程序

当抢注商标处于异议期，权利人可以"以不正当的手段抢注他人商标"为由，向商标局提起商标异议申请。商标局对商标进行异议审查，若在案证据充分、有效，异议裁定不予注册。

【案例76-2】纯阳公司是扎根于G县的本地企业，"纯阳"是纯阳公司一直使用在"服装"商品上的商标，但没有申请注册。经过纯阳公司十五年的苦心经营，"纯阳"商标已成为知名商标。纯阳公司为了更好地保护自己的知名商标，向商标局提出申请，此时发现，本地另外一家企业刚杨公司早在几个月前已经向商标局申请注册"纯阳"商标，且该商标已经获得初步审定，处于异议期。那么，纯阳公司应该如何处理？

由于刚杨公司申请注册的"纯阳"商标处于异议期，纯阳公司可以"以不正当的手段抢注他人商标"为由，向商标局提交异议申请书。商标局在收到异议申请书后，启动商标异议程序。若异议理由成立，刚杨公司申请的"纯阳"商标将不能获得注册。

如果商标被他人成功抢注，无论是提出无效宣告还是异议申请，都应提供充分、有效的证据来证明商标在先使用的情况，这样才能获得商标局的支持。

第四章
集体商标、证明商标的注册申请

随着我国商标品牌强国建设工作的不断推进,集体商标、证明商标加快走进社会公众的日常生活。然而,作为我们生活中不可或缺的一部分,很多人依然对集体商标、证明商标缺乏清晰的了解和认识。

第一节
集体商标、证明商标的基本概念

77 什么是集体商标？谁可以申请？

《商标法》第三条第二款规定：本法所称集体商标，是指以团体、协会或者其他组织名义注册，供该组织成员在商事活动中使用，以表明使用者在该组织中的成员资格的标志。

集体商标具有三个主要特征：

（1）集体商标作为成员资格的标志，并非由个别自然人或企业所有，而是由多个企业或个人组成的某一组织所共同拥有和使用的商标。

（2）集体组织对集体商标的注册、使用和管理应制定统一的规则并公布，该集体组织的成员在公众监督下共同遵守。

（3）若非该组织的成员不能使用集体商标，且经授权使用的组织成员也不得对其进行转让、许可等使用。

街知巷闻的"沙县小吃"就是非常具有代表性的集体商标，提起它人们可能都会想到以品类繁多且经济实惠而著称的连锁餐饮品牌。1997年，沙县县委及县政府为加强当地小吃行业管理、推动地区行业发展、培育产业特色而组建了行业管理组织——沙县小吃同业公会。2014年，由该组织提出"沙县小吃"集体商标的注册申请，通过集体商标的使用达到整合分散资源、扩大市场规模和影响力的作用。最初仅88名成员，截至2021年8月，已有1000多名集体成员使用"沙县小吃及图形"集体商标。

因此，集体商标的申请人有相对特殊的主体资格限制，必须是团体、协会或者其他组织，单一企业或个体经营者不得作为集体商标的合格主体进行集体商标申请注册。需要注意的是，根据《农民专业合作社法》，农民专业合作社属于《商标法》第三条第二款所指的"其他组织"，可以作为集体商标（地理标志除外）的注册申请主体。

78 什么是证明商标？谁可以申请？

《商标法》第三条第三款规定：本法所称证明商标，是指由对某种商品或者服务具有监督能力的组织所控制，而由该组织以外的单位或者个人使用于其商品或者服务，用以证明该商品或者服务的原产地、原料、制造方法、质量或者其他特定品质的标志。

从法律概念上可以看出，证明商标有两个主要特征，也是其与其他商标类型的区别。

（1）证明商标的申请主体应为对某种商品或者服务具有监督能力的组织，对注册后的商标只能授权他人使用，自己不能使用。因此，使用主体不固定，一般来说只要市场主体符合使用管理规则所规定的使用标准，都可要求使用该证明商标，商标持有人不得拒绝。

（2）证明商标主要承担的作用为证明商品或者服务的原产地、原料、制造方法、质量或者其他特定品质。

我们出行住宿时如果留意会看到以下星级称号标志：

这就是非常常见的证明商标，星级酒店标志。这一系列"图形"证明商标最早由中国旅游饭店业协会在1995年申请注册，后经过转让，现该系列商标归属于文化和旅游部旅游质量监督管理所。

根据《星级饭店图形证明商标使用管理规则》规定，该"图形"证明商标主要用于证明旅游饭店的特定品质，符合相关标准的旅游饭店可申请使用该证明商标，由商标持有人派有资质的检查人员按相应星级标准进行核查，如符合使用条件经授权后可按规定使用该证明商标。

因此，与前述集体商标相同，证明商标的申请人也有相对特殊的主体资格限制，应为对该类商品或服务具有监督能力的组织，一般企业或个体经营者不得作为证明商标的合格主体进行申请注册。

第二节

集体商标和证明商标的注册申请

79 在申请注册集体/证明商标之前,要准备什么材料?对材料有什么要求?

申请注册集体商标和证明商标之前,需要准备的材料包括申请书件,建议申请人进行事先查询。其中,申请书件必须严格按照材料规定提交。事先查询不是法定要求的必经程序,是指商标申请人在正式向商标局提出申请之前,为了解是否存在与其申请注册的商标可能构成冲突的在先商标等问题的在先查询。事先查询可以提高商标注册申请的成功率,尽量避免不必要的损失。

一、申请注册集体商标需要提交的申请书件

(1)身份证明文件复印件(如营业执照复印件),加盖公章;经办人的身份证及复印件(原件经比对后退还);委托商标代理机构办理注册申请的,须提交商标代理委托书。

(2)商标图样,要求为电子版,JPG格式,图样文件大小应小于200KB,且图形像素介于"400×400"—"1500×1500"。

(3)集体商标使用管理规则,可登录商标局官网下载相关模板,路径为:商标局官网→集体证明商标(地理标志)→申请指南→集体商标、证明商标使用管理规则说明→附件3。注意需加盖申请人公章。

(4)集体成员名单,含集体组织成员的名称和地址。

(5)如申请注册的是人物肖像,应当予以说明,并附送肖像权人授权书。授权书应包括作为商标图样申请的肖像人肖像。

在此需特别说明的是，相较于普通商标注册所需提交的书件/材料，以上第（3）、（4）为特殊书件/材料。

二、申请注册证明商标需要提交的申请书件

1.基础书件

（1）身份证明文件复印件（如营业执照复印件），加盖公章；经办人的身份证及复印件（原件经比对后退还）；委托商标代理机构办理注册申请的，须提交商标代理委托书。

（2）商标图样，要求为电子版，JPG格式，图样文件大小应小于200KB，且图形像素介于"400×400"—"1500×1500"。

（3）证明商标使用管理规则，可登录商标局官网下载相关模板，路径为：商标局官网→集体证明商标（地理标志）→申请指南→集体商标、证明商标使用管理规则说明→附件4。

（4）应当详细说明其所具有的或者其委托的机构具有的专业技术人员、专业检测设备等情况，以表明其具有监督该证明商标所证明的商品特定品质的能力。

（5）如申请注册的证明商标是人物肖像，应当予以说明，并附送肖像权人授权书。授权书应包括作为商标图样申请的肖像人肖像。

2.特殊要件

（1）加盖申请人公章的证明商标使用管理规则。

（2）申请人具有监督管理该证明商标所证明的商品特定品质的能力证明材料。

①如申请人具备检测能力，应提交以下材料：申请人所具有的资质证书（加盖申请人公章）；申请人所具有的专业检测设备清单（加盖申请人公章）；专业技术人员名单（加盖申请人公章）；技术人员证书（加盖申请人公章）。

②申请人委托他人检测的，应提交以下材料：申请人与具有检测资格的机构签署的委托检测合同（盖双方公章）；受委托机构的单位法人证书（加盖受托单位公章）；受委托机构的资质证书（加盖受托单位公章）；专业检测设备清单（加盖受托单位公章）；专业技术人员名单（加盖受托单位公章）。

三、有关书件的具体要求

（1）填写商标注册申请书时，申请人的名义、章戳应与核准注册或者登记的名义完全一致。

（2）应当按照《类似商品和服务区分表》填写商品或服务项目规范名称，商品或服务名称未列入《类似商品和服务区分表》的，应当附送相应的说明。

（3）如果申请注册的是证明商标，应在商标注册申请书的"商标申请声明"一栏中注明是证明商标；如果申请注册的是集体商标，应在"商标申请声明"一栏中注明是集体商标。

（4）申请人主体资格证明文件可以是事业单位或者社会团体经登记成立的批准文件。集体商标注册申请人应为某一组织，可以是工业或商业团体，也可以是协会、行业或其他集体组织，但不能是某个单一企业或个体经营者。

（5）证明商标使用管理规则应包括以下内容：使用证明商标的宗旨、意义或目的；该证明商标证明的商品的特定品质；使用该商标的条件；使用证明商标的权利、义务和违反规则应当承担的责任；注册人对使用该证明商标所证明商品的检验监督制度。

（6）集体商标使用管理规则应包括以下内容：使用集体商标的宗旨；使用集体商标的集体成员的名称、地址、法定代表人等；集体商标指定使用的商品的品质；使用集体商标的手续；集体成员的权利、义务和违反规则应当承担的责任；注册人对使用该集体商标指定使用商品的检验监督制度。

（7）所有申请书件应当使用中文。向中国申请领土延伸的证明商标或集体商标应交送中文文本；如申请书件使用中文以外文字的，应附送中文译本，并以中文译本为准。

80 集体/证明商标允许转让吗？可以转让给任意主体吗？需要什么材料？

集体商标、证明商标以及以集体/证明商标类型申请的地理标志经签订转让合同，可以按规定由转让人和受让人共同向商标局提出转让申请。

一、集体商标、证明商标的受让主体

集体商标、证明商标以及以集体/证明商标类型申请的地理标志的受让人不能为任意主体，应当是符合《商标法》《商标法实施条例》和《集体商标、证明商标注册和管理办法》规定的合格主体，且证明商标的继受人应对该类商品或服务具有监督能力。

二、集体商标转让应提交的申请书件

1.基础书件

（1）商标转让申请书。

（2）转让人和受让人盖章或者签字确认的身份证明文件复印件，如企业的营业执照副本、自然人的身份证或港澳居民居住证或台湾居民居住证或护照等证件的复印件。

（3）委托商标代理机构办理的提交转让人和受让人双方出具的代理委托书，直接在商标注册大厅办理的提交双方经办人的身份证复印件。

（4）申请移转的，商标注册人已经终止的，无需提交身份证明文件及委托书，但应当依法提交有关证明文件或者法律文书，证明有权利继受相应的商标权。

（5）申请文件为外文的，还应提供经申请人或代理组织或翻译机构签章确认的中文译本。

2.特殊书件

集体商标转让应提交的特殊书件包括集体商标转让合同、集体成员名单、受让主体资格证明文件复印件和集体商标使用管理规则。

三、证明商标转让应提交的申请书件

1.基础书件

（1）商标转让申请书。

（2）转让人和受让人盖章或者签字确认的身份证明文件复印件，如企业的营业执照副本、自然人的身份证或港澳居民居住证或台湾居民居住证或护照等证件的复印件。

（3）委托商标代理机构办理的提交转让人和受让人双方出具的代理委托书，直接在商标注册大厅办理的提交双方经办人的身份证复印件。

（4）申请移转的，商标注册人已经终止的，无需提交身份证明文件及委托书，但应当依法提交有关证明文件或者法律文书，证明有权利继受相应的商标权。

（5）申请文件为外文的，还应提供经申请人或代理组织或翻译机构签章确认的中文译本。

2.特殊书件

证明商标转让应提交的特殊书件包括证明商标转让合同、受让主体资格证明文件复印件、受让人检测能力证明和证明商标使用管理规则。

81 商标持有人可否自己使用该集体商标或证明商标？商标权利人/注册人以外的其他人如何使用该集体商标或证明商标？

一、集体商标的使用主体

根据《集体商标、证明商标注册和管理办法》第十七条，集体商标注册人的集体成员，在履行该集体商标使用管理规则规定的手续后，可以使用该集体商标。集体商标不得许可非集体成员使用，集体商标权利人或注册人可以使用集体商标；除此之外，其他市场经营主体符合《地理标志集体商标使用管理规则》的，被纳入成员名单后也可以使用该集体商标。

例如安溪湖头小吃同业公会的"湖头小吃"集体商标，根据其提供的集体成员名单，在该集体商标所属服务类别上，安溪湖头小吃同业公会及其成员名单中的经营者均可以在自己提供的服务上使用"湖头小吃"集体商标。

二、证明商标的使用主体

根据《集体商标、证明商标注册和管理办法》第十八条第一款、第二十条的规定，凡符合证明商标使用管理规则规定条件的，在履行该证明商标使用管理规则规定的手续后，可以使用该证明商标，注册人不得拒绝办理手续；证明商标的注册人不得在自己提供的商品上使用该证明商标。证明商标的持有人只能许可组织以外的市场主体使用而不得在自己提供的商品上使用；证明商标持有人以外的单位和个人如商品或服务达到证明商标所规定的产地、特定品质等标准，可以要求使用该证明商标。例如中国绿色食品发展中心所申请的"绿色食品"证明商标，可以由其授权市场上合格经营主体使用，但中国绿色食品发展中心不能将该证明商标用于自己提供的商品上。

82 若申请人已成功注册集体/证明商标，是否会对其后续在相同或者类似商品或服务上申请相同或近似的普通商标构成权利障碍？

同一申请人若想在相同或类似的商品或服务上申请与已成功注册的集体/证明商标相同或近似的新商标，已成功注册的集体/证明商标均会对新申请的普通商标构成权利障碍。

原因在于，集体/证明商标与普通商标的表现形式并无明显区分，但彼此之间存在性质差异，申请主体、使用方式、申请人与使用人的权利义务等方面区别较大，若不同类型的商标同时被注册在相同商品或服务上，一般消费者难以对其性质、品质等进行区分，也不便于后续保护和管理。两者的区别主要体现在以下方面。

一、作用及目的不同

集体商标是由团体组织管理的区域性、集体性公共资源，申请主体应为团体、协会或者其他组织，是使用者在该组织中的成员资格的标志，主要用于在市场中取得规模效益；而普通商标为商标权利人独占的私权利，申请人既可以是上述组织，也可以是自然人或企业法人，是表明商品或服务来自某特定经营者的标志，主要用于区别市场其他经营主体。

证明商标是用于证明商品或者服务的原产地、原料、制造方法、质量或者其他特定品质的标志，且由对某种商品或者服务具有监督能力的组织所控制，因此一般来说带有证明商标的商品或服务项目在前期审查和后续运用时有更严格的材料要求和质量品质监督，相对更易得到市场消费者的青睐。而普通商标主要承担来源识别的作用，对其承载的商品或服务并无特定品质要求。

二、使用和管理方式不同

申请注册集体商标时应一并提交使用管理规则及成员名单，在后续的商标使用过程中，非名单内成员不得使用该集体商标，若成员有新增或缩减，需由该组织对名单提出变更申请，且集体组织的成员权利相对有限，无权对商标进行转让或许可他人使用；而普通商标不存在上述要求，商标经注册后，申请人可根据自身需求和意愿进行转让或许可他人使用，但应签订转让、许可合同。

证明商标应由对某种商品或者服务具有监督能力的组织所控制，与普通商标不同，在实际运用过程中，符合证明商标使用条件的经营者均可申请使用该证明商标，商标权利人对证明商标的使用人具有监管义务，但其自身不能使用该商标。

综上，如果一个组织同时享有同一标志的集体商标与普通商标权利，由于从法律上难以限制商标权利人对普通商标的许可使用，而普通商标对商品或服务的特定品质、成员资格等无明确的使用要求，便可能出现与集体商标要求相悖的情形。而市场上普通消费者难以在同一品牌中区分出不同类型的商标，易对商品的来源和品质等特点产生误认。同理，因难以限制普通商标的转让、许可等行为，当相同的普通商标和证明商标并存时，无区别的表现形式易使公众消费时产生困惑，也不利于审批、监管等部门后续对商品或服务的宣传和管理。

因此，即便同一申请人也不可以在相同或类似商品或服务上注册两种不同类型的相同或近似商标。对于此类问题的处理，如果已经注册了其中某一类型商标后，想在相同或近似类别上再对其进行另一类型商标的注册，须注销之前注册的商标，排除在先权利障碍，再重新提出注册申请。

第五章
地理标志商标的注册申请

"增城菜心""新会陈皮""南沙青蟹""化州橘红"……这些广东的地方特产想必大家都略有耳闻，那您知道它们都是地理标志商标吗？其实，很多我们耳熟能详的区域品牌、地方特产，都已经注册了地理标志商标。本章主要介绍地理标志商标的基本概念、注册申请相关内容。

第一节
地理标志商标的基本概念

83 什么是地理标志？

地理标志（Geographical Indications）与专利、商标、著作权、商业秘密等一样，其作为七大类知识产权之一，由地方传统特色产品作为主要载体，结合传统劳动智慧成果，通过法律形式获得确认和保护。

地理标志最早在法国以"原产地名称"这一概念获得保护，20世纪70年代，"地理标志"作为法律概念由世界知识产权组织在《地理标志保护条约草案》中提出，但并未给出明确定义。1883年，《保护工业产权巴黎公约》签订，地理标志才被纳入法律保护体系。1994年，《与贸易有关的知识产权协定》（TRIPs协定）第二十二条第一款对其作出规定：就本协定而言，"地理标识"指识别一货物来源于一成员领土或该领土内一地区或地方的标识，该货物的特定质量、声誉或其他特性主要归因于其地理来源。基于地理标志的特定信誉往往是来自当地自然和人文条件共同造就的品质和特征，TRIPs协定在原本地理标志所要求的特定质量、特征以外，增加了"声誉"这项要素，使地理标志的概念日渐完善。

《商标法》第十六条第二款规定：地理标志是指标示某商品来源于某地区，该商品的特定质量、信誉或者其他特征，主要由该地区的自然因素或者人文因素所决定的标志。

通常来说，满足地理标志集体/证明商标应该符合以下要求。

一、地理标志商标应符合产地范围要求

地理标志商标对于产地有非常明确的范围限定。例如"西湖龙井"这个地理标志证明商标,根据《"西湖龙井"地理标志证明商标使用管理规则》第五条的规定,"西湖龙井"生产地域范围是:杭州市西湖西面东起虎跑、茅家埠,西至杨府庙、龙门坎、何家村,南起社井、浮山,北至老东岳、金鱼井的168平方公里的区域,涉及西湖、转塘、双浦、留下等四个乡镇(街道)。

二、地理标志商标指定使用商品应当具有特定品质、信誉或其他特征

《"西湖龙井"地理标志证明商标使用管理规则》第六条规定:西湖龙井茶外形"扁、平、光、直",呈现为中间大、两头小,似"碗钉",茶条扁平光滑无茸毛;干茶色泽金边绿叶略带糙米色或翠绿;香气幽雅清高,具蛋黄清香或兰花香;滋味甘鲜醇和;汤色碧绿黄莹;叶底细嫩成朵。用玻璃杯冲泡龙井茶时,一旗一枪林立杯底,犹如朵朵兰花,茶汤碧绿,清香四溢,香气清高,滋味甘醇。同时西湖龙井茶对成品茶的长度要求严格,特级茶长度在1.5—2.0cm之间,一、二级茶长度在2.0—2.3cm之间。该条规定对西湖龙井的感官特征、物理特征等独有的品质特点作了简明扼要的提炼。

三、地理标志商标指定使用商品的特定品质特征应当是由当地的自然因素和人文因素共同决定的

在《"西湖龙井"地理标志证明商标使用管理规则》第五条中,对决定其特定品质的自然、人文因素进行了描述:该地域特定的自然地理环境,茶园在三面环抱的群山中,峰峦叠翠,依山傍水,受一湖一江水气调节和东南季风的影响,气候温暖、湿润、多雾,年平均温度16℃,年降水量1400毫米左右,森林覆盖率高达70%

以上，茶树与森林相连，茶园与自然环境完美融合，西湖龙井茶区大部分土壤属"西湖石英岩"的残坡积物和黄泥沙土，土壤透水性、通气性较好；化学成分的特点是钙与含钾量中等，有机质和磷的含量适中，土壤pH值4.5—6之间。独特的小气候和植被、空气、水分、土壤四大要素优化组合的自然条件，极有利于茶树生长和氨基酸、蛋白质及芳香物质的积累与组合。[1]

除上述因素外，龙井茶优异的品质也是通过精细的采制工艺所形成的：采摘1芽1叶和1芽2叶初展的芽叶为原料，经过摊放、炒青锅、回潮、分筛、辉锅、筛分整理(去黄片和茶末)、收灰贮存数道工序而制成。龙井茶炒制手法复杂，依据不同鲜叶原料不同炒制阶段分别采取"抖、搭、捺、拓、甩、扣、挺、抓、压、磨"等十大手法。[2]

《集体商标、证明商标注册和管理办法》第八条规定：作为集体商标、证明商标申请注册的地理标志，可以是该地理标志标示地区的名称，也可以是能够标示某商品来源于该地区的其他可视性标志。符合申请条件的申请人可依据规定提出申请并经核准注册成为地理标志集体商标或者证明商标。

84 地理标志如何作为商标获得保护？

《商标法实施条例》第四条规定：商标法第十六条规定的地理标志，可以依照商标法和本条例的规定，作为证明商标或者集体商

---

[1]《"西湖龙井"地理标志证明商标使用管理规则》引自杭州市西湖区龙井茶产业协会官网，网址：http://xhlj.org/newsitem/277197009。

[2]《西湖龙井的采制》引自杭州市西湖区龙井茶产业协会官网，网址：http://www.xhlj.org/newsitem/277197066。

标申请注册。集体商标和证明商标都是地理标志注册申请的法定类型，地理标志可以通过这两种形式获得法律保护，但要注意，不是所有的集体商标和证明商标都是地理标志商标。

例如"姑苏苏作家具"（姑苏苏作家具）集体商标、"绿色食品"（绿色食品）证明商标，都是非地理标志的普通集体/证明商标。

地理标志作为集体商标保护的，如岭南三大名菜之一"惠州梅菜"，据惠阳志记载，惠州地区从明朝开始生产制作梅菜，距今已有近400年历史，种植地区以横沥镇矮陂村为中心，因此当地也有着"中国梅菜之乡"之称。惠州市梅菜产销协会早在2004年便提出地理标志集体商标的注册申请，历时4年获准注册。

地理标志作为证明商标保护的，如"增城荔枝"。因增城处于南亚热带海洋性季风气候带，光、温、水、土等自然条件为增城荔枝丰产稳产提供了有利条件，培育出的品种包括"糯米糍""桂味""挂绿"等，当地对荔枝的质量标准有精确、严格的划分。广州市增城区农产品推广中心于2017年提出申请，后成功注册为地理标志证明商标。

可以看出，集体商标主要强调成员资格，证明商标着重强调品质的把控，但不要求指定商品与产地及其自然、人文因素挂钩。另外，在实践中地理标志商标一般为未加工或经加工的农产品、传统工艺品等初级产品，集体商标与证明商标范围不局限于此。

85 家乡的"土特产"可以注册为地理标志商标吗？

我国地大物博，幅员辽阔，丰富的地方特色产品在中华大地上世代相传，北京有北京烤鸭，天津有天津麻花，贵州四川产酒，云南福建有茶……这些,就是我们常说的"土特产",是一个地区经过长时间发展,由其得天独厚的地理环境、长期蕴育的人文因素所沉淀下来的地方产物。

"土特产"不仅是各个地方的特色产品,也是当地发展商业经济的重要载体。喜欢旅游的人可能会发现,每到一个目的地车站或者机场,常常会看到当地"土特产商店"开在显眼的位置,有些店里摆放了琳琅满目的当地特产,一般都包括手工艺品、农产品、酿制加工食品等。

但是,并不是所有的"土特产"都适合申请注册地理标志商标,若要作为地理标志商标注册,一般应满足以下条件:

(1) 指定商品来源于特定地区。地理标志商标指定商品来源于特定地区,具有稀缺性和不可复制性,无法在另一地域培育出同样的品质、信誉或特征的产品。

(2) 指定商品具有能被清晰描述的特定品质。地理标志商标指定使用的商品具有能与同类其他商品区分的特定品质或特征而为公众所熟知,已形成一定知名度。

(3) 指定商品具有的特定品质主要取决于该地区的自然因素和人文因素,且该特定品质不能只由单纯的自然因素或人文因素所决定,而应由两者共同决定。

另外,虽然地理标志商标一般由"地名+商品名称"组成,但不是所有"地名+商品名称"的组合都可以注册为地理标志商标。例如"扬州炒饭",以米饭、火腿、鸡蛋、虾仁等食材炒制,但同样的食材和方法如在扬州以外的地方也能制作出同样的食物,与当地的自然因素没有明确联系,不具备离开产域不可复制的特性,因此不符合地理标志商标的注册要求。

一般来说,地理标志商标指向的是未经加工的,与当地自然环境及养殖、种植技术等人文因素结合的初级产品，如为经过加工的产品，其主要原料等也应严格遵守上述三个条件。

86 注册地理标志商标有什么好处？

地理标志商品作为源于特定地区、具有一定信誉和特定品质的区域性资源，将其注册为地理标志商标是对"产地有标志，商品有标准"从法律的角度给予认可和保护，从经济上对地方区域品牌建设和拉动地方就业起着重要助推作用，在政策导向上是当前政府巩固脱贫攻坚成果和实现乡村振兴、推动高质量发展、构建内循环和双循环共同发展的一项重要组成部分。

从商标注册方面考量，与申请注册普通商标保护相比，注册地理标志商标主要具有以下优势。

一、地理标志商标是商品差异化的重要标志

从地理标志商标的本质和作用出发，"橘生淮南则为橘，生于淮北则为枳"，这句话简明扼要地诠释了地理标志的最主要特征——其自身具有的特定品质能区别于市场上的同类商品，而该特定品质是由当地的自然和人文因素共同作用所形成的，因此无法在特定地域以外的地区生产或复制。所以，商品的品质、特征差异性是地理标志商标指定使用的商品与同类型商品的主要区别。在商标权利认定上较能反映这一特征，地理标志商标是以商品的事实存在为基础，通过申请注册由行政机关进行确权的商标；而普通商标是由申请人自行创造，经行政机关审查通过后予以注册的商标，一般用于区分私权利。

《商标法》第十条第二款规定：县级以上行政区划的地名或者公众知晓的外国地名，不得作为商标。但是，地名具有其他含义或

者作为集体商标、证明商标组成部分的除外；已经注册的使用地名的商标继续有效。

《商标法》第十六条第一款规定：商标中有商品的地理标志，而该商品并非来源于该标志所标示的地区，误导公众的，不予注册并禁止使用；但是，已经善意取得注册的继续有效。

在实践中，"地名+商品名称"是地理标志集体/证明商标的常见表现方式，如"山西老陈醋""五常大米""怀仁陶瓷""化州橘红"等。例如"五常大米"在2006年由五常市大米协会在"大米"商品上成功注册。而后，来自五常的A公司于2016年在第35类"市场营销"等服务上、来自黑龙江的B自然人于2019年在第31类"未加工种子"等商品上均想将"五常大米"作为普通商标进行申请注册，均被商标局以"含地理标志证明商标，易使消费者产生误认及'五常'为县级以上行政区划名称"为由驳回。

除此之外，即便地名为非县级以上或地名具有其他含义，地理标志商标作为普通商标申请注册也可能存在以直接表示了产地的来源、缺乏可让公众识别的显著特征、使公众对产地产生误认等原因而驳回的情形。

二、地理标志商标是区域经济发展的有力保障

地理标志商标在"以地方稀缺资源，打造城市名片"中发挥重要作用，相较之下，普通商标在区域品牌发展和保护中的作用相对有限。

以"新会陈皮"为例，2008年6月，该标志经当时的国家工商行政管理总局核准注册为地理标志证明商标。据江门市新会区人民政府官方网站和媒体报道，新会陈皮产值从不足300万元发展到如今的102亿元，新会柑种植面积达6667公顷，吸引社会投资超30亿元，注册经营主体超过1000家，带动5.5万人就业致富，在产业发展的黄金时期，新会陈皮与同类普通陈皮相比每斤溢价高达数十元。依托陈皮产业，新会建成了粤港澳大湾区首个国家现代农业产业园，为全省乃至全国乡村产业振兴贡献了"江门样板"，为实现"用好一个商标，振兴一片产业，富裕一方百姓"的战略目标做好榜样。

作为地理标志证明商标的成功注册意味着"新会陈皮"从此受到法律保护，相较同类产品，商标持有人可以依据《地理标志证明商标使用管理规则》对产域内的生产经营者以更高标准进行规范和要求，适时运用法律武器制止不合规经营者对"新会陈皮"这一名称的滥用，严格规范商标使用，打击假冒伪劣产品；鼓励合规格合标准的经营者以"新会陈皮"为核心，建立自有普通商标品牌，发展"陈皮产业+文旅"等相关产业，共同构建政府主导、协会引导、授权企业经营的发展格局。

三、地理标志是政策引导的重点方向

正是因为地理标志商标能够有效助推自主品牌打造、区域经济发展、农业产业创新，为实施乡村振兴战略提供强有力的法律保障，不管是宣传上、政策上，还是工作实践上，地理标志都受到了各级政府的重视。

近年来，中央和地方政府多项文件均提及地理标志的长远发展规划。2021年5月，国家知识产权局对地理标志保护工作作出重要部署，印发了《国家知识产权局、国家市场监督管理总局关于进一步加强地理标志保护的指导意见》，要求强化地理标志知识产权的管理和保护，推动地方特色产业发展，巩固脱贫攻坚成果。多地政府也纷纷多渠道开展宣传工作，深入乡镇指导地理标志的摸查和培育工作，出台鼓励措施，对新核准的地理标志商标给予一次性数额不等的奖励/补助，并不断完善保护机制，不定期对市场侵权行

为进行处罚。2020年，内蒙古自治区市场监督管理局在推动地理标志工作上，制定了《关于鼓励和支持非公有制经济发展的若干政策规定》等政策，对获得地理标志证明商标注册申请的给予50万元奖励，通过建设地理标志博物馆，依托各级媒体及展会等开展地理标志宣传工作，多项举措有力推动当地地理标志的发展和保护，受到了国家知识产权局的肯定，作为典型案例进行全国推广。

总的来说，地理标志商标与普通商标侧重点不同，地理标志商标更着重于针对区域性公共资源的确权和保护，而普通商标的作用更主要体现在私权利如企业品牌保护和布局方面。一方水土，一方资源，"土特产"一般作为地方资源不为一家独占，在材料齐备、条件允许的情况下可以考虑作为地理标志集体商标或地理标志证明商标进行申请注册。

第二节
地理标志商标的注册申请

87 地理标志作为集体商标或者证明商标注册的区别是什么？

一、地理标志集体商标与地理标志证明商标的区别

《商标法》第三条第二款规定：本法所称集体商标，是指以团体、协会或者其他组织名义注册，供该组织成员在商事活动中使用，以表明使用者在该组织中的成员资格的标志。

《商标法》第三条第三款规定：本法所称证明商标，是指由对某种商品或者服务具有监督能力的组织所控制，而由该组织以外的单位或者个人使用于其商品或者服务，用以证明该商品或者服务的原产地、原料、制造方法、质量或者其他特定品质的标志。

从上述规定可以看出，地理标志作为集体商标注册，成员相对固定，该组织以外的成员不得使用，但可在符合集体商标使用规则的条件下对成员进行增减或变更；而地理标志证明商标的使用人为非特定主体，相对开放，只要符合使用要求均可提出使用申请。

地理标志证明商标在使用时主要侧重于商品或者服务的原产地、原料、制造方法、质量或者其他特定品质的证明，标准相对清晰、稳定，有助于产品质量把控和产业结构升级；而地理标志集体商标的使用人根据集体商标使用条件，共同遵守使用规则，有利于资源整合、产业集群化等，从而整体提高行业竞争力。

二、申请人在注册时应如何选择

基于上述区别,申请人在选择以集体商标还是证明商标作为地理标志的注册形式时,可以重点考虑以下两个方面:

(1)自身需求和目的。因集体商标主要强调区域内集体成员资格,而证明商标主要强调产地和产品质量把控,在实践中,国内地理标志注册形式以证明商标居多。如同样为葡萄酒产地,贺兰山东麓葡萄酒选择以证明商标的形式注册,证明商标由政府授权的组织管理,成员非固定,对品质进行严格把控,目的在于产业结构调整和升级,提升产品质量;但国外如"波尔多""勃艮第"等产区的酒庄,多为传承已久的家族产业,则倾向使用集体商标的注册形式,目的主要是联合经营者取得规模化效应。

"贺兰山东麓葡萄酒"地理标志证明商标

波尔多　　　勃艮第

"波尔多"地理标志集体商标　　"勃艮第"地理标志集体商标

(2)使用和管理模式。集体商标的持有人可以使用集体商标,产品产域范围内的成员经列入集体成员名单也可以使用,但在产地以外的生产者不能被授权,也不能直接使用集体商标,只可以表示产地来源,正当地作描述性使用。证明商标无固定成员且商标持有人不得在自己提供的商品或服务上使用该证明商标,只能授权组织外成员使用,组织外经营者只要达到地理标志证明商标的使用条件,都可以申请使用且持有人不得拒绝。

88 申请注册地理标志商标填报商品时需要注意什么？

填报地理标志商标指定使用的商品与普通商标相同，应以《类似商品和服务区分表》为依据，准确填报商品。

另外，地理标志限定特定品质，一般应指向单一的具体商品。因此，地理标志商标的指定使用商品不能笼统地表述为活动物、新鲜水果、中药材、谷类制品等某一类商品的统称。

例如，地理标志商标为"日照绿茶"，其指定使用商品应为"绿茶"；地理标志商标为"东台西瓜"，其指定使用商品应为"西瓜（新鲜水果）"。

一、单一具体产品不可以填报统括性称呼

常见的地理标志商标名称是"地名+商品名称"，商品名称一般都是单一商品，不可以在申请注册的时候将申报商品填报为统括性称呼。

例如第33883612号"安稳山羊"商标，申请注册在"山羊（活动物）"上，审查通过，准予注册；但第9177986号"凉山黑猪"商标，申请注册在"活动物"商品上，而"活动物"为统括性称呼，这样的商标一般不能作为地理标志集体/证明商标填报，如以统括性称呼作为商品填报，在审查过程中可能会被要求重新补正，或因所申报商品不符合注册条件而被驳回。

二、遵循个案审查原则，特殊情况下可指向多个商品或多个类别

（1）在特定情况下，可以指向多个商品。例如第9793054号"剑川木雕"商标，申报商品时既可如上所述填报"木雕"，也可填报"木雕家具""木雕工艺品"等多个商品。一般来说，应申请在指定商品或与其相关且指向明确的商品上。

（2）在特定情况下，可以指向多个类别。例如前文提到的"山羊"，根据《类似商品和服务区分表》，与其相关的商品涉及第29类、第31类，因此在申请时，可以根据自身需求选择不同类别，或在不同类别上均申请注册。例如"大足黑山羊"地理标志证明商标，由重庆市大足区畜牧渔业发展中心指定使用在第29类2901类似群"黑山羊（非活的）"、第31类3104类似群"黑山羊（活动物）"上。

89 申请注册地理标志商标需要准备什么材料？

地理标志商标注册申请和一般的证明商标、集体商标注册申请既有共同之处，也有特殊之处。需要准备的材料如下：

（1）商标注册申请书。申请人需在"商标申请声明"栏勾选"证明商标"或"集体商标"，否则视为以普通商标形式申请；委托商标代理机构代理的应当附送商标代理委托书。

（2）申请人主体资格证明文件复印件，需加盖申请人公章。主体资格证明文件包括事业单位、社会团体依法成立的批准文件等。

申请地理标志集体商标的，应当附送集体成员名单（如使用管理规则中已提交集体成员名单，申请文件可不单独提供）。

外国人或者外国企业申请注册地理标志集体商标、证明商标的，应当提供该地理标志以其名义在其原属国受法律保护的证明。

根据2021年版《商标审查审理指南》，地理标志集体商标和地理标志证明商标申请人应当是经该地理标志所标示地区县级以上人民政府或行业主管部门同意、对该地理标志指定使用商品特定品质具备监督检测能力、不以营利为目的的团体、协会或者其他组织，一般为社会团体法人、事业单位法人,且其业务范围与所监督使用的地理标志商标指定使用商品相关。

此外,根据《农民专业合作社法》,农民专业合作社是在农村家庭承包经营基础上,农产品的生产运营者或者农业生产经营服务的提供者、利用者,是自愿联合、民主管理的互助性经济组织,属于《商标法》第三条第二款所指的"其他组织",可以作为集体商标申请注册主体,但不能作为地理标志集体商标的申请注册主体。

(3)地理标志所标示地区的县级人民政府或者行业主管部门授权申请人申请注册并监督管理该地理标志的文件。如果地理标志的产地范围属于同一县、市,由该县、市人民政府或者行业主管部门出具授权文件;如果产地范围跨不同县、市,需由两地共同上级人民政府或者行业主管部门出具授权文件。

(4)有关该地理标志商标指定使用商品客观存在及信誉情况的证明材料并加盖出具证明材料部门的公章。申请人除通过提供县志、农业志、产品志、年鉴、教科书外,还可以通过提供正规公开出版的书籍、国家级专业期刊、古籍等材料证明其地理标志商标指定使用商品的客观存在及声誉情况,材料可以是原件,也可以是加盖出具单位公章的封面、版权页、内容页的复印件,但应对地理标志的名称及声誉等有清晰明确的记载。

(5)地理标志所标示的地域范围划分的相关文件、材料。地理标志生产地域范围可以是县志、农业志、产品志、年鉴、教科书中所表述的地域范围,也可以是该地理标志所标示地区的人民政府或行业主管部门出具的地域范围证明文件。

鉴于各地行业主管部门设置并不统一,为避免机构调整及人员更替引发主管部门授权的稳定性,建议由地理标志所标示地区的县级以上人民政府出具生产地域范围证明文件。

生产地域范围可以以下方式之一或其组合界定：①行政区划；②经纬度的方式；③自然环境中的山、河等地理特征为界限的方式；④地图标示的方式；⑤其他能够明确确定生产地域范围的方式。

（6）地理标志集体商标、证明商标使用管理规则。

申请人登录商标局官网下载使用管理规则模板，路径为：商标局官网→集体证明商标（地理标志）→申请指南→集体商标、证明商标使用管理规则说明→附件1、附件2。

根据《集体商标、证明商标注册和管理办法》第十一条的规定，证明商标使用管理规则应当包括以下主要内容：使用该证明商标的宗旨；该证明商标证明的商品或服务的特定品质；使用该证明商标的条件；使用该证明商标的手续；使用该证明商标的权利、义务；使用人违反使用管理规则应当承担的责任；注册人对使用该证明商标商品的检验监督制度。

（7）地理标志商标指定使用商品的特定质量或者其他特征与当地自然因素、人文因素关系的说明。在说明材料中需要注意以下两点：

①关于自然因素与地理标志商标指定使用商品的关系，应清晰描述该商品的特定品质、信誉或其他特征与生产地域的自然因素之间的具体联系。例如就当地气候环境、地理条件等各个方面展开详细分析，气温、光照、降水、土壤、河流等自然条件在哪个时间、如何对产品的某一项特定品质产生影响。

②人文因素与地理标志商标指定使用商品的关系，包括种植的时间、区域的选择，当地特殊的生产建筑或历史沿革的生产工艺、技术等。

（8）地理标志申请人具备监督检测该地理标志能力的证明

材料。

申请人具备检验检测能力的，应提交申请人所具有的检测资质证书或当地政府出具的关于其具备检测能力的证明文件，以及申请人所具有的专业检测设备清单和专业检测人员名单。

申请人委托他人检验检测的，应当附送申请人与具有检验检测资格的机构签署的委托检验检测合同原件，并提交该检验检测机构的检测资质证书以及检测设备清单和检测人员名单。

90 地理标志集体/证明商标的注册与普通商标有什么不同？

地理标志商标和普通商标分属两种不同类型的商标，申请人注册时主要考虑以下几方面的区别：

一、申请材料不同

普通商标注册申请需提交包括《商标注册申请书》、主体资格证明文件、商标图样在内的一般性文件，委托代理机构申请的还需提交商标代理委托书。

地理标志以集体商标或证明商标形式申请注册的除一般性文件外，还需提供特有资料审查，包括使用管理规则（含分别应提交的集体组织成员名单和特定品质及其自然、人文因素说明），监督检测能力证明文件、生产地域范围证明文件、管辖地区的县级以上人民政府或行业主管部门授权文件，以及地理标志商标指定使用商品客观存在及信誉情况的证明文件等。

二、申请和使用条件不同

不是所有的商标都适合以地理标志集体/证明商标形式申请注册，不是所有指定商品的特定品质都与特定产区的自然因素、人文环境存在紧密联系，只有经管辖地县级以上人民政府或主管部门授权的组织提出申请，才可能注册为地理标志集体/证明商标。普通商标对此不作要求，申请条件相对宽松。

在使用上，普通商标申请人既是商标的所有人也是商标的使用人，可以依法对商标进行许可、变更、转让等；地理标志集体/证明商标的申请人是商标的所有人，但行使商标权时角色更接近管理人，且地理标志证明商标的所有人不得使用该商标，只能授权他人使用。

三、审查标准不同

普通商标的保护客体一般为创造性产品，商标产生过程"从无到有"，经申请注册后依行政机关授权获得商标权；地理标志集体/证明商标的保护客体一般是客观存在的产品，已具有一定品质和信誉，提交申请注册更接近于确权行为。地理标志集体/证明商标审查时对授权文件、使用管理规则等特有资料审查较严格，而普通商标审查时对禁用性条款和近似判定方面审查较严格。根据2021年版《商标审查审理指南》，如果地理标志集体商标、地理标志证明商标申请在后，普通商标申请在前，应当结合地理标志集体商标、地理标志证明商标的知名度、显著性、相关公众的认知等因素，不易构成相关公众混淆误认的，不判定为近似商标。如果地理标志集体商标、地理标志证明商标申请在前，普通商标申请在后，容易导致相关公众对商品或服务来源产生混淆误认，不当攀附地理标志集体商标或者地理标志证明商标知名度的，认定二者构成近似商标。

四、后续保护不同

一般来说，普通商标侧重于私权利的保护，在侵权责任认定时侧重于争议商标是否易使消费者混淆，保护商标的独创性，在经营中与其他经营主体可区分；而地理标志更侧重于区域资源的保护，在侵权判断时主要考虑是否会使公众对产品的来源或品质产生误认。

91 已注册的地理标志商标能被认定为驰名商标吗？

对已经注册的地理标志集体/证明商标，可以在后续程序中通过依法申请、商标争议或侵权诉讼等流程，按照驰名商标认定的原则和条件认定为驰名商标。例如"景德镇陶瓷""赣南脐橙"等，其既是地理标志集体/证明商标，也是被原国家工商行政管理总局商标局认定的驰名商标。

《最高人民法院关于审理商标授权确权行政案件若干问题的规定》第十七条规定：地理标志利害关系人依据商标法第十六条主张他人商标不应予以注册或者应予无效，如果诉争商标指定使用的商品与地理标志产品并非相同商品，而地理标志利害关系人能够证明诉争商标使用在该产品上仍然容易导致相关公众误认为该产品来源于该地区并因此具有特定的质量、信誉或者其他特征的，人民法院予以支持。如果该地理标志已经注册为集体商标或者证明商标，集体商标或者证明商标的权利人或者利害关系人可选择依据该条或者另行依据商标法第十三条、第三十条等主张权利。

《商标法》第十三条规定：为相关公众所熟知的商标，持有人认为其权利受到侵害时，可以依照本法规定请求驰名商标保护。地理标志集体/证明商标权利人在认为商标权受到侵害时，可以以争议商标易使消费者对来源、品质产生误认为由提出异议或诉讼等制止侵害继续发生，当根据《商标法》第十六条无法进行有效保护时，权利人可以选择依据《商标法》第十三条主张权利，但应当符合驰名商标认定条件。

《商标法》第十四条规定，驰名商标应当根据当事人的请求，作为处理涉及商标案件需要认定的事实进行认定。认定驰名商标应当考虑下列因素：（一）相关公众对该商标的知晓程度；（二）该商标使用的持续时间；（三）该商标的任何宣传工作的持续时间、程度和地理范围；（四）该商标作为驰名商标受保护的记录；（五）该商标驰名的其他因素。

《驰名商标认定和保护规定》第二条规定：驰名商标是指在中国为相关公众广为知晓并享有较高声誉的商标。相关公众包括与使用商标所标示的某类商品或者服务有关的消费者，生产前述商品或者提供服务的其他经营者以及经销渠道中所涉及的销售者和相关人员等。

2020年，九江市茶叶产业协会因"庐山云雾茶"地理标志证明商标被侵权一案，通过江西省知识产权局报送国家知识产权局请求驰名商标认定，予以扩大保护。起因为九江市茶叶产业协会发现市场上有当地生物制药企业突出使用"庐山云雾茶"字样在自身销售的产品上，产品不属于"庐山云雾茶"地理标志证明商标所在类别但属于相关类别商品，且在淘宝、京东等平台上较大批量销售。江西省知识产权局将相关证明材料报送国家知识产权局，于2021年收到批复，在所在类别上认定为驰名商标，九江市市场监督管理局随后启动案件调查和执法工作。[1]

2020年报送国家知识产权局并经批复认定的茶类驰名商标还有"正山小种"地理标志证明商标。因为该商标在当地知名度高，有部分茶叶商行、茶庄等经营者未经授权便将散装茶叶装进"正山小种"的包装袋进行销售。"正山小种"被认定为驰名商标后，武夷山市场监督管理局进行立案调查，将侵犯商标专用权

---

[1] 此处引用事件来源为安徽省知识产权事业发展中心发布的新闻消息"以案释法:江西省九江市市场监管局查处侵犯'庐山云雾茶'驰名商标案"。

的商品予以没收。

因此，在商标争议的过程中，申请人可以根据法律规章制度主张权利，人民法院、国家知识产权局将根据相关证据材料和案件需要，判断是否作出驰名商标认定。

92 审查地理标志商标主要考虑哪些因素？

地理标志集体/证明商标与普通商标的审查原则是相同的，主要依据《商标法》第十条、第十一条、第三十条和第三十一条等规定进行审查。但由于地理标志集体/证明商标所标示的商品是据史料证明，具有特定区域属性和品质特征，在性质和功能用途等方面与普通商标有较大区别，具体的审查标准也有所不同。

从《商标法》第十条、第十一条所列的禁用性条款看，地理标志集体/证明商标审查应结合指定商品所在地及其特定品质、公众对产品的熟知程度等方面，综合判断是否会出现导致消费者误认或产生不良社会影响等情形。

一、审查是否会对产品品质产生误认

以"仙桃富硒黄鳝"地理标志证明商标为例，该地理标志商标注册申请被驳回，驳回理由是："仙桃虽属含硒地区，但目前尚无该商标指定商品的硒或富硒含量的国家标准或行业标准，该商标中含"富硒"，易使消费者对商品品质特点产生误认。含有产品相关微量元素的，一般作为商标使用易误导消费者，使其对原料特点产生误认。"

但是，符合国家标准的除外，如经核准注册的"安康富硒茶 ANKANG RICH-SELENIUM TEA"地理标志证明商标，目前国家对"富硒茶"和"富硒稻谷"发布了行业标准，申请人可依据标准提供证明材料,经审查如认为符合质量等要求,可不以含"富硒"易产生误认而驳回。

二、审查是否会产生不良社会影响

以已经核准注册的"佛渡紫菜"地理标志证明商标为例,该标志中含"佛"且易与宗教词汇关联,但"佛渡紫菜"产自舟山市普陀区佛渡岛区域,提交的材料中详细描述了气候及地理条件如何适宜紫菜生长,这种情况属于在特定语境下具有明确指向,不易使公众联想到与宗教相关,不适合以易产生不良影响为由驳回。

但要注意的是,如"阳信清真牛肉"这件地理标志证明商标申请,因含有"清真"文字被驳回。"清真"为宗教用语,《现代汉语词典》中解释为"伊斯兰教的",因此易使消费者对指定商品的品质产生误认,同时用作商标易伤害宗教感情,产生不良社会影响,不符合《商标法》第十条的要求。这种情况下,申请人可以考虑以"阳信牛肉"作为地理标志集体/证明商标提出申请。

三、审查地理标志商标申请注册的名称规范性

地理标志商标的名称常采用"地名+商品名称"的形式。一般来说,商标都要求具有显著性,那么为什么地理标志集体/证明商标能以"地名+商品名称"这种看似无任何显著性的形式注册呢?实际上,地理标志经史料或具有影响力的出版物载明,来源于特定地区,且具有由当地自然及人文因素所决定的特定品质、信誉或其他特征,其表现形式一般为"地名+商品名称",因此整体上属于经过长期使用已为公众熟知而取得显著特征。

《集体商标、证明商标注册和管理办法》第八条规定:作为集体商标、证明商标申请注册的地理标志,可以是该地理标志标示地区的名称,也可以是能够标示某商品来源于该地区的其他可视性标志。

但需要注意的是，申请注册地理标志商标也要注意商标名称的规范性，除了"地名+商品名称"外，不应附带其他解释说明或宣传介绍性的文字。例如以下两个商标：

三亚芒果 恋上18°　　　　"三亚芒果，爱上三亚的另一个理由！"

这两个商标在"三亚芒果"这个"地名+商品名称"的主体之外，还增加了其他的文字内容，商标局以"《商标法》第十六条第二款中地理标志是指标示某商品来源于某地区，该商品的特定质量、信誉或者其他特征，主要由该地区的自然因素或者人文因素所决定的标志，一般由地理名称加商品通用名称组成，因此不符合地理标志的构成要件"为其中一个理由驳回了申请。

四、审查是否存在在先商标权利障碍

除禁用条款外，申请人还需要注意的是，如同一申请人在先存在不同类型的商标，也会导致在后申请注册的商标因在先权利障碍被驳回。例如"刘官山药"地理标志证明商标，在申请时已有自身在先的"刘官山药"注册商标，两者不能同时并存，导致第23307637号"刘官山药"地理标志证明商标被驳回。因此，要将"刘官山药"注册为地理标志证明商标，需注销在先的普通商标。

刘官山药

申请号：23307637　　　　　　　申请号：5704726
申请人：安顺刘官南翠山药协会　　申请人：安顺刘官南翠山药协会
商标类型：证明商标（地理标志）　商标类型：普通商标

93 地理标志商标可以转让吗?

以集体/证明商标形式申请的地理标志商标与上述集体/证明商标一样，经签订转让合同，可以按规定由转让人和受让人共同向商标局提出转让申请。

一、转让要求

根据《农民专业合作社法》，农民专业合作社是在农村家庭承包经营基础上，农产品的生产运营者或者农业生产经营服务的提供者、利用者，自愿联合、民主管理的互助性经济组织，属于《商标法》第三条第二款所指的"其他组织"，可以作为集体商标申请注册主体，但不能作为地理标志集体商标的申请注册主体，也不得作为地理标志集体商标的继受人。

二、应提交的申请书件

（1）基础书件。具体包括：①商标转让申请书；②转让人和受让人盖章或者签字确认的身份证明文件复印件，如企业的营业执照副本、自然人的身份证或港澳居民居住证或台湾居民居住证或护照等的复印件；③委托商标代理机构办理的提交转让人和受让人双方出具的代理委托书，直接在商标注册大厅办理的提交双方经办人的身份证复印件；④申请移转的，商标注册人已经终止的，无需提交身份证明文件及委托书，但应当依法提交有关证明文件或者法律文书，证明有权利继受相应的商标权；⑤申请文件为外文的，还应提供经申请人或代理组织或翻译机构签章确认的中文译本。

（2）特殊书件。主要包括：商标转让合同、受让资格证明文件复印件、地方政府或主管部门同意该地理标志转让的批复、受让人监督检测能力的证明和商标使用管理规则。

94 作为经营者，如何避免商品侵犯地理标志商标专用权？

在讨论侵权问题之前，从地理标志集体/证明商标申请和保护的角度出发，首先可以明确的是，不是任意商品均可作为地理标志集体/证明商标注册，地理标志之所以能作为商标被核准注册，其保护对象是经过严格审查，产自特定地区且具有特定品质特征和信誉的商品；其次，维权的目的也绝不应该是垄断式维权或者赚钱，而是把控商品质量，打击市场上贩卖的假冒伪劣商品，保障消费者切身利益，为区域品牌价值提升、高质量发展保驾护航。

《商标法实施条例》第四条第二款规定：以地理标志作为证明商标注册的，其商品符合使用该地理标志条件的自然人、法人或者其他组织可以要求使用该证明商标，控制该证明商标的组织应当允许。以地理标志作为集体商标注册的，其商品符合使用该地理标志条件的自然人、法人或者其他组织，可以要求参加以该地理标志作为集体商标注册的团体、协会或者其他组织，该团体、协会或者其他组织应当依据其章程接纳为会员；不要求参加以该地理标志作为集体商标注册的团体、协会或者其他组织的，也可以正当使用该地理标志，该团体、协会或者其他组织无权禁止。

经营者可经申请使用该地理标志证明商标，或选择正当使用该地理标志集体/证明商标。不管是地理标志集体商标还是地理标志证明商标，侵权的判断应从是否符合地理标志使用条件出发，因此商品采购商、商超经营者可就自身广告宣传、贴牌售卖的商品查阅相关地理标志集体/证明商标信息，如发现涉及地理标志集体/证明商标的商品，应及时掌握商品产地来源及商品检测报告等资料。若不符合商标持有人所标示的产地来源或与其制定的使用管理规则中质量标准不符，应停止销售，避免后续侵权风险；若商品产地和质量等均符合地理标志集体/证明商标使用条件，经营者主观上并无攀附地理标志集体/证明商标意图，商品包装上也明确标示了产地来源、生产单位等信息，客观上来看只是作为描述性使用，不会造成相关公众混淆，一般情况下不视作侵犯地理标志集体/证明商标专用权。此外，地理标志证明商标商品在产域范围内生产但销售至产域范围外的经营主体，如原产地和特定品质等符合使用条件，建议先向商标持有人提出申请并履行相关手续后进行使用。

95 地理标志产品专用标志是什么？

一、地理标志产品专用标志的起源

为统一地理标志保护产品和地理标志集体/证明商标、规范地理标志专用标志的使用，国家知识产权局于2019年10月16日发布地理标志专用标志（图95-1），其合法使用人可在自身地理标志上使用该标志，由地方知识产权管理部门负责地理标志专用标志的日常监管。

图95-1 地理标志专用标志

二、可以使用地理标志专用标志的主体

《地理标志专用标志使用管理办法（试行）》第五条规定，地理标志专用标志的合法使用人包括下列主体：

（一）经公告核准使用地理标志产品专用标志的生产者；

（二）经公告地理标志已作为集体商标注册的注册人的集体成员；

（三）经公告备案的已作为证明商标注册的地理标志的被许可人；

（四）经国家知识产权局登记备案的其他使用人。

三、地理标志专用标志的使用方法

《地理标志专用标志使用管理办法（试行）》第八条规定，地理标志专用标志合法使用人可采用的地理标志专用标志标示方法有：

（一）采取直接贴附、刻印、烙印或者编织等方式将地理标志专用标志附着在产品本身、产品包装、容器、标签等上；

（二）使用在产品附加标牌、产品说明书、介绍手册等上；

（三）使用在广播、电视、公开发行的出版物等媒体上，包括以广告牌、邮寄广告或者其他广告方式为地理标志进行的广告宣传；

（四）使用在展览会、博览会上，包括在展览会、博览会上提供的使用地理标志专用标志的印刷品及其他资料；

（五）将地理标志专用标志使用于电子商务网站、微信、微信公众号、微博、二维码、手机应用程序等互联网载体上；

（六）其他合乎法律法规规定的标示方法。

地理标志专用标志的合法使用人应根据新发布的《地理标志专用标志使用管理办法（试行）》，在相应的标准规范和使用规则内组织生产经营活动。

第六章
同日申请商标与审查意见书

当一个商标提交申请进入审查环节后,这个商标会经历一系列的审查流程,直到得出最终的审查结果。在商标审查过程中,常常会遇到各种各样的情况,其中一些情况会对商标的审查结果带来直接影响。本章针对"同日申请商标"和"审查意见书"两个较为关键的审查环节进行介绍,以便申请人更清楚地了解审查工作的流程和机制,更好地处理和应对申请中遇到的问题。

第一节
同日申请商标

96 商标注册同日申请一般要经过哪些流程阶段？

商标注册同日申请是指两个或者两个以上的申请人，在同一天于同一种或者类似商品或服务上，申请注册相同或近似商标的情形。

在商标注册同日申请流程中，申请人必经的第一个阶段都是"提供使用证据"，但此阶段之后的流程就不是固定的了，具体取决于商标注册同日申请人不同的应对方式。

一、"提供使用证据"阶段

一般而言，商标局首先对同日申请人发出《商标注册同日申请补送使用证据通知书》，这标志着同日申请流程进入"提供使用证据"阶段。在这一阶段，申请人可选择收到同日申请补送使用证据通知书后在法定期限内提供或者不提供使用证据。对于提供了使用证据的，商标局对使用证据进行审查。例如，申请人A于2021年6月6日在"新鲜苹果"商品上申请注册"悠悠"商标，随后申请人A收到商标局发出的《商标注册同日申请补送使用证据通知书》，A发现其与申请人B在"新鲜水果"商品上申请注册的"悠悠水果"商标为同日申请商标，此时A可选择向商标局报送其对"悠悠"商标的使用证据。

如果在"提供使用证据"阶段，一方申请人在法定期限内提供了有效使用证据，而他方未提供有效使用证据，此时初步审定并公告提供有效证据的一方，驳回其他同日申请，同日流程结束；若同日申请人均在法定期限内提供了有效使用证据，则按同日商标使用日期的先后，初步审定并公告使用日期在先的一方，驳回使用日期在后的其他同日申请，同日流程结束。例如，前案中的同日申请人A、B双方均在法定期限内提供了使用证据，经商标局认定，申请人A对"悠悠"商标的使用证据有效，申请人B提供的使用证据无效，则如无在先权利障碍，可初步审定并公告申请人A的"悠悠"商标，驳回申请人B的"悠悠水果"商标，同日流程结束；如果经商标局认定，同日申请人A、B双方均在法定期限内提供了有效使用证据，申请人A的"悠悠"商标最早于2021年5月1日使用，申请人B的"悠悠水果"商标于2021年6月1日使用，则申请人A同日商标使用日期在先，如无在先权利障碍，可初步审定并公告使用在先的申请人A的"悠悠"商标，驳回使用在后申请人B的"悠悠水果"商标，同日流程结束。

二、"协商"阶段

若在"提供使用证据"阶段，各方申请人均未在法定期限内提供有效的使用证据或者各方申请人提供的有效证据均是同日使用的，商标局将发出《商标注册同日申请协商通知书》，这标志着同日流程进入"协商"阶段。在这一阶段，申请人可在法定期限内自行协商，并将书面协议报送商标局。如果在"协商"阶段，申请人提供有效协商书面协议，商标局将根据该书面协议作出初步审定并公告、驳回或者部分驳回商标申请的决定，同日流程结束。例如，同日申请人A、B双方均未在法定期限内提供使用证据，则商标局向申请人A、B发出《商标注册同日申请协商通知书》，在法定期限内申请人A、B选择自行协商，经协商后，申请人B自愿放弃其同日商标"悠悠水果"的申请，并将该书面协议报送商标局。如无在先权利障碍,商标局可初步审定并公告申请人A的"悠悠"商标,驳回申请人B的"悠悠水果"商标,同日流程结束。

三、"抽签"阶段

若在"协商"阶段,申请人在法定期限内未提交书面协议或提交协议无效,商标局将向各方申请人发出《商标注册同日申请抽签通知书》,这标志着同日流程进入"抽签"阶段。在这一阶段,申请人只需按照通知要求在规定时间内抽签即可。对已经通知但未参加抽签的申请人,视为放弃其商标注册申请;只有一方当事人到场抽签的,该当事人视为自然中签;已经通知但各方申请人均未参加抽签的,视为均放弃其商标注册申请。商标局依据抽签结果,在无其他在先商标或其他驳回理由的情况下,初步审定并公告中签者在相关商品或服务上的商标注册申请,驳回或者部分驳回他方在相关商品或服务上的商标注册申请,同日流程结束。例如,申请人A、B在收到《商标注册同日申请协商通知书》后在法定期限内协商不成,则商标局向申请人A、B发出《商标注册同日申请抽签通知书》。申请人A、B可选择按抽签通知书要求参与抽签,如果申请人A选择不参加同日抽签,则申请人B视为自然中签,如无在先权利障碍,商标局可初步审定并公告申请人B的"悠悠水果"商标,驳回申请人A的"悠悠"商标,同日流程结束。

97 商标注册同日申请处理中如何区分应对繁多的书面通知?

建议申请人留意区分商标局通知文书的标题,仔细阅读文本内容。如果申请人收到《商标注册同日申请补送使用证据通知书》,意味着同日流程进入"提供使用证据"阶段,在这一阶段申请人如有同日商标使用证据,可在法定期限内向商标局提供。如果申请人收到《商标注册同日申请协商通知书》,意味着同日流程进入"协商"阶段,申请人在这一阶段可以自行协商,协商成功可在法定期限内将协商书面协议报送商标局。申请人如果不愿协商或协商不成,将收到《商标注册同日申请抽签通知书》,意味着同日流程进入"抽签"阶段,在这一阶段申请人按照抽签通知安排参加抽签即可。

98 提交使用证据有什么注意事项?

申请人只有提供有效的使用证据才可能在同日流程中获得优势。因此,申请人在准备证据材料时,应当注意挑选合法的、真实的、有关联的、有效的使用证据。

(1)证据的形式、来源应当符合法律规定。

(2)证据体现的商标使用人应当是商标申请人。

(3)证据体现的使用应当是在同日商标申请指定的商品或服务项目上的使用。

(4)证据体现的使用时间应当是在商标注册申请日期以前。

(5)证据体现的使用地点应当是在中国境内(不含中国港澳台地区),即我国《商标法》效力所及地域范围。

(6)证据体现的商标应当在商业活动中公开真实地使用,如将商标使用在广告宣传、商品外包装、容器、标签上等。

(7)最好提供原件、原物证据。提供原件确有困难的,应提供经公证的与原件一致的复印件。

第二节
审查意见书

99 什么是审查意见书?

审查意见书是《商标注册申请审查意见通知书》的简称,也可指在实质审查环节,发现商标注册申请内容需要说明或者修正时,审查员发出《商标注册申请审查意见通知书》要求申请人作出说明或修正的程序。

审查意见书遵循一次性告知原则,一般情况下用一份通知书告知申请人所有需要说明或修正的内容。对于同一申请人的多件商标注册申请,如涉嫌不以使用为目的的恶意注册行为,会并案发出一份审查意见书,要求申请人对其申请注册的多件商标一并作统一的说明。

申请人可以根据审查意见书的要求进行说明或者修正,但申请人说明或者修正意见及相应证据不影响该商标注册申请其他方面的审查。例如,申请注册的商标中包含不宜由某一申请人独占使用的非显著部分,需要申请人声明放弃专用权的,申请人补充了放弃专用权说明后进入后续审查流程,如果发现其商标申请的显著部分存在被驳回的绝对理由或相对理由,商标注册申请仍可能会被驳回。

审查意见书并非商标注册阶段的必经程序,仅在特定的情形下启动。

100 一般会在哪些情形下启动审查意见书程序？

审查意见书程序是在商标注册申请流程中启动的，与商标注册申请的结论直接关联。对于何种情况下启动审查意见书程序，《商标审查审理指南》中列举了18种情形，其中比较常见的有：

（1）商标含有与我国国家名称相同或者近似的文字，但其整体是企事业单位简称的。此情形有一定的条件限制：

①申请人主体资格是经国务院或其授权的机关批准设立的。

②申请人名称是经名称登记机关依法登记的。

③申请注册的商标与申请人名称的简称一致，简称是经国务院或其授权机关批准的。

④该标志经过申请人在实际中长期广泛使用，在相关公众的认知中，与申请人形成了唯一对应关系。

【示例100-1】该商标含"中国"，需启动审查意见书程序，若认定申请人符合相关资质要求，可认定其不违反《商标法》关于不得与国家名称近似的规定。 **中国一汽**

（2）符合"地市级及以上行政区划地名+公共事业名称"组成的商标。此情形也需要符合一定的条件，包括：

①申请人主体应当依法登记，资产投入主体是国有资产管理部门的国有企业，提交商标注册申请应获得上级主管部门的授权。

②标志名称应与申请人企业名称简称一致，构成形式为"行政区划地名+公共事业名称"或者"行政区划地名+公共事业名称+其他要素"。

③申请指定使用的商品或服务对应的行业为关系国计民生的公共事业，如燃气、电力、地铁、巴士等。

④标志在实际中经过了长期的使用,与申请人主体在相关公众中形成了唯一对应关系。

对于符合上述条件的相关情形,根据实际情况发出审查意见书,要求申请人证明其资质,根据其提供的材料作出审查结论。

【示例100-2】该标志含有的"东莞"是地级市名称,在启动审查意见书程序后,申请人按规定提供了符合要求的材料,经审查核实后若无其他在先权利障碍,可获准注册。

(3)在报纸、杂志、期刊、新闻刊物等四种商品上,申请注册含有国家名称、县级以上行政区划地名,中央国家机关所在地特定地点的名称或标志性建筑物的名称及缺乏显著特征的标识等。

【示例100-3】申请标志含"中国",如申请人可提供有关部门核发的报纸、期刊出版许可证明等相关证据材料,以证明该申请的标志是经批准使用的报纸、期刊名称,拥有合法的出版发行资质,那在上述四种特定商品上如无在先权利障碍可予以初步审定。

(4)商标包含具有一定知名度的自然人的姓名或肖像,且并非申请人本人的姓名或肖像,易导致消费者对商品或者服务的来源产生误认,如经查询公开信息能够推定该自然人和申请人存在关联的可能性。

一些在相关行业拥有较高知名度的自然人,他们可能注册了独立的公司经营或委托了相关企业进行商业活动,这些有关企业申请以该自然人姓名作为商标,需要得到有关授权,可通过审查意见书程序要求申请人提供说明及授权文件。

(5)注册商标的申请人与在先近似或相同商标的所有人可能为同一主体。该情形基本包括三种情况:

①同为我国公民且姓名、地址均相同，仅身份证号码的个别数字或字母因公民身份证号码编码规则变化导致不同，疑似同一主体的。一般情况下公民身份证号码是终生不变的，对于姓名相同的申请人可通过身份证的不同辨别其是否为同一主体。但存在一些例外情况，如身份证号码从15位变成了18位或因历史原因身份证号码出现变化，遇到类似情况，可启动审查意见书程序，要求申请人提交相关证明。

②外国申请人的国籍、姓名、地址均相同，仅护照号码因护照更换导致不同，疑似同一主体的。

③外国申请人的英文名称、英文地址由于语种、缩写形式等原因具有极其细微差异，疑似同一主体的。

该类情形可以要求申请人提供补充证据或补正文件，说明其与近似商标的所有人是否为同一主体。

（6）注册申请信息录入错误或者申请人主体无法核实的。此情况包括：

①由于申请人或其代理机构填写商标申请信息有误，导致申请人主体资格证明文件不一致的。

②申请人商标注册申请文件中提供的营业执照在国家企业信用信息公示系统中无法查询到的。

此情形可以要求申请人通过变更或者更正程序消除错误以及通过提供补充证据或补正文件，说明其营业执照真实有效。

（7）关于声音商标和颜色组合商标的要求，一般情况下，声音商标和颜色组合商标缺乏固有显著性，都需要在商业活动中经过长期或广泛的使用后与申请人建立稳定的联系才能取得作为商标的显著特征，拥有识别和区分商品或服务来源的功能。因此在审查声音商标、颜色组合商标时，通过发出审查意见书，要求申请人提供其经过长期使用已经取得显著特征的证据或补正文件。

（8）申请人在商标申请书中的"商标申请声明"栏勾选了"以三维标志申请商标注册"的，视为申请注册三维标志商标。在三维标志商标的审查中，如认定三维标志中的立体形状不具有显著特征时，可发出审查意见书要求申请人放弃三维标志中立体形状部分的专用权。

【示例100-4】该标志以三维标志申请使用在第33类"酒"等商品上，其立体部分不具有显著特征，商标局发送审查意见书要求申请人放弃立体图形专用权。

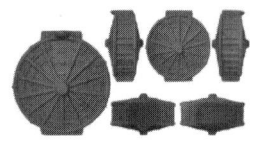

（9）对审查决定有重大影响的在先商标处于变更、转让或申请人名义更正程序中。上述程序在该商标注册申请的法定审查周期内（根据《商标法》第二十八条规定，法定审查周期为自收到商标注册申请之日起九个月内）无法作出结论，此时启动审查意见书程序告知申请人可以提交暂缓审查书面申请，等待变更、转让或更正程序完成后再对申请商标进行审查。在申请人提交了暂缓审查申请后，等待在先案件审理结果期间不计入该商标注册申请的审查期限。

（10）涉嫌不以使用为目的的恶意商标注册申请。根据不以使用为目的的恶意商标注册申请的例外情况，启动审查意见书程序，要求申请人就申请注册商标意图及使用商标的情况作出说明或提供相关证据。

对于原本不符合《商标法》规定，禁止其作为商标使用或注册的申请，如果通过说明或修正能够予以初步审定，则可以免去被驳回后申请人提交驳回复审申请或重新提交注册申请等程序，既方便了申请人也提高了商标审查效率。

101 收到审查意见书后应如何进行回文？

在《商标注册申请审查意见通知书》的最后一页附有回文指导页，上面标明了基础的回文格式和填写须知，申请人需认真阅读审查意见书正文内容以及填写须知，按要求提交回文或相关证据。

对于填写说明的事实与理由部分，没有明确的格式规定，申请人使用规范的文件格式，准确、简练地表达需说明及修正的事实即可。若需要提交证据或相关文件，应提交文件的原件、经公证的复印件或者由原件出具方盖章或签字的复印件。声明放弃专用权的，仅允许放弃商标中非显著部分的专用权，对申请注册商标不得进行实质性修改以及不得改变申请注册商标的指定使用商品或服务的范围。

由于发出审查意见书一般会遵从一次性告知原则，因此审查意见书多数情形下仅发送一次。商标局在收到申请人的反馈后，通常不会就申请人的反馈给予答复，也不会再次发出审查意见书，因此收到审查意见书的申请人应尽可能详尽并准确地针对审查意见作出回应并提供相应证据。

申请人在收到审查意见书后应自收到通知之日起十五日内作出反馈，超期未反馈的，不影响最终审查结论。

102 关于审查意见书有什么注意事项？

一、审查意见书对于商标审查期限的影响

依据《商标法》第二十八条的规定，对申请注册的商标，商标局应在收到注册申请文件之日起的九个月内审查完毕。如启动审查意见书程序，规定的期限会发生相应的变化，根据《商标法实施条例》第十一条第一款第（二）项的规定，当事人补充证据或补正文件期间不计入商标审查期限。《商标审查审理指南》对启动审查意见书后的审查期限亦作出明确限定：商标注册申请人或其代理人在法定期限内提供补充证据或补正文件的，自审查意见书签发之日起至商标注册申请人或其代理人提供补充证据或补正文件之日止的期间，不计入商标审查期限；法定期限届满，商标注册申请人或其代理人未提供补充证据或补正文件的，自审查意见书签发之日起至法定期限届满之日止的期间，不计入商标审查期限。

二、申请人如知悉存在可能启动审查意见书情形的，可提前提交相关证明文件及说明

审查意见书程序本意是方便申请人，优化审查效率，不作一刀切的驳回决定，但其流程本身也需要一定的审理时间。因此，为减少审查时间，如果申请人在申请阶段已经意识到可能出现需启动审查意见书的情形，可选择在提交商标申请阶段，将相关证明及证据与申请书一并提交。

（1）已提前知悉相关审查要求的，可准备相关的证明文件和材料，在商标申请书中一并提交。例如，在第21类"陶器"商品上申请陶器工艺大师姓名作为商标，如非本人申请而又取得授权的，可在商标申请书中附上相关授权证明。

（2）提前预计对审查结论有着影响的在先商标无法在审查期限内完成变更、转让或申请人名义更正等程序的，可提交暂缓申请说明。例如，因申请人名义变更使得新提交申请的商标与自己已注册的在先商标存在权利冲突，在申请人已提交在先商标名义变更申请的情形下，如果申请人担心变更名义需时较长，可能影响新申请商标的结论，可在提交新的注册申请时，同时提交暂缓审查请求，请求商标局等待在先商标完成变更程序后，再行审查新提交的注册申请。需要注意的是，虽然没有明确规定，但提交暂缓申请应避免仅在《商标注册申请书》的"商标说明"栏中进行简单的说明，尽量使用正式、规范的文书单独提交暂缓申请。

第七章
国际商标的注册申请

在对国内商标注册申请有基本的了解之后,国际商标是如何注册申请的必然也是我们要考虑的问题。在经济全球化的大背景下,跨境跨国贸易已经非常发达,已经进入国际市场或者未来将会拓展国际市场的企业,必须提前做好知识产权的国际布局,推动商标品牌国际化。本章主要介绍国际商标注册申请和国内商标注册申请的不同之处、马德里商标国际注册及常见问题。

第一节
商标国际注册申请概述

103 已经在国内注册的商标，为什么还要在国外申请注册？

商标专用权具有地域性，其保护受地域范围的限制，仅在注册国受法律保护。在中国注册的商标并不能在国外受到保护，如需在其他国家获得商标专用权，需要分别在这些国家获得注册，或者通过国际注册在这些国家获得法律保护。例如A公司在第25类"鞋"商品上申请了"Orange"商标，并在中国获得注册，"Orange"商标不会自动在美国得到注册保护，申请人还需要在美国申请注册才能在美国获得保护。

对企业来说，注册国际商标是开拓海外市场的必要条件。为避免因商标权利纠纷对其进军海外造成阻碍，企业需要及时在国际市场上进行商标申请注册。据不完全统计，15%的国内知名商标在海外被抢注，在近20年间超过2000件出口商标在海外被抢注，每年无形资产流失大约10亿元。企业的商标在海外被抢注，而企业又不想放弃海外市场，通常有三个选择：一是烦琐的诉讼，二是高额的赎金，三是重树品牌。想要避免出现这样的损失，企业就需要未雨绸缪，及早制定商标品牌发展战略，提前做好国际市场布局。

104 在国外申请注册商标有哪几种途径？

我国申请人想要让自己的商标在国外注册得到合法保护，可通过以下三种途径。

一、单一国家注册

单一国家注册，即依据各国法律，申请人直接向各国商标主管机关递交商标注册申请。例如申请人在日本申请注册商标，需要直接向日本特许厅提交一份日文的商标申请书，并且委托当地代理机构用日元缴费。

单一国家注册的优点是较为灵活、适用范围广。只要能找到合适的代理机构，在全球所有国家基本都能申请注册商标。但同时其缺点也很明显：一是成本较高，除必需的商标注册费之外，申请人还需要缴纳高昂的代理费、翻译费等；二是手续烦琐，单一国家注册需要以当地语言申请、用当地货币支付，且各国法律规定的商标注册申请要求和流程也不一致；三是后期管理难度大，在不同国家注册的商标号和注册时间不同，商标的变更、转让和续展的要求也不同，商标如需变更、转让、续展，需要逐一向当地商标主管部门提出申请。如果注册的国家比较多，在后期管理上容易出现疏漏。

二、地区注册

地区注册，即申请人向一个区域性国际组织的商标主管机关申请注册商标，注册成功后商标在该国际组织的各个成员国均可获得保护。例如申请人向欧盟知识产权局提交一份商标注册申请，如果注册成功，该商标可在欧盟所有成员国内获得保护。

常见的区域商标主管机关有4个：

（1）欧盟知识产权局（EUIPO）。在欧盟知识产权局注册的商标，可在欧盟地区27个国家获得商标保护，即奥地利、法国、意大利、西班牙、比利时、德国、卢森堡、瑞典、丹麦、希腊、荷兰、芬兰、爱尔兰、葡萄牙、匈牙利、波兰、捷克、斯洛文尼亚、斯洛伐克、爱沙尼亚、立陶宛、马耳他、塞浦路斯、拉脱维亚、保加利亚、罗马尼亚、克罗地亚。

（2）比荷卢知识产权局（BOIP），负责处理比利时、卢森堡、荷兰三国的知识产权事务。在比荷卢知识产权局注册的商标，可在比利时、卢森堡、荷兰三国获得保护。

（3）非洲知识产权组织（OAPI），是由前法国殖民地中官方语言为法语的国家组成的地区性联盟。截至2021年12月31日，OAPI由17个成员国组成。在非洲知识产权组织注册的商标，可在喀麦隆、贝宁、布基纳法索、中非、刚果（布）、乍得、加蓬、几内亚、几内亚比绍、科特迪瓦（象牙海岸）、马里、毛里塔尼亚、尼日尔、塞内加尔、多哥、赤道几内亚、科摩罗获得保护。

（4）非洲地区工业产权组织（ARIPO），是非洲地区诸多英语国家知识产权保护区域性组织。截至2021年12月31日，ARIPO由21个成员国组成。在非洲地区工业产权组织注册的商标，可在博茨瓦纳、冈比亚、加纳、肯尼亚、莱索托、利比里亚、马拉维、毛里求斯、莫桑比克、纳米比亚、卢旺达、圣多美和普林西比、塞拉利昂、索马里、苏丹、斯威士兰、乌干达、坦桑尼亚、赞比亚和津巴布韦获得保护。

地区注册的优点是一份申请可直接覆盖该地区的全部成员国，但是如果该申请被驳回，则商标在该地区的各个成员国都不能获得注册。

三、马德里商标国际注册

马德里商标国际注册是我们通常所说的商标国际注册。在狭义上，商标国际注册就是指马德里商标国际注册，这也是目前我国大部分申请人获得国外商标注册的途径。马德里国际商标体系是一个有着100多年悠久历史的商标注册体系，近年来在世界商标保护方面发挥了重要作用。

第二节
马德里国际商标体系介绍

105 什么是马德里国际商标体系？

马德里国际商标体系（以下简称马德里体系）是国际社会经过多年探索总结，为了满足全球商标跨境跨国注册需求，针对全球商标注册管理的解决方案，帮助世界各国市场主体方便快捷地进行国际商标注册。通过马德里体系，申请人只需要提交一份申请，缴纳一组费用，便可在125个国家申请保护。建立马德里体系的目的就是简化行政程序，让商标权利人以最短的时间、最低的成本在目标国家获得商标保护，同时提供一次性、一站式后续管理。

一、马德里体系的起源

马德里体系始建于1891年。1891年，全球多个国家在西班牙首都马德里签订《商标国际注册马德里协定》（以下简称《协定》）。1989年，在《协定》的基础上，签订《商标国际注册马德里协定有关议定书》（以下简称《议定书》），以及《马德里协定和议定书的共同实施细则》（以下简称《共同实施细则》），在马德里协定的体系下作了补充完善，建立起了马德里联盟缔约方间的商标注册体系。

二、马德里体系的适用范围

由《协定》和《议定书》所适用的国家或政府间组织组成的商标注册特别联盟，称为马德里联盟。目前，马德里联盟共有110个缔约方，覆盖126个国家。加入马德里联盟的成员，通俗来说就是缔约方。成员可以是国家，也可以是政府间组织。缔约方数量和国家数量不同，原因是有的缔约方是区域商标主管机关，如欧盟，一个缔约方对应多个国家。目前，世界上主要的发达国家或地区，包括欧盟、美国、日本、澳大利亚、新加坡等，都已加入马德里联盟。马德里体系涵盖世界人口数量占比超过70%，贸易量占全球比例超过80%。

106 马德里体系有什么特点和优势？

马德里体系有两大特点：一是程序性，二是封闭性。程序性意味着马德里体系仅规定了商标申请的程序，涉及商标保护实质权利的问题，还是要由被指定缔约方[1]的商标主管机关决定。而封闭性表示申请人只能在马德里联盟成员之间进行商标注册，未加入马德里联盟的国家不能通过马德里体系指定。

一、马德里体系的优势

（1）费用低廉。马德里体系注册费用标准明晰，要求缔约方的规费不得高于其国内注册费用；申请人只需在国际局办理一项程序，缴纳一笔费用即可完成国际注册在该国际申请号下所有核准保护国家的变更、转让及删减。

（2）便捷易用。申请人在原属局[2]注册商标或者提交商标注册申请时，只需用一种语言（英语、法语或者西班牙语）提交一份

---

[1] 被指定缔约方：申请人在马德里商标国际申请注册中指定的需要获得商标保护的马德里联盟中的国家。而确定被指定缔约方，也就是确定了该件商标国际注册件的申请人"到哪儿去"。

[2] 所谓原属局，就是原属国负责商标注册的主管机关。例如，我国原属局是商标局。而确定申请人原属局，也就是确定该件商标国际注册件的申请人"从哪儿来"。

申请,直接向原属局缴纳一种货币,不必用不同语言向各缔约方的商标局分别申请、分别缴纳不同货币,便可同时在多达125个国家寻求商标专用权保护。在马德里体系商标国际注册中,每一件国际注册商标仅有一个注册号。该商标获准注册后所有的国际注册业务,包括后期指定、变更、转让、删减、续展、放弃等都基于该国际注册号,申请人无需持有不同国家的多个注册证。

(3)注册周期短。马德里体系规定成员国的商标主管机关必须遵守自国际注册通知之日起的12个月或者18个月的驳回期限。如被指定国家的主管局在规定期限未作出审查决定,该商标自动在被指定国家获得保护。

二、马德里体系的不足

由于马德里体系是一个封闭体系,这导致它只能在缔约方之间适用,未加入马德里体系的国家不能通过马德里体系进行国际注册。另外,虽然对于商标注册申请,以及变更、转让、续展的商标后期管理来说,马德里体系做到了便捷一站式,但未能做到商标全流程覆盖,缺少一些后续程序。在被指定缔约方出现被驳回或异议的情况下,申请人仍需要委托当地代理机构在当地进行复审或者异议答辩。

在此还需要特别注意马德里体系的中心打击原则,即通过马德里国际商标体系注册的国际商标,在国际注册之日起五年内,若国内基础商标[1]被撤回、过期、被放弃、最终驳回、被撤销、注销或被宣布无效,都可能导致该国际注册在每个国家失效。所以,申请人需注意国内基础商标效力的维持。

---

[1] 基础商标,即马德里国际注册的国内基础注册或者基础申请商标,也就是已经注册的商标或者申请之后获得受理通知书的商标。

107 申请注册国际商标时,原属国是怎么确定的?

按照《协定》规定,申请人不能自己选择原属局,原属局是根据申请人工商营业场所、住所或国籍而决定的,而申请人工商营业场所、住所、国籍三个条件效力是递进的,如果申请人在一个成员国有工商营业场所,那么就不能以住所所在国的注册为基础提出国际注册申请。而《议定书》中规定,申请人可自由根据工商营业场所、住所或国籍来选择原属局。

确定申请人的原属局和原属国,主要有两个目的:

(1)验证申请人是否具备使用马德里体系申请国际商标注册的资格。

(2)确定该国际商标注册件受哪部法律的约束。《协定》和《议定书》在申请语言、审限、收费等很多方面都有差别。

第三节
马德里商标国际注册申请常见问题

108 谁可以申请马德里商标国际注册?

根据《协定》和《议定书》规定,马德里商标国际注册的申请人必须来自马德里联盟的缔约方。

另外,《协定》和《议定书》中对于申请人主体资格也有要求。《协定》第一条第(三)款规定:原属国是指申请人设有真实有效的工商营业所的特别联盟国家;在特别联盟国家中没有此营业所的,系指其住所所在的特别联盟国家;在特别联盟境内没有住所,但为特别联盟国家国民的,则为其国籍所在的国家。

《议定书》第二条第(一)款规定:该申请的申请人或该注册的注册人系该缔约国的国民,或者在该缔约国内居住或设有真实有效的工业或商业营业所。

简单来说,《协定》和《议定书》都要求申请人在该成员国内必须有真实有效的工商营业场所、住所或者该成员国国籍。

通过我国商标局提交国际注册申请的申请人,需要满足以下条件:申请人为法人的,需要在中国设有真实有效工商营业场所;申请人为外国自然人的,需要在中国境内有住所;申请人为中国自然人或者个体户,需要具有中国国籍。

如果申请人不满足三个条件的任何一个,即便在中国注册了商标,也不适用马德里体系。

例如,法国A公司在中国注册了商标,但是该公司在中国既没有真实有效的工商营业场所，也没有住所，那么就无法以A公司的名义通过商标局提交马德里商标国际注册申请。

另外，按现行规定，台湾省的法人或自然人均可通过我国商标局提出国际注册申请，香港和澳门特别行政区的法人或自然人目前还不能通过我国商标局提出国际注册申请。

109 可以将已受理注册申请的国内商标作为基础商标提交马德里商标国际注册申请吗？

根据《协定》规定，只有在原属局获得注册的商标才能作为商标国际注册申请的基础；根据《议定书》规定，商标国际注册申请可基于在原属局的基础注册，也可基于向原属局提出的基础申请。

在我国提交的国际注册申请，无论指定哪个缔约方，均适用《议定书》。因此，对于在我国提交马德里商标国际注册申请的申请人来说，拥有基础注册或者基础申请即可。也就是说在我国，申请人仅拥有国内商标受理通知书，也可将其作为基础商标提交马德里商标国际注册申请。

在国内，从提出商标申请到获得受理通知书最快需要15天，但是从提出商标申请到取得商标注册证最快需要7个月。因此，对于在国内暂未取得商标注册但又急于在海外申请商标的申请人来说，可以在取得国内商标受理通知书后提交马德里商标国际注册申请。但这样做是有风险的，一旦国内商标被驳回，该件国际注册也就不复存在，而申请一件马德里国际注册商标最便宜也需要753瑞士法郎，约合5200元人民币，所以对于一般申请人来说，建议至少在确定国内商标权利状态稳定的情况下，也就是国内商标进入等待异议环节后，再以其作为基础商标提起国际注册申请。

110 成功注册马德里国际商标后，国内基础商标无效会有影响吗？

不管是基础注册还是基础申请的基础商标，都需要注意其效力的维持，这是因为马德里体系的中心打击原则。

一、马德里体系的中心打击原则

《协定》第六条第二款规定：自国际注册之日起五年期满后，国际注册即与原属国在先注册的国家商标相互独立，下款规定除外。

《协定》第六条第三款规定：自国际注册之日起五年内，根据第一条在原属国在先注册的国家商标在该国已全部或部分不再享受法律保护的，那么，无论国际注册是否已经转让，都不得再全部或部分要求国际注册给予的保护。对于因在五年期限届满前提起的诉讼而后中止法律保护的，情形亦如此。

《协定》第六条第四款规定：自愿或自行注销的，原属国主管机关应向国际局申请注销商标，国际局应予以注销商标。遇法律诉讼时，上述主管机关应自行或经原告请求，将起诉书或其他证明起诉的文件副本以及终审判决寄交国际局，国际局将之在国际注册簿上登记。

《议定书》第六条第二款规定：自国际注册之日起五年期满后，国际注册即分别与基础申请或由之产生的注册，或者基础注册相互独立。如下另有规定的除外。

《议定书》第六条第三款规定：在国际注册之日起五年期满前，如果基础申请或由之产生的注册或者基础注册分别就全部或部分国际注册中所列的商品和服务被撤回、过期、被放弃、最终驳回、被注销或被宣布无效的，无论其是否已被转让，都不得再要求国际注册给予的保护。以下情形亦是如此：如果（i）一项对驳回基础申请的决定提起的上诉（ii）一项旨在撤回基础申请或注销、撤销由基础申请产生的注册或基础注册，或者宣布此类注册无效的诉讼，或（iii）一项对基础申请提出的异议于五年期限届满后，导致驳回、撤销或宣布无效的终局决定，或者分别要求撤回基础申请或由之产生的注册或者基础注册的有关上诉、诉讼或异议于该期限届满前开始的。这同样适用于在五年期满后被撤回的基础申请或被撤销的由基础申请产生的注册，条件是撤回或放弃时，所述申请或注册正处于（i）、（ii）或（iii）点所提及的程序中，并且该程序开始于所述期限届满前。

《议定书》第六条第四款规定：如实施细则所规定的，原属局将符合第三款的相应事实和决定通知国际局。国际局按照实施细则的规定通知一切有关方面，进行相应的公告。必要时，原属局应向国际局申请适当地撤销国际注册，国际局则对申请进行相应处理。

也就是说，通过马德里国际商标体系注册的国际商标，在国际注册之日起5年内，若国内基础商标被撤回、过期、被放弃、最终驳回、被撤销、被注销或被宣布无效，而且只要导致基础商标权利丧失的原因发生在自在国际注册之日起5年内，无论最后什么时候得出结果，这件国际注册的效力都随着基础商标权利的丧失而消亡，导致该件国际注册可能在所有国家失效。例如，一件国际注册的基础申请商标在自国际注册之日起5年内被驳回，申请人通过复审、诉讼等各种手段，耗时10年最终被裁定无效，此时该件国际注册的效力都随着基础商标权利的丧失而消亡。

基础商标就像国际注册这棵大树的根，不管大树长得多么茂盛，在多少个国家获得商标注册，一旦根死了树也就没了。而若基础商标在国际注册之日起5年内权利稳定，未被撤回、被放弃、被驳回、被异议、被提起无效宣告、被注销、被撤销或者过期，国际注册这棵大树就长出根系，也就"独立了"，此时基础商标的权利丧失才不会影响该件国际注册的权利。所以，申请人需要特别注意基础商标效力的维持。

二、申请人需注意的基础商标有效情形

（1）在国际注册之日起5年内，若基础注册商标过期，申请人应及时进行续展。现在国内商标续展费高于注册费，有些申请人为了节省费用，在商标快要过期时不是进行商标续展，而是就相同商标在相同商品或服务上提起新的注册申请。这种做法对国内商标的使用没有太大影响，新申请的商标一般都能获得注册，但是这种做法可能导致其国际注册商标失效。若在国际注册之日起5年内基础注册商标过期而申请人未续展，基础注册商标的失效则导致该件国际注册失效。而若申请人就新的国内注册商标提起国际注册申请，申请费用高，且不一定能再次获得保护。

（2）自国际注册之日起5年内，切勿对基础商标申请提出撤回、放弃，对基础商标注册提出注销，否则该件国际注册也会失效。

（3）若国内基础商标在国际注册之日起5年内被驳回，或被异议、被撤销、被提起无效宣告，申请人应积极应诉，争取保持基础商标效力稳定。

根据《议定书》规定，中心打击原则有救济措施，即国际申请转国家申请。也就是说，在国际注册被撤销之日起3个月内，可在指定国家通过单一国家注册的方式，转为国家申请，享有国际注册的申请日期。如遭遇中心打击，申请人可自行决定将国际注册转化成单一国家注册，但是相应的成本较高。

111 申请人可以直接向国际局提交马德里商标国际注册申请吗?

根据《协定》第一条第二款、第八条第一款,以及《议定书》第二条第二款的规定,国际申请必须通过原属局提交,原属局再转交至国际局。我国申请人必须通过原属局,也就是商标局,向国际局提交马德里商标国际注册申请,不可直接向国际局提交。申请人可委托在商标局备案的商标代理机构或律师事务所提交申请至商标局,也可自行提交申请至商标局。

112 提交马德里商标国际注册申请有什么途径?

在我国,目前有两种途径提交马德里商标国际注册申请。

一、网上申请

自2018年6月21日起,马德里商标国际注册网上申请系统正式上线运行,商标代理机构和国内申请人均可注册登录国家知识产权局商标局商标网上申请系统,在"国际注册申请"栏目中在线提交国际注册申请。

二、纸件申请

申请人准备好所需的申请材料,通过邮寄方式向商标局国际注册处(北京市西城区茶马南街1号中国商标大楼国际注册处,邮编:100055)递交,或就近选择到商标局国际注册处、商标局驻中关村国家自主创新示范区办事处,或广州、上海、重庆、济南、郑州的商标审查协作中心,以及各省、自治区、直辖市工商行政管理局、市场监督管理局已开展马德里商标国际注册申请受理业务的商标业务受理窗口递交。其中,广州商标审查协作中心地址是广州市越秀区流花路117号流花展贸中心12号、14号馆，电话是020-83772305，关于商标注册的任何问题，申请人都可直接前往广州商标审查协作中心咨询或办理，也可以打电话咨询。

目前，商标局推荐使用马德里商标国际注册网上申请系统进行申请，优点在于：

（1）省时。网上申请可以减少扫描、录入等环节，且各类收发文为电子收发文，减少了邮寄时间。另外，申请书以电子包的形式传送给国际局，国际局当天或者隔天即可收到。

（2）方便。可在电子申请平台并通过电子邮件接收和查看商标局关于补正、缴费、受理等通知；可直接在平台补正商标局发现的受理错误，并进行在线缴费。

（3）简单易用。申请人仅需填写一份中英文对照的综合表格，每一项都标注了注意事项以及是否为必填项，故而可减少出错概率，减少补正，减少审查时间，无需分别填写国家表格和国际表格。而且，系统可根据基础商标信息检查申请人名称、地址信息输入是否一致。

113 提交马德里商标国际注册申请时需要准备什么材料？

在我国，提交马德里商标国际注册新申请一般需要准备以下材料：

（1）中文申请表格，即《马德里商标国际注册申请书》。

（2）相应的外文申请表格，即MM2表格。

需注意的是，现在通过中国提交的国际申请超过95%都是网上申请，申请人只需填写《马德里商标国际注册申请书》和MM2表格合并成的一份中英文对照的申请表格即可，即《专属马德里议定书的国际注册申请》（Appilcation for International Registeation Governed Exclusively by the Madrid Protocol）。

（3）若指定美国，需一并提交MM18表格。

（4）相应的证明材料，即加盖公章或签字的申请人资格证明文件。

证明申请人在中国真实有效的工商营业场所时，法人需提供资格证明的复印件或扫描件，包括但不限于营业执照、事业单位法人证书、社会团体法人登记证书、民办非企业单位登记证书、基金会法人登记证书、律师事务所执业许可证。例如一家英国企业，在中国设有全资子公司，只要该子公司在中国取得营业执照，该企业就可以子公司的名义申请国际注册。需注意的是，中国子公司与英国母公司是两个主体，在中国设有真实有效工商营业场所的是子公司，因此只能以子公司的名义申请。

中国的自然人或者个体户提供有效期内的身份证件复印件或扫描件即可证明申请人为中国国籍。

而外国人如何证明在中国有住所呢？《民法典》第二十五条规定：自然人以户籍登记或者其他有效身份登记记载的居所为住所；经常居所与住所不一致的，经常居所视为住所。"经常居所"通常是指公民离开住所地最后连续居住一年以上且作为其生活中心的地方。对于外国人来说，可通过有效期内的下列材料来证明在中国有住所：①外国人永久居留证；②中华人民共和国外国人居留许可证；③租期在一年以上的在中国境内的租房协议；④其他能证明确实在中国长期居住的材料。

（5）若由商标代理人提交申请，还需提交商标代理委托书。

若申请人指定代理人，则每件国际申请仅可指定一个代理人，且各类通知仅发送给代理人，不发送给申请人。即便代理人办理的只是新申请业务，申请提交完成其代理工作也就完成了，但国际局以及指定缔约方主管局仍会将一些后续通知发送给代理人，如临时驳回通知等。代理人有义务将收到的通知转交给申请人。如果申请人选择代理，应尽量选择有资质、有信誉的代理机构，以免发生办理完新申请后因代理公司的原因导致无法将后续的通知转交至申请人，致使申请人错过提起驳回复审或者异议答辩的时机。

另外，代理人必须填写准确的电子邮箱，以便收到商标局或者国际局发来的各项通知。

上述所有表格均可通过商标局官网下载，具体路径为：商标局官网→国际注册→马德里商标国际注册书式下载。

114 填写《专属马德里议定书的国际注册申请》有什么注意事项？

国家知识产权局于2021年11月16日发布了《商标审查审理指南》，该指南于2022年1月1日起施行。

下面仅列出相关表格填写易错事项，具体填写要求可参考《商标审查审理指南》上编第十三章"马德里商标国际注册申请审查"。

一、申请人的中英文名称

此项位于申请书第2项（a1）（a2）。

填写申请人名称时，必须保证与国内基础商标申请人名称保持一致。申请人是法人的，应填写全称；申请人是自然人的，应填写姓名。

需要注意的是，国内基础商标正在办理变更或转让时容易填错。若国内基础商标正在办理变更或转让，不能以现在的名称直接提交申请，需等到变更或转让完成后再提交。

若国内基础商标变更或转让未被核准，需填写变更或转让前的申请人名称；若国内基础商标变更或转让被核准，需填写受让人或变更后的申请人名称。

而申请人的英文名称，无需在市场监督管理局登记，只要其中文名称的拼音或者外文译名即可。例如申请人为"桔子有限公司"，其英文名称可填写为"Ju zi you xian gong si""Juzi Corporation"或者"Orange Corporation"。在这里建议申请人取一个合理的英文名称，最好是中文名称的合理意译。一方面有含义的名称便于消费者识别和记忆，另一方面如果英文名称和中文名称含义完全不相同，如把"桔子有限公司"译为"China Mobile Corporation"，商标局会要求申请人提供合法使用该英文名称的证明。

另外，如有多个申请人，可分行填写，但注意每个申请人都需满足马德里体系对申请人的要求。例如基础商标为共有商标，其共有人一个是内地企业，一个是澳门特别行政区企业，则不能提交申请。

二、申请人中英文地址

此项位于申请书第2项（b1）（b2）。

申请人地址填写原则与申请人名称一致，必须保证与国内基础商标申请人地址保持一致。

需要注意的是，在我国早期企业申请商标时，工商部门对申请人地址未做严格要求，所以有的基础商标的地址中缺少省份或城市等信息。申请人在填写申请书时，中文地址的省份和城市应尽量填写完整，可按照省份、城市、区县、街道、门牌号码的顺序填写。

例如，申请人营业执照上的地址为"广州市越秀区流花路117号14号馆"。在申请商标时，尽量将地址填写完整，规范的中文地址为"广东省广州市越秀区流花路117号14号馆"。

申请人填写英文地址时，需注意按照国外填写地址的习惯填写，如果有多个申请人，并且地址不同，国际局会把第一个申请人的地址作为收信地址。

填写英文地址时应做到：英文地址信息与中文地址保持一致，不能有遗漏；一般中文地址不需加上国家名称，但是英文地址结尾一定要加"China"，且后面不加任何标点符号；单词首字母应大写，词组间用逗号隔开，地址从小到大，先写门牌号，然后依次是街道、区、市、省、国家。

【示例114-1】广东省广州市越秀区流花路117号14号馆

错误格式：building 14, 117 liuhua road, yuexiu district, guangzhou

这里出现的错误为未正确填写英文字母大小写，未填写省份及国家的英文。

正确格式：Building 14, 117 Liuhua Road, Yuexiu District, Guangzhou, Guangdong, China

三、申请人中英文通讯地址

此项位于申请书第2项（c1）（c2）。

英文通讯地址的常见错误与申请人英文地址基本一致，例如未正确填写英文字母大小写，未填写省份及国家的英文等。正确格式可参考申请人英文地址填写要点。

通讯地址用来接收商标局、国际局或者指定缔约方发来的信件。如申请人实际通讯地址与申请人地址不同，可填写此项，如相同，此项应留空。注意：如委托商标代理机构办理，此项不可填写商标代理机构的地址。

四、申请人和代理人电子邮箱

申请人电子邮箱填写位置位于申请书第2项（d），代理人电子邮箱填写位置位于申请书第4项（d）。

根据WIPO发布的2021年对《商标国际注册马德里协定有关议定书实施细则》的修正中的最新要求，从2021年2月1日起，申请人或者代理人必须填写电子邮箱。国际局将以电子邮件方式向代理人或者申请人登记的电子邮箱发送所有通信。

在填写电子邮箱时需注意：必须提供申请人电子邮箱；提供的申请人电子邮箱与代理人的必须不同；多个申请人，必须提供每个申请人的电子邮箱。

对于商标局在2021年2月1日之前受理的未注明电子邮箱的国际申请，WIPO将继续通过邮政服务向其申请人或代理人发送通信。如果电子函件未能送达指定收件人，WIPO也会通过邮政服务发送通信。

对于商标局在2021年2月1日当日或之后受理的国际申请，需注意以下事项：

（1）申请人未注明电子邮箱的，或者提供的电子邮箱不符合要求，未在国际局发出不规范通知之日起三个月内补正，该国际申请将被视为放弃，同时扣除黑白商标基本费653瑞士法郎的一半费用。

（2）委托代理人办理的，代理人未注明电子邮箱，若该件国际申请还包含除此之外的其他不规范情形，国际局将发送包括要求提供代理人电子邮箱不规范通知，并要求代理人在三个月内补正。此时代理人有机会再次补充代理人电子邮箱信息。

若该件国际申请除了代理人未注明电子邮箱外，没有其他不规范情形，则该国际申请继续登记，但不包含指定的代理人信息。国际局将就这一事实通知申请人、被指定的代理人和有关主管局,并将仅向申请人发送所有相关通信,直到代理人被指定。若申请人需要继续指定代理人,需要另外使用MM12表提交新的通信指定代理人请求。

注意:填写电子邮箱则视为同意WIPO以电子邮件形式发送通知,将不会再有纸件通知。

五、优先权信息

此项位于申请书第6项。

《巴黎公约》第四条明确:已经在本联盟的一个国家正式提出专利、实用新型注册、外观设计注册或商标注册的申请的任何人,或其权利继承人,为了在其他国家提出申请,在以下规定的期间内应享有优先权……上述优先权的期间,对于专利和实用新型应为12个月,对于外观设计和商标应为6个月。

也就是说,在中国申请注册商标,自申请之日起6个月内,如果就同一商标再向其他《巴黎公约》成员国申请商标,其申请日期为在中国首次申请的日期。例如,A公司2020年1月1日在中国申请注册商标,2020年5月1日就同一商标在美国提交商标注册申请。若优先权有效,在美国申请的商标的申请日期就是2020年1月1日。

通常在有多个优先权的情况下此项容易出现优先权信息填写不完整的问题。填写优先权信息时,申请人需依次填写商标申请主管局、申请号、申请日期。如只有部分商品或服务享有优先权,则需详细说明享有优先权的商品或者服务。但如果申请人有多个优先权请求,除了填写主管局名称、申请号、申请日期之外,还必须提供每个优先权所对应的类别及商品或服务。

第七章 国际商标的注册申请 | 217

【示例114-2】

主管局	申请号	申请日期	商品或服务
CN	11223344	01/10/2021	
CN	11223355	05/10/2021	

由表格可知申请人提供了2个优先权请求，但并未注明每个优先权所对应的类别及商品或服务。国际局审查后将会发出不规范通知，要求申请人提供每个优先权所对应的类别及商品或服务。若超过三个月的补正期限，申请人或代理人未提供优先权的完整信息，该件国际申请将继续登记，但是优先权信息不包含在内。

如果因优先权请求为填写不完整导致无法完成优先权登记，在被指定缔约方实质审查阶段，这可能会影响申请人的权利。

六、商标图样

此项位于申请书第7项。

商标图样即基础商标图样。申请书的商标图样需注意与基础商标图样保持一致，不得任意改变其颜色、字体、组成部分。也就是说，基础商标是彩色，就不能换成黑白；基础商标是楷体，就不能换成宋体；基础商标是中英文组合，就不能换成纯英文。

对于中国申请人来说，在此项常出现的错误为商标图样不清晰。国际局目前对图样的清晰度要求很高，申请人的商标图样应尽量清晰。

【示例114-3】商标图样不够清晰，无法辨别其中的英文字母。在这种情况下，国际局审查后将会发出不规范通知，要求提供清晰的商标图样。若超过三个月的补正期限未提供，该国际申请将被视

为放弃，同时扣除黑白商标基本费653瑞士法郎的一半的费用。

七、标准字体声明

此项位于申请书的第7项"The applicant declares that the mark to be considered as a mark in standard characters"。

此处常见错误是商标为非标准字体，申请人及代理机构勾选了标准字体声明。那么，什么是标准字体呢？标准字体通常是指不带设计的拉丁字母或者阿拉伯数字。商标图样仅为不带设计的拉丁字母或者阿拉伯数字，才能勾选标准字体声明。如果商标中含有非拉丁字母（如汉字）、非阿拉伯数字，或者拉丁字母、阿拉伯数字带有设计，不得勾选标准字体声明。

勾选"标准字体声明"时需注意：

（1）商标图样包含非拉丁字母或非阿拉伯数字，为非标准字体，不得勾选标准字体声明。

【示例114-4】该商标图样包含汉字（非拉丁字母或非阿拉伯数字），不得勾选标准字体声明。 美好 MEIHAO

（2）商标图样中的文字为特殊风格的字体，为非标准字体，不得勾选标准字体声明。

【示例114-5】该商标图样为风格化的字母"MW"，不得勾选标准字体声明。

（3）商标图样为标准文字，但包含了额外的图形要素，为非标准字体，不得勾选标准字体声明。

【示例114-6】该商标图样由标准字体的英文字母"LOTUS"和图形构成，不得勾选标准字体声明。

八、颜色组合商标声明

此项位于申请书的第7项"The mark consists exclusively of a color or a combination of colors as such, without any figurative element"。

申请人或代理人经常会误以为只要商标是彩色的就需要勾选这个选项,从而错误勾选。实际上,颜色组合商标不是彩色商标,并不是商标带有颜色就需勾选此项。

颜色组合商标是指由两种或者两种以上颜色按照特定方式进行组合构成的商标,而彩色商标是相对于黑白商标而言的,彩色商标申请注册后,在使用过程中,必须按照商标图样所登载的颜色使用。颜色组合商标的显著性只在于颜色,且至少由两种颜色构成,通常基于长期或者广泛的使用,与申请主体产生稳定联系,具备区分商品或服务来源的功能,才能取得显著特征。而彩色商标的显著性由颜色、图形、文字等商标要素共同构成,对颜色数量无要求,进行近似判断时需整体考量图形、颜色及整体视觉效果。

勾选颜色组合商标意味着该商标申请仅对颜色或者颜色组合进行保护。只有在商标仅由非图形的一种颜色或者几种颜色组成,不含任何图形要素的情况下,才能勾选这个选项。

九、商标音译

此项位于申请书的第9项(a)。

申请人在填写商标音译时需注意,如果商标由汉字等非拉丁字符、非阿拉伯数字或非罗马数字构成时,一定要提供由拉丁字符或者阿拉伯数字表示的商标音译。

例如中文商标"美好",必须提供商标音译"MEI HAO"。如果申请人未提供商标音译,且未在收到不规范通知后三个月内补正,该国际申请将被视为放弃,同时扣除黑白商标基本费653瑞士法郎的一半费用。

十、商标意译

此项位于申请书的第9项（b）。

商标意译即将商标中非英语的文字翻译成英语、法语或西班牙语。

若指定缔约方为新加坡时，则对包含中文的商标要求必须对汉字进行逐一翻译，对商标整体也要说明有无含义。例如商标为"白星"，整体无含义，为虚构的，对其进行逐字翻译，建议意译填为"The mark consists of two Chinese characters, the first one means WHITE, the second one means STAR"。如果商标整体无含义，例如商标"塞阡"，说明其整体无含义即可，可填写为"The words contained in the mark have no meaning"。

十一、商标说明

此项位于申请书的第9项（e）。

商标说明即该商标是由什么文字，或者是由什么文字和图形组成的，是对商标图样的描述。如果商标说明的表述含混不清或有语法错误，国际局审查员在审查后会发出不规范通知要求补正。一般情况下国际局审查员将按照自己的理解，给出有关商标说明的建议，或者请申请人另外提供一份描述清晰的商标说明。申请人也可以选择删除商标说明。

如果申请人在收到不规范通知后三个月内未补正，该件国际申请将继续登记，但是不再包含商标说明的内容。

需特别注意的是，若指定美国，需在商标说明中说明有无含义，是否表示地理名称，在相关的产品或者服务行业中是否有特殊含义。

十二、商品和服务

此项位于申请书的第10项。

商品和服务的填写是申请人和代理人最头疼的一项，也是难度大、花费时间长的一项。填写商品和服务也就确定了该件国际注册寻求保护的范围。

在第10项（a）中，申请人需指出国际注册申请的商品和服务的类别和具体名称。

如果申请人在不同缔约方申请的商品和服务不同，可在第10项（b）中进行限定，作出删除或者细化。

填写商品和服务时需注意：

（1）根据《商标法实施条例》的第三十九条规定：商标国际注册申请指定的商品或者服务不得超出国内基础申请或者基础注册的商品或者服务的范围。也就是说，国际注册的商品或服务不需和国内基础商标完全保持一致，可作适当修改，可细化，但是不能扩大范围。

需特别注意美国要求商品的申报必须符合美国国内《可接受商品和服务分类手册》的要求，马德里国际注册通用的"尼斯国际分类"只是作为参考。日本、韩国也有类似的要求。例如"服装"作为尼斯分类的标准商品，在中国可被接受，在美国不被接受，他们认为这个词过于宽泛，需要作出细化，只有说清楚具体是什么才予以接受。例如细化成"服装，即上衣和裤子"，美国可予以接受。对此在申请人指定美国、日本、韩国等国家时，最好将第10项（a）和（b）一起填写。

（2）如商标申请包含多个类别的商品或服务，应按照类别从小到大分别填写。

【示例114-7】

3类：

香料、香精油

Spices, essential oil

16类：

纸和纸板

Paper and cardboard

画笔

Paintbrush

本示例中，申请商品就需按照类别顺序依次填写，不能先填写第16类商品然后再填写第3类商品。

（3）只能填写有效的商品或者服务。如果基础商标的商品或服务已经因被驳回、被异议、被撤销三年不使用等原因而被删除，或者申请人提交时商品或服务处于商标申请阶段，但审查员审查时已被驳回删除，审查员则向申请人发出补正通知，要求删除无效的商品或者服务。

十三、指定缔约方

此项位于申请书的第11项。

选择指定缔约方也就是申请人选择在哪些国家寻求商标国际注册保护。申请人需根据自己的意愿自行选择缔约方，不能为空；且不能选择原属国，即中国。如果申请人了指定欧盟、美国，需特别注意以下事项：

（1）指定欧盟。申请人需在本项下方选择一种不同于第2（e）项的语言作为第二通讯语言。选择第二语言是为了方便第三方提出异议和撤销。国际局并不对选择第二语言进行强制要求，但如果指定欧盟却未选择第二语言，该申请会被欧盟知识产权局直接驳回。

（2）指定美国。按照美国的要求，申请人必须填写MM18表格。

115 填写MM18表格需要注意什么？

MM18表格即"意图使用商标的声明"（Declaration of intention to use the mark）。该表格不能单独使用，需连同指定美国的国际注册申请书或后期指定申请书一起使用，且只能使用英文填写。

MM18表格只有一页，较简单，填写时注意以下几点：

（1）签字栏。"Signature"栏必须为个人签名，且应为手写字体，中英文均可；"Signatory's Name（Printed）"栏应为打印字体的签字人姓名拼音或英文名称；"Signatory's Title"栏必须为打印字体的签字人的职务，且应为英文。

（2）日期栏。"Date of execution(dd/mm/yyyy)"栏的填写格式是"日/月/年"，如"2012年4月18日"在"Date of execution(dd/mm/yyyy)"栏应该填写为18/04/2012。

（3）"INFORMATION REQUIRED BY THE INTERNATIONAL BUREAU"部分的填写。此部分为商标信息，可留空；如填写，应与申请书填写的信息一致。应采用打印字体，且在空格中填写相应的内容。"Name of applicant/holder"中所填写的英文名称必须与MM2表格中所填写的英文名称完全一致。

另外需注意，MM18表格的不规范通知补正期限与其他类型的不规范补正期限不同，是原属局收文之后两个月内。若在原属局收文之后两个月内未补正，则失去补正机会。这种情况下该国际注册继续登记，但是不包含指定美国。

116 填写代理委托书时需要注意什么？

如委托代理机构办理马德里商标国际注册，需提交代理委托书，且代理人应使用马德里商标国际注册代理委托书。

代理委托书填写中的常见错误为勾选事宜错误。若申请是马德里商标国际注册申请，应当勾选"国际注册申请"，而非"后期指定"。所谓的"国际注册申请"，就是国际注册新申请，是相对于变更、转让、续展等后续申请而言的，是第一次的商标国际注册申请。

117 已通过马德里体系在美国注册商标，还可以通过马德里体系在日本申请注册完全相同的商标吗？

通过马德里商标国际注册后期指定的方式，可实现同一商标在不同时间、马德里联盟成员内不同国家的注册申请。

后期指定又称作后期领土延伸，是指在获得国际注册后，就同一商标指定其他缔约方或同一缔约方给予商标保护，而国际注册号不变。例如，A公司于2019年10月申请的指定缔约方为美国的马德里商标国际申请获得核准注册，后来由于A公司的产品随着出口需要扩大到英国和日本，此时需要在英国和日本获得商标保护。因此，A公司在2021年1月，就相同商标提出商标申请，指定缔约方为英国和日本，这种指定称为"后期指定"。

从性质上来看，后期指定申请等同于商标国际注册申请，其目的也是申请人期望其商标能够在后期指定申请中的被指定缔约方获得保护。对被指定缔约方来说，后期指定和领土延伸申请的审查是完全一样的。

后期指定的有效期通常小于10年，因为后期指定的保护期与原国际注册在同一天届满，但其权利起算时间为后期指定日期而非国际注册日期，而后期指定日期通常又是在国际注册日期之后。

后期指定商标在保护期届满后需与原国际注册商标统一续展，其保护期第一次届满后10年续展一次。

118 可以在哪些国家提出马德里商标国际注册申请？

截至2022年3月，马德里联盟共有110个成员，覆盖126个国家。中国申请人可指定在除本国以外的109个成员、125个国家进行马德里商标国际注册申请。具体国家详见附录12。

另外，如指定欧盟，将会覆盖所有欧盟成员国（27个国家），即奥地利、比利时、荷兰、卢森堡、保加利亚、塞浦路斯、捷克、德国、丹麦、爱沙尼亚、西班牙、芬兰、法国、希腊、匈牙利、爱尔兰、意大利、立陶宛、拉脱维亚、马耳他、波兰、葡萄牙、罗马尼亚、瑞典、斯洛文尼亚、斯洛伐克、克罗地亚。

但是，并非所有欧盟国家都加入了马德里联盟，如马耳他就尚未加入马德里联盟。这就意味着若申请人指定欧盟，其保护范围可覆盖马耳他，但是申请人无法单独指定马耳他获得保护。而对除马耳他以外的其他欧盟国家，均可通过单独指定在该国家获得保护。

119 申请马德里商标国际注册需经过哪几个阶段？

一件马德里商标从提出申请到核准保护一共分为三个阶段。

一、原属局阶段（1—2个月）

原属局阶段，即国内阶段。原属局在我国指的就是商标局。以我国申请人为例，申请人需要依据基础商标信息填写申请书，并准备好申请材料，一并提交至商标局。

商标局收到手续齐备的申请文件后登记收文日期，并进行形式审查以及费用审查。形式审查即审查申请人信息和资格是否正确、商标信息是否与基础商标一致、商品和服务分类及信息翻译是否正确、是否超出基础商标的商品和服务范围、申请文件是否填写准确，以及提交的申请材料是否完整规范等。如果申请材料缺失或有误，申请书填写不规范，或者商品和服务信息翻译有误或超出范围，将发出《补正通知书》，详细告知申请人需要修改的内容，并进行电话沟通。

申请人若通过网上提交申请，可在商标局的网上申请系统中收到《补正通知书》；若通过纸件申请，则会收到邮寄的《补正通知书》。《商标法实施条例》第四十条规定：商标国际注册申请手续不齐备或者未按照规定填写申请书的，商标局不予受理，申请日不予保留。申请手续齐备或者申请书基本符合规定，但需要补正的，申请人应当自收到补正通知书之日起30日内予以补正，逾期未补正的，商标局不予受理，书面通知申请人。申请人需按照《补正通知书》的要求，在规定时间内进行补正，并通过网上申请系统或者纸件邮寄补正回复至商标局。

商标局经审查无误后将进行费用计算，并向申请人下发《商标国际注册收费通知书》。

《商标法实施条例》第四十一条规定：通过商标局向国际局申请商标国际注册及办理有关其他申请的，应当按照规定缴纳费用。申请人应当自收到商标局缴费通知单之日起15日内，向商标局缴纳费用。期满未缴纳的，商标局不受理其申请，书面通知申请人。申请人需按照《商标国际注册收费通知书》的要求，在规定时间内将缴费金额汇至指定账户。

商标局在收到缴费金额并核对无误后，将下发《马德里商标国际注册申请受理通知书》，表示商标局已受理该申请件，并将申请件转发至国际局。

二、国际局阶段（2—3个月）

国际局对申请件再次进行形式审查。如果国际局认为该件国际申请填写不规范或者填写错误，则下发不规范通知告知原属局和申请人。申请人在收到不规范通知后，应与主管局的审查员进行沟通，按照要求及时回复。

国际局对各缔约方转交来的国际商标申请进行形式审查后，对符合要求的予以注册，记录在国际注册簿中，并在《WIPO国际商标公告》上公布该国际注册。《WIPO国际商标公告》中登记了国际注册商标的注册日期、注册号、被指定缔约方、商标图样、基于异议的临时驳回、续展、后期指定、变更、删减、放弃、国际注册在某些继承国家中的延续、撤销、无效、更正、未予续展、各种来自缔约方的声明、许可、国际注册代替国家注册、中心打击、分割、合并以及国际局不对外办公日期清单等信息。

通过形式审查之后，国际局还会颁发国际注册证，并将申请书通知至所有被指定缔约方。例如，申请人指定了日本、韩国、美国，国际局就会将申请书转发至这三个国家的商标主管机关，由其进行实质审查。

需要注意的是，此阶段的商标保护范围尚不确定，只有在第三阶段经过实质审查，由被指定缔约方主管局决定后才确定。

三、被指定缔约方阶段（12个月或者18个月）

被指定缔约方依据本国相关法律对国际注册申请进行实质审查。被指定缔约方主管局在国际注册之日起12个月或者18个月的审查期限内进行实质审查，决定该国际注册申请受保护的范围，并向国际局发送实质审查结论，由国际局登记后转发至申请人。

主管局审查之后，如果没有驳回，美国、日本等极少数缔约方主管局会向申请人颁发商标注册证,而绝大多数缔约方主管局仅会发出一份核准保护声明（Statement of grant of protection）。如果是部分驳回或全部驳回,缔约方主管局会向国际局发送驳回通知（Notification of ex officio refusal）。一个缔约方主管局拒绝保护商标时,不影响其他局的决定。申请人可以对驳回决定提出复审或上诉。

商标国际注册有效期为10年,期满后可直接在WIPO续展;续展后核准保护的商品或服务在被指定缔约方有效。

120 什么是国际注册证?

国际注册证是用来证明马德里商标国际注册申请符合形式审查的要求,已由国际局登记在案,并转发至被指定缔约方进行进一步审查。

国际注册证的内容包括该马德里商标国际注册申请的所有信息,如国际注册日、国际注册到期日期、注册人信息、商标、指定商品/服务,以及依据《协定》或《议定书》所指定的缔约方等。

取得国际注册证不代表注册成功。虽然被称为国际注册证,但是实际上其效力和国内商标注册申请的受理通知书大致相当。各被指定缔约方的商标主管机关在收到国际局通知之后,依据本国的商标法律规定进行审查,无论是核准注册还是驳回申请,都会在驳回期限内向国际局发出相应通知,由国际局登记后转发至申请人。

121 收到商标局的国际注册商标补正通知时该如何回复?

申请人办理马德里商标国际注册申请时,提交或填写的申请书式不符合要求或缺少相应的材料,商标局向申请人或代理人下发马德里商标国际注册申请补正通知书，申请人或代理人应在收到通知30日内完成补正。如果逾期未补正，该申请不被受理。

以纸件提交的申请，以纸件的方式回复补正，将补正文件寄交国家知识产权局；以网申方式提交的申请，登录中国商标网网上服务系统进行补正。

122 什么是国际局不规范通知？

不规范通知（Notice concerning an International Application）是世界知识产权组织国际局针对外文书式填写内容不符合国际条约的规范而下发的通知，同时向代理人/申请人和原属局下发。

一、不规范通知的内容

（1）商标信息、通知时间、回复时间及联系方式等。

（2）申请书式不规范的具体内容、回复方式以及不进行处理的后果。

（3）费用信息。如按照通知建议修改，是指该国际申请的规费，并非处理不规范所需的规费。

二、不规范通知的类型

根据《共同实施细则》，不规范通知主要涉及三种类型的不规范。

（1）《共同实施细则》第11条规定的不规范情形——除涉及商品和服务分类或名称之外的不规范，如申请人资格有误、优先权信息有误、MM18表格未填写、商标图样不一致、商标音译未填写、未缴纳规费等。

关于上述绝大多数不规范情形已经作出详细说明，这里需要强调的一点是未缴纳规费情形。因为申请人在提交国际注册申请时已经将申请费用交至商标局,是由商标局代缴的,所以如果收到未缴纳规费导致的不规范通知,一定要及时联系商标局解决。

(2)《共同实施细则》第12条所列关于商品和服务分类的不规范。

①因新旧版本尼斯分类的修改变化出现商品和服务分类不规范。例如:inflatable lifeboats(充气救生艇),从第12类移到第9类;vending machines(自动售货机),从第9类移到第7类;soy milk making machines(豆浆机),从第7类移到第11类。

在这里需要提醒申请人的是,如果国内基础商标是按照旧版尼斯分类申请的,那么在申请国际注册时,务必了解其商品或服务有无因尼斯分类版本变化而导致的分类发生变化的情况。如果有这种情况,对该商品或服务必须按照最新的尼斯版本分类进行申请。

②因国际局与国家局对某些商品或服务的不同意见而出现的商品和服务分类不规范。

例如cooking wine(料酒),在中国的尼斯分类中,它属于第30类;但是根据国际局的分类原则,它应该放在第33类,因为所有的含酒精饮料都放在第33类。

需要注意的是,商品和服务分类最终以国际局的分类原则为准,所以申请人需按照国际局的分类原则来进行商品和服务分类。

③因翻译问题出现商品和服务分类不规范,这也是占比最大的分类不规范。中国申请人经常因为翻译不恰当而导致分类错误。例如第21类商品"晾衣架",中国申请人经常将其翻译为"clothes hangers"。按照这个翻译,国际局会要求将此商品移至第20类,因为其认为clothes hangers按照功能划分属于家具。而如果申请人翻译准确,将"晾衣架"翻译为"clothes drying hangers",则国际局可接受它属于第21类。

（3）《共同实施细则》第13条所列关于商品和服务名称的不规范。

①商品或服务名称表述令人费解或者表述用词不准确，导致商品或服务名称不规范。在国际申请中，国际局希望商品或服务描述尽量用复数形式，当然单数形式也可以接受，但是不能加定冠词the。如果出现定冠词，国际局就会发出不规范通知，要求删除定冠词。例如，the orange需修改为oranges。

②因商品或服务名称表述过于含混、宽泛而不便分类，由此产生不规范，这也是商品和服务名称不规范的主要情形。产生这种情形主要有以下三种原因。

第一，错误使用标点符号。国际局对商品或服务的表述要求是，每一项商品或服务需要用分号隔开，同一个商品或服务项目内用逗号来停顿。所以，错误使用标点符号会导致商品或服务名称表述过于含混，不便分类。

例如35类服务，表述一为"Retail and wholesale of shoes; clothes; hats"，表述二为"Retail and wholesale of shoes,clothes,hats"。根据国际局的要求，对表述一的理解为三项服务名称，即"鞋的零售""衣服""帽"。此时"鞋的零售"属于第35类，但是"衣服""帽"属于第25类，这就导致了分类错误。而表述二为"鞋、衣服、帽的零售"，均属于第35类，是正确的服务描述。

第二，尼斯分类的修改。例如，在旧版尼斯分类中，一种商品或服务的表述可被接受且为标准尼斯商品或服务，但是随着时代的发展，在最新版本的尼斯分类的审查中，其被认定分类过于宽泛，需要修改。

例如，第35类服务"为企业提供搬迁服务"，译为"relocation services for businesses"，但是从2020版尼斯分类开始国际局认为其过于宽泛不再被接受，需修改为"administrative services for the relocation of businesses"，也就是"为企业搬迁所提供的行政服务"。

再如第10类商品"护理用品"，译为"nursing appliances"，从2019版尼斯分类开始不再被接受，需修改为"apparatus, devices and articles for nursing infants"也就是"供护理婴儿的仪器、设备和物品"，对护理用品的对象作出限定。

第三，对中国特有商品描述过于宽泛。有的商品，在中国属于标准商品，但是在国际局看来，描述过于宽泛，含混不清。例如第42类的"无形资产评估"，译为"intangible asset evaluation"，在我国2019版尼斯分类中，它属于标准商品。但是在国际局看来，关于无形产品的评估可以是第35类品牌的评估，也可以是第36类中金融的评估，还可以是第42类中产品设计的评估，无法认定它一定属于第42类。所以，申请人需要细化其表述，描述清楚，根据实际需要修改为"35类，brand evaluation services"或"36类，financial evaluation"或"42类，evaluation of product design"。

还有一些商品是中国特有的食品或者民族乐器，通常在《类似商品和服务区分表》中其商品代码由大写字母C和6位阿拉伯数字构成。例如，第30类商品"元宵"，尼斯分类代码C300052，有的申请人直接将其翻译成"yuanxiao"。对于中国籍国际局审查员来说，可以很轻松地理解是什么商品；但是对于非中国籍国际局审查员或者被指定缔约方审查员来说，其不了解什么是"yuanxiao"。在此，申请人可以保留元宵的音译，同时加上注释说明具体是什么商品，确保其在所申请的类别中。因此，可以将"yuanxiao"修改为"yuanxiao [glutinous rice ball for lantern festival]"。令人欣喜的是，国际局与商标局之间有着密切合作，尽可能吸收更多中国特有商品进入尼斯分类标准商品的词库以及MGS标准商品库中。例如"baozi"已经是尼斯分类标准商品，"baozi"的尼斯分类代码为300231。这也就意味着申请人将"包子"直接翻译为"baozi"是可以被接受的。

《共同实施细则》第12条和第13条的有关商品和服务的不规范情形，是申请人实际申请过程中所占比例最大的部分。

三、国际商标商品和服务不规范的审查依据

国际局在审查实践中，对商品和服务不规范的审查依据主要有两个。

（1）现行版本的尼斯分类，可以在WIPO网站下载英文、法文和西班牙文版本。

（2）有关商品和服务分类的审查指南（https://www.wipo.int/export/sites/www/madrid/en/docs/2019_examination_guidelines.pdf）。国际局提供了英文版本，有需要的申请人或代理人可自行下载学习。

123 收到不规范通知时该如何回复？

国际局关于每一件不规范通知的回复方式都有清晰的说明：商标局无需回复，由代理人/申请人直接回复国际局；经由商标局回复。不同的不规范通知有不同的回复方式，不按照规定进行回复也有不同的后果。

（1）对于无需商标局回复的，由代理人/申请人直接回复国际局的不规范通知，如因未填写必要的商标音译、商标图样不清晰等问题，商标局可以不予处理。申请人应直接通过WIPO官网的

"Contact Madrid"[1]回复国际局。如果申请人收到此类不规范通知后逾期未回复，将导致该国际申请被放弃，并被扣除基本费653瑞士法郎的一半金额。

（2）需经由商标局回复的不规范项目主要是原属局相关信息缺失，如无原属局收文日、无原属局签章等。对于此类不规范通知，商标局应在规定的时间内按照要求将符合规范的内容，通过商标审查系统或者WIPO的马德里主管局门户（MOP）工具回复国际局。

（3）对于其他必须通过商标局回复的不规范通知，如涉及《共同实施细则》第12条和第13条的商品和服务分类或名称不规范，申请人应自收到通知之日起三个月内通过商标局回复，即申请人在规定的时间内回复明确的修改意见，并附上不规范通知的复印件，以纸件方式寄交到商标局，因为商标局还需审查申请人回复的修改之后的商品是否超出基础商标的商品范围。如果申请人不通过商标局而是直接通过WIPO官网的"Contact Madrid"提交回复意见，国际局不予接受，会再发一份不规范通知书，告知不接受目前的不规范回复意见，申请人必须通过商标局回复。

商标局对回复意见进行审查后，通过商标审查系统或者WIPO的马德里主管局门户（MOP）工具回复国际局。应注意，不规范通知书上的最迟回复时间指的是WIPO应不晚于该时间收到回复。

对于因《共同实施细则》第12条规定的商品或服务分类错误要求换类的不规范通知，如果逾期未作出回复，相关商品或服务按照国际局意见被直接换类。这可能会导致该国际申请被放弃，因为直

---

[1] "Contact Madrid"即"联系马德里"，通过此功能，申请人可直接与国际局审查员联系，解答申请疑惑。访问链接为https://www3.wipo.int/contact/en/madrid/。

接换类有两种结果：若直接换类未导致申请费用的增加，该国际申请继续；若直接换类导致申请费用增加，而申请人并未及时补缴增加的费用，则导致该国际申请被放弃并被扣除基本费653瑞士法郎的一半金额。

对于因《共同实施细则》第13条规定的商品或服务名称不规范导致的不规范通知，如果逾期未作出回复，该国际申请继续，但国际局在该商品或服务后面增加说明，表示国际局认为该词过于含混、不便分类，或者用词不准确。这就有可能导致该国际申请在被指定缔约方被驳回。所以，建议申请人无论是收到关于《共同实施细则》第12条还是第13条规定的不规范通知，都应及时通过商标局回复国际局。

124 如何避免被国际局下发不规范通知？

想要避免被国际局下发不规范通知，有以下几点建议：

（1）建议申请人使用商标局的网上申请系统，避免《共同实施细则》第11条中错误情形的出现。

（2）建议申请人使用商品和服务管理器（MGS）翻译及查询商品或服务。关于商品和管理器的使用参见问题126。

（3）注意类似商品和服务区分表中代码带"C"的商品或服务的翻译。因为带"C"的商品和服务是中国特有的商品和服务。对于中国申请人，很多商品或服务不规范情形都是中国特有的带"C"的商品或服务造成的。对此，申请人最好加上一段注释来解释这是什么商品，确保将其描述在所申请的商品或服务类别内。另外，国际局每年吸收了大量带"C"的商品或服务至MGS库中，也建议申请人用MGS查询、翻译或核对带"C"的商品或服务。

（4）及时联系国际局。如果有任何关于分类、翻译或者其他事项的疑问，都可通过"Contact Madrid"联系国际局。

125 什么是商品和服务管理器？

商品和服务管理器（MGS）是WIPO开发的在线工具，也是汇集了WIPO和有关马德里成员国国内标准商品和服务名称的数据库，用于帮助提出马德里国际注册申请的商标申请人及其代理人编制需要提交的商品和服务清单。截至2020年11月，MGS收录了WIPO国际局可接受的商品名称和服务名称，其中英文词条超过110000个，法文词条72000个，西班牙文词条70000个。这些词条均已被WIPO按照"商标注册用商品和服务国际分类"（尼斯分类）最新版进行准确分类；不会成为WIPO根据《共同实施细则》第12条或第13条发出不规范通知的事由。

利用MGS，申请人可以浏览和查询相关项目，也可以把项目转换成马德里体系的三种工作语言中的任何一种。选择MGS中的商品或服务名称进行提报，将帮助商标申请人确保其申请符合马德里体系的要求，避免因商品或服务的分类或名称不规范导致的补正和不规范的发生，以提高申请效率。MGS现已提供中文操作界面，其访问链接为：https://webaccess.wipo.int/mgs/index.jsp?lang=zh。

MGS中的词条来源主要有三项：①马德里国际注册簿中收录的常见商品和服务名称；②尼斯商品和服务国际分类数据库，包括类组标题、商品和服务名称以及有关解释；③部分马德里成员国国内标准商品和服务名称的数据库，如中国、日本、韩国、欧盟、美国共同认可的商品和服务标准名称库、美国专利商标局ID手册、欧盟统一商标数据库等。

MGS中的大部分项目已被国际局和马德里成员国主管局（作为被指定缔约方的主管局）所接受。但是，有的成员国主管局可能不接受商品和服务查询库中的某些项目，例如他们认为商品或服务的描述不够具体。对此，国际局正在与马德里联盟成员国的主管局合作，确认这些成员国主管局接受商品和服务查询库中的项目情况。对于关键类别的关键商品，申请人也可在申报前了解被指定缔约方关于申报商品或服务的描述要求，以避免因商品或服务不规范导致的驳回。

申请人如果在MGS中无法找到自己需要的商品或服务也不用着急，在国际申请中使用了商品和服务查询库之外的某个项目，并不意味着国际局一定会驳回。因为MGS无法囊括市场上层出不穷的所有商品。有90%的申请商品都不在MGS中，但都可被国际局和相关成员国主管局所接受。若申请人申请的商品或服务的分类正确并且可以接受，国际局将作进一步审查，决定是否把该项目纳入商品和服务查询库中。另外，可能出现现有国际注册中的商品和服务项目尚未进入MGS的情况。因为MGS包含的项目并没有穷尽国际局接受的所有项目，而只是包含了国际局推荐使用的商品和服务项目。它们是国际局按照一定标准仔细审核后选中的，例如按照项目在国际申请中使用的频率挑选。申请人若对商品名称和分类不确定，可尝试与国际局沟通，将名称进行合理翻译和限定，以达到国际局和相关成员国主管局理解和接受的标准。

MGS除了收录被国际局和相关成员国主管局接受的商品和服务外，也收录了部分被拒绝的商品和服务。一方面是某些依照该国法律不被接受的商品和服务，如在中国和日本，与赌博相关的商品不被接受；另一方面是在商标实践中某些国家不接受的商品和服务，如在中国、韩国，关于批发零售的服务不被接受。申请人应当提前了解各国不接受的商品和服务,及时调整申请的商品和服务。

126 商品和服务管理器可以对申请的商品和服务进行准确翻译以及核对该商品在指定缔约方可否被接受吗?

一、商品和服务管理器的功能

MGS有查询、浏览、检查、翻译四项基本功能,申请人可根据不同需求使用不同功能。

(1)申请人如果不确定类别,想要获得分类建议,可通过查询功能输入核心词,查询结果中显示与此描述匹配的所有可接受项目,据此进行选择,即查询功能。

(2)申请人已确定申报商品或服务所属类别,从可接受项目的选择列表中选择合适的商品或服务项目,确保WIPO不会因使用的商品或服务项目不在可接受项目中而发出不规范通知,即浏览功能。

(3)申请人确定商品或服务的类别和名称后,可在MGS中检查每一个商品或服务是否能被WIPO接受,对申请的名称进行可接受性对比检查,这也是最具特色的功能,即检查功能。

(4)申请人确定最终申报的商品或服务名称清单后,将清单中的可接受项目自动翻译成所需语言,即翻译功能。

二、商品和服务管理器的使用方式[1]

(1)查询。其具体操作步骤为:

①点击"查询"标签,如图126-1所示。在输入框输入词语或短语,如"金属管"。也可使用"AND""OR""NOT"等逻辑运算符构成短语,如"金属管NOT装置"。还可以直接输入类似

---

[1] 图片来源:https://webaccess.wipo.int/mgs/static/faq-zh.html。

群号，以查找与给定编号相关的词语，如"04c01"或"g1816"。按<Enter>键或者点击放大镜图标开始搜索。

②查询结果上方列出查找到的所有类别，点击类别号，显示该类别的搜索结果，如图126-2所示。

 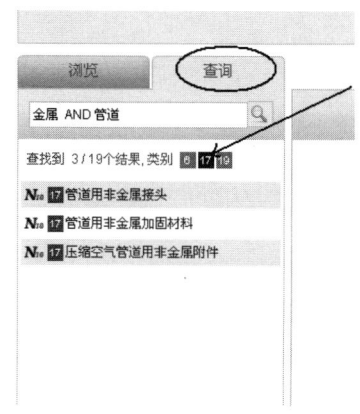

图126-1 "查询"标签　　　　图126-2 查询结果

需要注意的是，查询结果既包含首选项目，也包含同义项目。申请人可以从描述某种商品或服务的若干表述方式中选择自己喜欢的表述方式。拼写相近的同义项目会排列在一起，如"由金属制成的管道""金属管道""金属性管道"。

（2）浏览。其具体操作步骤为：

①点击"浏览"标签，打开"类别"下拉菜单，选择某一类别浏览，如图126-3所示。

②单击选中类别中的项目，该项目被自动加入用户清单中（图126-4），呈现绿色则表示WIPO接受该词语。

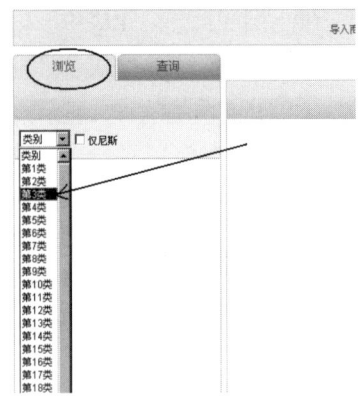
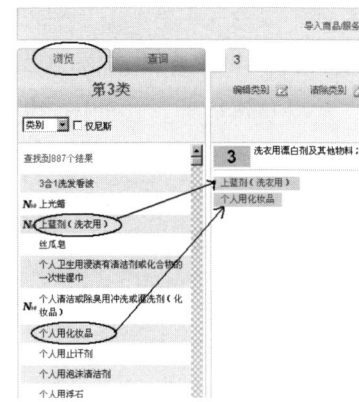

图126-3 "类别"下拉菜单　　　　图126-4 选择加入用户清单

(3)检查。其具体操作步骤为:

①点击"编辑类别",进入编辑模式,如图126-5所示,输入需检查的商品或服务。

②在纵向显示的模式中,每行输入一个项目,完成后按<Enter>键,不需要使用分号,如图126-6所示。

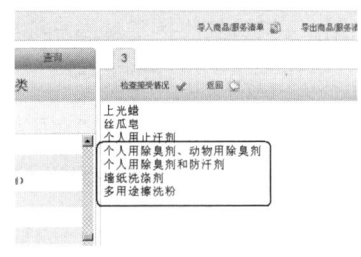

图126-5 编辑模式　　　　　　图126-6 输入项目

③在编辑模式下输入项目后,点击"检查接受情况",显示WIPO是否接受这些项目,如图126-7所示。绿色表示项目已包含

在商品和服务查询库中，可接受；红色表示项目虽然在商品和服务查询库中，但属于另一类别，分类错误；橙色表示在商品和服务查询库中未查到，如图126-8所示。

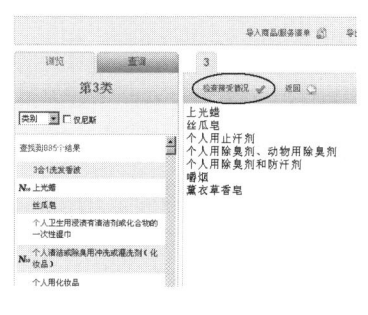 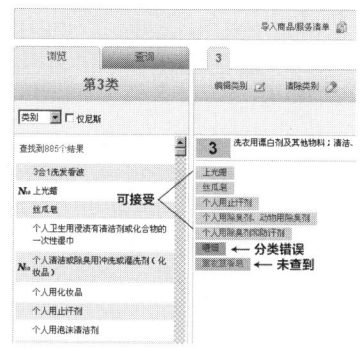

图126-7　检查接受情况　　　　　图126-8　检查结果

若呈现红色，可点击该项目，即显示将该项目转移到正确类别的建议，如图126-9所示。点击"将项目转移到第××类"，即可将该项目移至正确类别中（如果该类别尚未打开，移动项目时该类别自动出现），原项目将从错误类别中自动删除。

图126-9　分类错误提示

对于在商品和服务查询库中未查到的项目，可点击该橙色项目，即显示在中间一栏中（界面中浅灰色一栏，位于项目功能栏之下）。然后点击"查询相关项目"，则显示商品和服务查询库中包含该项目的所有标准项目。如果未显示任何结果，则按照提示先拆分字符串，然后再检索。

④点击"检查被指定缔约方接受情况"，在弹出的对话框中勾选被指定缔约方，查看这些项目在该被指定缔约方可否被接受。对于WIPO接受的词语，如果参与的被指定缔约方已经将其对这些词语的接受情况告知WIPO，该功能会生成彩色框，框中载有勾选的被指定缔约方的双字母国家代码。

绿色框表示该词语将被该被指定缔约方接受。红色框表示该词语将被该被指定缔约方拒绝，并将导致发出临时驳回。无色框表示该被指定缔约方尚未将其接受情况告知WIPO。

（4）翻译。其具体操作步骤为：

①在检查功能中输入需要检查的商品名称，编写商品或服务清单。然后将最终输入的商品或服务清单在"翻译成…"下拉菜单中选择目标语言，如图126-10所示。需注意目标语言必须是马德里体系的三种工作语言之一。

图126-10 选择目标语言

②选择目标语言后将弹出一个新窗口，显示目标语言译文，如图126-11所示。[1]

图126-11　目标语言译文

127 如何查询马德里国际注册商标状态？

申请人在提交国际注册申请后，可对申请进度进行跟踪。其中，对于国际申请在国内的流程，可以通过中国商标网的"商标综合查询"功能来实现，具体路径为：商标局官网→商标网上查询→商标综合查询；对于国际申请在国际局的流程，可通过国际局官网的"Madrid Monitor"查询商标状态，访问链接为：www.wipo.int/madrid/monitor/en/。

具体操作流程如下：①输入国际注册号；②点击商标名称，进入历史流程；③查看商标状态，如图127-1所示。

---

[1] 参考来源：https://webaccess.wipo.int/mgs/static/faq-zh.html和https://webaccess.wipo.int/mgs/static/h]elp-zh.html。

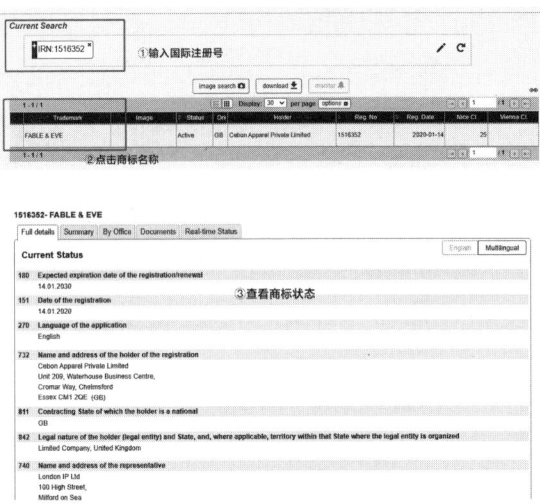

图127-1 查看商标状态

128 如何计算马德里商标国际注册申请的申请费用？

根据《协定》第八条第二款，以及《议定书》第八条第二款、第七款的规定，国际申请应缴纳的规费包括：基本费、附加费和补充费。《议定书》第八条第七款a项规定，缔约方可以声明收取单独规费，代替附加费和补充费，但是第九条之六第一款b项又规定，根据第八条第七款作出的声明对既是《协定》成员也是《议定书》成员的缔约方之间的关系不产生任何效力。

简言之，每一件申请都必须缴纳一项基本费，类似于出租车的起步价，无论该申请指定多少个国家，这项费用是固定不变的。黑白图样商标申请的基本费为653瑞士法郎，彩色图样商标的为903瑞士法郎。

另外，指定商标保护的缔约方若仅受《议定书》约束，则收取单独规费；若同时受《协定》和《议定书》约束，则收取附加费和补充费。

对于单独规费，不同的缔约方其收费标准不一样，需参考单独规费表，详见附录13。

补充费的标准是申请商品和服务在3个类别以内的，每个指定缔约方收取100瑞士法郎。附加费则是在有补充费的情况下，如果商品和服务超出3个类别，每增加一个类，增收100瑞士法郎。也就是说，补充费主要是根据申请国家的数量收费，附加费主要是根据申请商标类别的数量收费。这里需要注意的是，马德里商标国际注册申请中指定国家的数量和申请类别的数量会影响费用计算，但同一类别内的商品数量多少不影响费用。

另外，费用单位为瑞士法郎（CHF），汇率按照收文日期中国银行零点卖出价（取小数点后四位）来计算。目前通过中国提交的国际申请由商标局代缴。除国际局规定的规费以外，商标局不收取任何费用。

关于计费，需要特别注意的是日本和巴西，指定申请这两个国家的马德里国际注册有二次计费，第一次是申请费，第二次是注册费。日本、巴西商标主管局审查核准后，注册费收取通知书由国际局直接发给申请人或其代理人，申请人或其代理人必须在规定期限内按照规定的缴费方式向国际局缴纳，无法通过商标局代缴。逾期未缴将导致国际注册被撤销。日本申请费用为：第一个类97瑞士法郎，每增加一个类增收73瑞士法郎，注册成功后每个类收取注册费用241瑞士法郎。巴西申请费用为：第一个类75瑞士法郎，每增加一个类增收75瑞士法郎，注册成功后每个类收取注册费用135瑞士法郎。

费用计算比较复杂，推荐使用官方费用计算工具，即费用计算器（Fee Calculator）。申请人只要输入申请类型、申请日期、原属国、申请商品和服务类别的数量、指定缔约方，即可一键完成复杂的费用计算。其访问链接为：https://madrid.wipo.int/feecalcapp/。

具体操作流程为：

（1）在"Type of transaction"（业务类型）中选择对应的申请类型，如"New application"（新申请）。

（2）在"Date"中选择申请日期。

（3）在"Your office of origin"中选择原属局国家。我国的申请人选择"CN-China"即可。

（4）在"Number of classes covered by the mark"中选择申请商品和服务类别的数量。

（5）若商标为集体或者证明商标，需勾选"Is your mark a collective mark, certification mark or guarantee mark？"。

（6）若商标为彩色商标，需勾选"Is your mark in colour or colours？"。

（7）在"Please select the contracting parties"中勾选所有指定缔约方。

（8）核对无误后点击"Calculate"，完成计算。

在"FEE DETAILS"中查看费用计算结果。"Grand Total (CHF)"项显示为总费用。

129 申请马德里商标国际注册过程中需要注意什么？

具有优先权的申请，需要在提交国内申请的六个月内向商标局提交马德里商标国际注册申请，过期后优先权视为无效；如要求多个优先权，必须注明每个优先权对应的类别及商品或服务。

在马德里商标国际注册申请办理期间，申请人或代理人需要时刻关注申请流程，如收到补正通知则必须在30日内提交补正回文，逾期将不予受理。

申请人或代理人需要在申请核准后收到缴费通知书的15日内完成缴费，逾期将不予受理。

完成缴费后，申请件被递交至国际局进行形式审查时，申请人或代理人应密切关注登记邮箱，查看是否收到国际局发来的不规范通知。如果收到，自国际局不规范通知之日起3个月内必须向商标局提交不规范内容的回函。不规范通知中会注明回函的最后期限。

指定申请巴西和日本的马德里商标国际注册有二次计费，计费方式及规定详见问题128。

通过审查后的商标在国际局获得登记并被通报。此后，申请人每隔10年要进行一次商标续展。在商标10年保护期届满前6个月，国际局发出非正式通知，提醒申请人或代理人期满的确切日期。

130 马德里国际注册商标在指定缔约方获得保护后还有什么需要注意的事项？

马德里商标注册成功后，还需注意商标后期的使用和管理。

（1）国际注册商标相关信息发生时，注册人应主动提交申请，否则会影响自己类似商标新申请的核准、商标的使用和日常商标使用证据的积累、商标的买卖，以及限制商标质押审批。例如，商标即将过期时，注册人需要及时进行续展；注册人名称或地址发生变化时，需及时进行变更。

对于国际注册商标转让、删减、放弃、注销、注册人名称或地址变更、代理人名称或地址变更、续展、指定代理人8项业务，均可直接向国际局提交申请，或向商标局提交申请转递至国际局。代理人名称或地址变更时，还可直接致函国际局，写明要求变更的事项即可。续展时，还可在WIPO网站上使用E-renewal工具进行在线续展。

若向商标局提交申请，具体申请材料和所需表格填写要求可参考《商标审查审理指南》上编第四部分第十四章"马德里商标国际注册后续业务申请审查"。

（2）国际注册商标在指定缔约方获得保护后，商标所有人需加强商标管理，避免因疏忽导致商标被撤销，要注意保存在指定缔约方的有效使用证据。

例如，申请人在收到日本、巴西的保护通知后，因不了解这两个国家有二次收费，误以为所有注册流程已经完毕，而未缴纳注册费，将会导致已经注册的商标被撤销。

又如美国专利商标局在颁发的注册证上明确指出：注册人应于商标注册后的第五年或第六年向美国专利商标局提交使用声明，声明该商标在商业中继续使用在指定商品或服务上，或声明注册人未使用该商标是基于其他特别事由，并且这种未使用并没有放弃该商标的意思。否则自注册公布之日起第六年届满时，美国专利商标局将撤销该商标注册。申请人若忽视此规定，误以为和中国一样在10年有效期届满前6个月进行续展就可维持商标效力，未提交使用声明，那么指定美国的商标保护会被撤销。

总而言之，申请人应在国际注册商标被核准保护后，了解指定缔约方的相关商标使用规定，避免因疏忽管理导致商标被撤销。

第八章
商标转让、变更、续展、注销、许可、质押等

对申请注册的商标需要根据生产经营的实际需求进行管理。商标的转让、变更、续展、注销、许可、质押等，都是常见的商标管理行为，作为商标权所有人，了解这方面的内容是非常有必要的。随着我国市场主体商标拥有量的日益增多，以及公众商标品牌意识的不断提高，商标的后续管理还将显现出越来越重要的作用。

第一节
商标转让

131 什么是商标转让？

商标转让，即通过商标转让合同，出让人向受让人有偿或无偿地转让商标，它是商标权继受取得的一种重要方式。申请转让的商标分为两类：一类是注册商标；另一类是商标注册申请，即处于申请流程中的商标（含驳回复审中、异议中、不予注册复审中的商标）。

进行转让的注册商标，必须符合以下条件：

（1）注册商标在注册有效期内，或者虽超出有效期但在法定期限内提交了续展申请。

（2）注册商标未被注销、被撤销或被宣告无效。

（3）没有其他导致商标失效的情况。

进行转让的注册申请中的商标要求其申请流程尚未结束。存在以下情况，即可认定其申请流程已经结束，该商标注册申请已经无效：

（1）不予受理决定生效。

（2）全部商品/服务项目驳回的决定已经生效。

（3）全部商品/服务项目不予注册的异议裁定已经生效。

（4）注册申请中的商标已被核准撤回。

除此之外，转让/移转商标处于质押状态，转让方需提交质权人签署的同意转让该商标的相关声明文件。商标处于被人民法院查封冻结状态时，商标局对该转让/移转申请作不予核准处理。

132 如何办理商标转让/移转？

《商标法》第十八条规定：申请商标注册或办理其他商标事宜，可以自行办理，也可以委托依法设立的商标代理机构办理。

转、受让双方应当共同办理商标转让申请。目前，国内商标申请有自行办理和委托办理两种途径。按现行规定，有两类主体不能自行办理商标注册申请，必须通过委托办理：一类是在内地（大陆）没有经常居所或营业所的，我国香港特别行政区、澳门特别行政区和台湾地区申请人；另一类是在中国没有经常居所或营业所的外国人或外国企业。

一、办理途径

1.自行办理

（1）网上办理。网上申请的，由转让方通过商标局官网网上服务系统在线提交商标转让/移转申请，受让方应授权转让方办理。申请人自行通过网申系统在线提交申请的，应当先注册网上申请用户，经商标局审核通过后，可在线提交申请，提交方法详见"中国商标网"→"商标网上申请"。商标网上服务系统网址为http://sbj.cnipa.gov.cn/wssq/。[1]

（2）现场办理。符合自行办理要求的申请人，可以到以下地点现场办理商标注册申请：国家知识产权局商标局注册大厅、商标局驻中关村国家自主创新示范区办事处、京外商标审查协作中心，以及地方商标业务受理窗口。[2]

---

[1] 关于商标局官网账户注册相关问题，详见第二章。
[2] 关于线下办理商标注册申请相关问题，详见第二章。

广州商标审查协作中心的地址：广东省广州市越秀区流花路117号流花展贸中心12号、14号馆；电话：020-83772305/83772302。

2.委托办理

申请人可以根据自身实际需求，自愿委托在商标局备案的商标代理机构办理商标转让/移转申请。根据《商标法》《商标法实施条例》的规定，委托办理需要注意以下事项：

（1）申请人可以自愿选择任何一家依法设立的、在国家知识产权局备案的商标代理机构。

（2）委托商标代理机构办理时，除提交一般资料外，还应当提交商标代理委托书，且委托书应当载明代理内容及权限，外国人或外国企业的商标代理委托书还应当载明委托人的国籍。

（3）委托代理机构报送的所有商标申请文件，应当加盖该代理机构公章，并由相关商标代理从业人员签字。

（4）不能以商标代理机构从业人员的个人名义进行委托。

（5）委托代理机构办理的，商标文件送达至被委托的代理机构视为送达当事人。

（6）委托代理机构办理的，除商标局收取的商标申请规费之外，代理机构一般会收取相应的代理费用，费用金额暂无统一规定。

二、办理商标转让/移转的基本要求

（1）商标转让需转、受让双方共同申请和办理。

（2）提交的申请文件需完备有效、无修改痕迹，提交的身份证明文件需在有效期内，以转让/移转申请的提交日为准。

（3）网上申请办理的需按格式要求进行填写，纸件申请的需使用商标局官网公布的书式。

（4）转、受让双方为自然人的，在申请书上应标注其身份证件号码。

（5）商标转让前或转让后为共有商标的均应在申请书中"是否共有商标"一栏勾选"是"。

三、办理商标转让/移转所需的文件材料

申请办理商标转让/移转时，转、受让双方需提交的文件材料及要求如下：

（1）申请书。转、受让双方签署的《转让/移转申请/注册商标申请书》。

（2）身份证明文件。转、受让人需提交经盖章或签字确认的身份证明文件复印件，如自然人身份证复印件、企业营业执照副本复印件等。受让人为自然人时，需在提交身份证复印件的基础上提交个体工商户营业执照副本复印件。

（3）委托代理机构办理转让申请的，需提交转让人、受让人签署的勾选正确事项的商标代理委托书。

（4）转、受让双方如为外国企业的，在提交以上文件的同时还应提交委托代理机构或翻译机构签署的中文翻译件。

（5）办理商标移转申请，存在商标注册人已死亡或企业主体资格终止等情况的，无需提交身份证明文件和代理委托书，由接受移转人即受让人单方办理申请，但应提供有权利继受相关商标的法律文件或证明文件，受让人提交的相关文件不变。

（6）若商标转让前或转让后为共有商标的，需提交的文件和要求还有：①共有人知晓、同意转让的声明文件和共有人签署的身份证明文件；②委托代理机构的需提交共有人签署的代理委托书；③共有商标通过转让成为非共有商标、非共有商标通过转让成为共有商标、共有商标成员增减或更替的，应在申请书中"是否共有商标"一栏勾选"是"，并填写附页；④申请书中转、受让人名称和

地址均应填写代表人的名称和地址,并盖章或签字,附页填写转让前、后其他共有人的名称和地址并盖章或签字。商标的受让人为共有人时,共有人应指定一名代表人,并由代表人办理转让申请手续;未指定代表人的,推定申请书首页填写的受让人为代表人。

(7)申请人自愿提供的其他申请文件,如公证文件、转让协议等,仅为审查参考文件,不作为申请必需文件。

网上申请方式提交的转让/移转申请应当包括以上文件(申请书除外),申请人自行网上申请的还应提交经转、受让双方签字或盖章的《同意转让证明》;通过各审协中心或各地方商标业务受理窗口提交网申的,还应提交经转、受让双方签字或盖章的《同意转让证明》和《网上申请确认书》(涉及处分商标权利业务用)。所有申请文件均需申请人签字或盖章,扫描成彩色PDF文件上传。

133 办理商标转让申请有什么注意事项?

当事人在提交商标转让申请时,由于申请材料填写有误、未核对申请材料一致性、未核查商标状态(如商标状态不稳定、商标状态无效)和近似商标情况等导致后续审查下发补正,商标局向申请人发送补正通知书告知申请人相关情况,要求申请人向商标局提交近似商标、相同商标的转让申请或修改相关材料文件,申请人未及时进行补正回文或未按告知内容进行补正回文的,会导致商标转让申请不予核准或视为放弃。

除办理商标转让/移转申请时提交文件的基本要求外,申请人应格外注意以下导致被下发补正的情况:

(1)法律文书或商标转移证明未签字和盖章。网上直接申请或委托代理机构申请,需提交转、受让双方法定代表人或授权人签署的法律文书或商标转让证明，转、受让人双方为自然人的签字即可。

（2）身份证明文件不是最新的。转、受让双方需提交签署的最新的身份证明文件，且申请书转、受让人信息应与身份证明文件上的保持一致。

（3）代理机构名称不一致。委托代理机构办理申请的，《转让/移转申请/注册商标申请书》中填写的代理机构名称应与代理委托书记载一致。

（4）相同或近似商标未一并办理。在相同或类似商品上注册的相同或近似商标应当一并转让。转让商标为注册申请中的商标时，需将同一日期提交的在相同或类似商品上的完全相同和高度近似商标一并转让。

（5）未提交总公司或主管单位相关材料。转让方为分公司的，需提交总公司相关材料；转让方为事业单位的，需提交相关主管单位或上级机关相关材料。

（6）商标注册人死亡或企业主体资格终止等情况所需材料不全。商标注册人状态分为不同的情况，导致所需提供的相关文件不同。[1]

（7）国外企业提交的身份证明文件不规范。根据《外国（地区）企业在中国境内从事生产经营活动登记管理办法》，外国（地区）企业在中国境内从事生产经营活动而领取的营业执照是其进行境内营业登记的证明，不应作为办理商标业务的身份证明文件。

（8）商标不符合转让要求。[2]

---

[1]关于不同的情况所需提交的具体材料，详见问题134。
[2]详见问题131、问题132。

134 什么是商标移转？

商标移转是指转让方因死亡或主体资格终止等情况发生的商标权的移转。其与商标转让的区别是，商标转让是两个存续的市场主体之间商标权的转让。

一、商标移转需要考虑的因素

（1）权利主体身份。商标权利主体覆盖面广，包括自然人、法人和其他组织。不同类型的商标权利主体，其营业执照注销产生的法律效力也不同。

（2）权利主体身份调整或直接退出生产经营活动的形式和手续。例如企业法人注销营业执照程序，分为一般注销程序、简易注销程序、破产程序，不同的程序对办理商标移转都有直接影响。

二、常见的商标移转情况和注意事项

1.企业法人注销营业执照

企业法人在注销营业执照前应依法进行清算，清算结束后，清算组应当制作清算报告，报股东会、股东大会或人民法院确认后再报送相关登记机关进行备案申请注销登记。这种情况下，办理商标移转主要有以下几种。

（1）企业法人处于清算过程中且尚未办理注销登记。

①一般注销程序。办理商标移转申请需准备以下文件：企业营业执照副本复印件；登记机关出具的清算组备案通知书；清算组出具的确认商标权归属的证明文件或盖有清算组章戳的移转申请书；如清算组未刻制印章，需提交全体清算组成员签署的最新身份证复印件。

②简易注销程序。办理商标移转申请需准备以下文件：已申请简易注销的证明文件，如办理简易注销的有关网页打印件等；全体

投资人承诺书和全体投资人签署的最新身份证明文件复印件等；全体投资人签署的确定商标权归属的书面证明文件。

③破产程序。办理商标移转申请，由人民法院受理破产申请并指定公司管理人，由管理人作为转让方办理移转业务，需准备以下文件：法院的破产裁定书；法院决定书，即法院指定谁是管理人的决定，该决定要有"管理和处分债务人财产"的文字，未明确公司管理人的需提交破产管理负责人的相关文件；管理人在相关申请书上签字或盖章；债权人委员会或人民法院的书面同意文件。由法院判决或裁定执行的注册商标移转，法院向商标注册部门送达协助执行通知书，买受方可凭借法院出具的裁定书等自行办理转让业务。买受方为自然人的仅提交最新身份证复印件即可，不用提交证明其经营资质的个体工商户营业执照等身份证明文件。

（2）企业法人清算结束、已完成注销登记且清算过程中已处分商标。

①一般注销程序。办理商标移转申请时需准备以下文件：登记机关出具的准予注销登记通知书；登记机关出具的清算组备案通知书；登记机关存档的注销清算报告；证明有权利继受其商标的其他文件，如当事人与清算组在清算期间签订的合同、清算报告中关于处分商标权的说明。

②简易注销程序。办理商标移转申请时需准备以下文件：已经申报简易注销的证明材料，如办理简易注销的有关网页打印件、全体股东签署的解散企业的股东会决议等；全体投资人承诺书和全体投资人签署的最新的身份证明文件复印件；全体投资人签署的确定商标权归属的书面文件；全体股东确认的清算报告，其中需载明企业无债权债务，其清算费用、职工工资、社会保险费用等已结清，无欠缴税款情况。

③破产程序。办理商标移转申请时需准备以下文件：人民法院受理破产申请和指定管理人的裁定或宣告破产的裁定；由破产管理人签署的相关申请书或管理人签署的有关转让协议；债权人委员会或人民法院确定商标权归属的书面文件。

（3）企业法人清算结束、已完成注销登记但清算过程中遗漏商标。

①一般注销程序。办理商标移转应准备以下文件：证明在清算过程中没有处分过该商标权的文件，即该商标权确属于清算遗漏资产，其中包括登记机关备案的注销登记时的清算报告，其内容应无明确该商标处分的内容；全体投资人和清算组成员签署的保证在清算期间未处分该商标权并承诺承担连带责任的声明文件；登记机关出具的已备案的全体投资人名录；全体投资人签署的确定商标权归属的书面文件；全体投资人签署的最新身份证明文件复印件。

②简易注销程序。办理商标移转应准备以下文件：确定属于清算期间遗漏资产的证明，即全体投资人在清算过程中没有处分过该商标权，该商标权确属于清算遗漏资产且愿意保证承诺承担连带责任的书面文件；登记机关出具的已备案的全体投资人名录；全体投资人签署的确定商标权归属的书面文件；全体投资人签署的最新身份证明文件复印件。

③破产程序。经破产程序清算办理注销的企业，在注销后发现有遗漏商标权的，应当根据《企业破产法》办理。《企业破产法》第一百二十三条规定：自破产程序依照本法第四十三条第四款或者第一百二十条的规定终结之日起二年内，发现破产人有应当供分配的其他财产的，债权人可以请求人民法院按照破产财产分配方案进行追加分配。办理移转申请应准备以下文件：证明在清算过程中没有处分过该商标权的文件，即该商标权确属于清算遗漏资产，其中

包括登记机关备案的注销登记时的清算报告，其内容应无明确该商标处分的内容；登记机关出具的企业核准注销文件；全体股东名录；全体股东签署的确定商标权归属的声明文件。

2.企业法人被吊销营业执照

吊销企业法人营业执照，是指企业或者商铺不符合国家法律法规的相关规定时，工商部门根据国家工商行政法律对违法企业法人作出的一种行政处罚。企业法人被吊销营业执照后应依法组织清算，办理商标移转申请时需准备以下文件：全体清算组名录和证明清算组合法成立的文件，如股东名录、股东大会决议、清算组在相关登记机关的备案文件或公告等；清算组出具的确定商标权归属的证明文件；全体清算组成员签署的身份证明文件。

3.企业经营异常

企业被列入经营异常名录的原因有：一是未按规定报送年度报告；二是未按规定履行即信息公示义务；三是公示企业信息时隐瞒真实情况、弄虚作假；四是按提供的地址无法联系企业导致失联。

企业被列入经营异常名录后办理商标移转申请需准备以下文件：备案的公司股东名录；股东会或董事会同意商标转让的书面文件决议；法定代表人签字并加盖企业公章的同意转让声明文件；法定代表人签字的最新身份证复印件。

4.企业改制

国有企业改制、集体企业改制，办理商标移转申请时需准备以下文件：国有资产管理部门或上级主管部门批复的改制文件，以明确商标权的归属；没有相关文件的应出具企业登记机关备案的登记文件，以明确商标权的归属；申请人最新的身份证明文件复印件。

如改制后新设立的企业承担原企业全部债权和债务且资产属性无变化，可办理商标变更手续。

5.企业合并兼并

普通企业吸收合并或兼并的,由吸收方办理被吸收方企业的商标移转手续;新设立合并的,由新设立企业办理所有合并方企业的商标移转手续。

在这两种情况下办理商标移转申请时需准备以下文件:相关登记机关出具的登记证明文件,如被合并或兼并企业的注销证明;证明商标权归属的合并/兼并协议等证明文件复印件。

6.个人独资企业、合伙企业注销

个人独资企业、合伙企业等出资人或设立人承担无限责任的非法人组织终止后,有证据证明其清算时遗漏商标的,办理商标移转申请时需准备以下文件:相关登记机关出具的核准注销证明;企业全体成员名录;相关投资人、合伙人或设立人提交的签署同意转让该商标的相关声明文件和身份证明文件。

7.个体工商户注销

(1)个人经营的,由个人处分其商标权,办理商标移转申请时需提交经营者证明、经营者签署的最新身份证复印件、经营者签署的同意转让其商标的书面文件。

(2)家庭经营的,由参与经营的家庭成员共同处分商标权。办理商标移转申请时需提交全体参与经营的家庭成员名录、全体经营者签署的同意转让其商标的书面文件、全体家庭成员签署的最新身份证复印件。

需要注意的是,商标注册人名义为个体工商户营业执照名义,且已在登记机关核准注销的,无法直接变更为自然人名义,必须办理移转申请。

8.自然人死亡

自然人已死亡的,在办理商标移转申请时需准备以下文件:

相关政府机关、医院等出具的该自然人死亡证明；所在单位、居委会、村委会等出具的继承人名单证明；唯一继承人确认证明，如公证处出具的继承公证书或者其他证明有继承权的相关文件等；唯一继承人签署的最新身份证复印件。

需要注意的是，继承人仅需提交最新的身份证复印件即可，不用提交其个体工商户营业执照等主体资格证明文件。继承人已经死亡的，代位继承人或转继承人可参照上述内容提供材料。继受商标不得未经继承人直接转给第三方。

9.事业单位法人登记证书注销

事业单位法人登记证书注销的，其商标权处分可参照企业法人完成注销后的商标处理方式。

135 在哪些情况下不能办理商标转让/移转？

（1）含有地名的商标办理转让/移转的，受让方为该地区以外的其他所有人，且使用该商标的商品与该商标所包括的地名具备紧密联系，易使公众对商品的产地、来源产生误认，容易导致相关公众或一般消费者混淆。

（2）含有企业名称全称、部分名称或简称的商标办理转让/移转的，受让方如果投入市场使用，容易导致相关公众或一般消费者混淆。

（3）已注册商标办理转让/移转的，与之完全相同或高度近似的注册申请的商标已核准注册却未一并提交转让/移转申请，则容易导致消费者混淆。

（4）受让方为代理机构或涉及知识产权业务的企业或其他组织的，违反《商标法实施条例》第八十七条规定：商标代理机构申请注册或者受让其代理服务以外的其他商标,商标局不予受理。

(5)办理转让/移转集体商标、证明商标的,受让方应符合《集体商标、证明商标注册和管理办法》规定的主体资格和资质要求;否则不能办理。

(6)其他容易导致混淆或者其他不良影响的情形。

136 提交商标转让/移转申请后可以撤回吗?

一、可以撤回转让/移转申请的情形

转让方在办理商标转让/移转过程中,一般遇到以下情况可以撤回申请:

(1)同一个商标多次转让且受让方名义不一致。

(2)转让/移转的商标和相同/近似商标受让方名义不一致。

(3)非转让方真实意愿或第三方虚假转让/移转的商标。

(4)其他情况导致转、受让双方自愿撤回转让/移转申请。

在办理撤回转让/移转申请时,转让方可通过与受让方协商或通过司法途径明确商标权归属后,提交转让方与所有不同受让方共同签署的确认统一受让人的声明文件,或先确认统一受让人,再撤回其余转让申请。

二、撤回转让/移转申请的注意事项

转、受让双方一致同意撤回转让申请的,应向商标局提出申请,商标局收到撤回申请后,经核实该转让申请尚未被核准的,根据双方撤回申请的意愿,核准撤回申请。提交商标转让/移转撤回申请时需要特别注意以下几点:

(1)撤回转让/移转申请需由转、受让双方共同办理且双方需提交共同签署的撤回转让/移转申请书。

（2）转、受让双方提交的撤回转让/移转申请文件应当齐备、规范。

（3）双方当事人与原转让申请的双方当事人需保持一致。

（4）申请撤回转让的商标注册号和转让的商标注册号需保持一致。

（5）撤回共有商标转让的，必须经全体共有人一致同意。

（6）提出撤回商标注册申请的，不需要缴纳规费，但转让/移转申请审核过程中已经缴纳的商标规费不予退回。

（7）申请人提交撤回申请的渠道应与原转让申请渠道保持一致，若原转让申请是委托代理机构办理的，则撤回原转让申请应通过同一家代理机构办理。因此，对于通过不同代理机构办理的转让申请和撤回转让申请，商标局对原转让申请发出补正通知请其对撤回事宜予以确认，一则可以保证撤回意愿相对真实，二则可以让原转让代理机构知晓有关撤回事宜。

（8）撤回申请一经核准，原转让商标申请所有流程即告结束。

第二节
商标变更

137 企业名称和地址变更了,是否需要办理变更商标注册人名义和地址?

一、什么是商标变更

商标变更是指变更注册商标或已申请但尚未获准注册商标的申请人名义、地址或其他注册事项。如果要改变商标的文字、图形等,需重新提交商标注册申请,不可视为商标变更。

如果商标注册人未进行商标变更,极易导致其无法以最新的地址和名义接收商标局邮寄的相关法律文件,从而导致商标注册人无法及时提供相关证明,最终影响商标的正常使用。

申请变更的商标分为两类:一类是注册商标;另一类是未核准注册的商标,即处于商标注册申请流程中的商标(含驳回复审、异议、不予注册复审中的商标)。

1.注册商标变更

注册商标办理变更的,要求其商标权有效,必须符合以下条件:注册商标在注册有效期内,或者虽超出有效期但在法定期限内提交了续展申请;注册商标未被注销、撤销或宣告无效;没有其他导致商标失效的情况。

2.注册申请中的商标变更

注册申请中的商标要求其申请流程尚未结束。存在以下情况,即可认定其申请流程已经结束,该商标注册申请已经无效:不予受理决定生效；全部商品/服务项目驳回的决定已经生效；全部商品/服务项目不予注册的异议裁定已经生效；注册申请中的商标已被核准撤回。

除上述情况外，处于质押状态的商标变更申请前，需确定是否提交了质权人签署的同意变更的相关声明文件，如商标注册人以变更后最新的名义/地址签订质押合同则无需提交相关文件；处于被法院冻结状态的商标变更申请前，需确定是否提交了冻结该商标的法院签署的同意变更的相关声明文件。

二、办理商标变更的途径

申请人可通过自行办理和委托办理的方式办理商标的变更申请。[1]

138 商标变更有什么具体要求和注意事项？

申请人在办理商标变更申请时往往因文件材料不完善、申请人名下所有有效已注册商标未一并提交、商标状态未核实（如商标状态不稳定、商标无效）等情况被商标局发送补正通知书，从而导致变更申请无法获得快速审查核准。

一、文件材料的完整性

申请人提交的文件材料应包括：

（1）申请人签署的变更申请书。

（2）申请人最新的身份证明文件，如身份证复印件、营业执照副本复印件等。

（3）变更名义的需提交登记机关出具的变更证明文件复印

---

[1] 详见问题132。

件，或登录国家企业信用公示系统等打印变更证明。

（4）委托代理机构的需提交申请人签署的勾选正确事项的代理委托书。

（5）申请文件为外文的，应当附送或上传中文译本并加盖委托代理机构公章或翻译机构公章。

通过网上申请方式提交的变更申请文件应当包括以上文件（申请书除外），所有申请文件均需申请人签字或盖章，扫描成彩色PDF格式文件上传。申请人通过各审协中心或各地方商标业务受理窗口提交网申时，还应提交经申请人签字或盖章的《网上申请确认书》。

二、文件材料的规范性

（1）申请书应使用商标局官网公布的书式，按照填写说明填写并按规定使用中文，打字或者印刷，工整清晰，内容填写完整。除另有规定外，不得有缺项、漏项。

（2）申请人为自然人的，提交纸件申请时，应标注申请人身份证件号码。

（3）申请人应提交最新且有效的身份证明文件复印件。

（4）变更申请人名义的，提交的变更证明文件应由相应的登记机关出具或从登记机关网站等下载获得，如登录国家企业信用信息公示网下载；仅变更地址的，不需要出具变更证明文件。如申请人名义发生多次变更，无需逐次变更，可以通过提交一份申请直接申请变更到现名义。

（5）委托代理机构办理的，应附委托书并由委托人盖章或签字；委托书上委托人的章戳或签字应与申请书中申请人的章戳或签字一致；同时，申请书应加盖代理机构章戳并由代理人签字。

（6）国外申请人或企业变更中文名义或英文名义的，需在提交的所有变更商标的申请书中填写中文名义或英文名义。

（7）国内申请人填写其联系方式，国外申请人需指定国内接收人，地址要详细。

（8）网上申请上传的附件需清晰、完整，且无涂改痕迹。

三、文件材料的一致性

申请人提交的文件材料应具备一致性，即申请人或委托人名义与其身份证明文件、印章或签字应一致；如通过代理机构办理，申请书的代理机构名称与印章应一致，与委托书中载明的代理机构名称应一致。具体如下：

（1）每一份申请文件本身记载的内容应一致，尤其是申请人名称与印章或签字应一致。

（2）申请书中填写的申请人名称、地址应与所提交的身份证明文件记载一致。

（3）申请人或委托人名义与代理委托书中委托人名义一致。

（4）申请书中填写的商标变更情况应与代理委托书的内容或权限一致，即代理委托书中需勾选正确的事宜。

（5）申请书中填写的代理机构名称与代理委托书中记载一致。

（6）变更证明内容与申请书中填写的变更前后名义一致。

四、共有商标的特殊要求

（1）属于共有商标的，申请人应当在申请书"是否共有商标"处选择"是"；非共有商标选择"否"。

（2）共有商标申请变更申请人或注册人名义、地址，需由代表人提出申请，申请书首页"申请人名义/地址"处填写代表人的名义/地址。

（3）委托代理机构办理变更申请的，需提交所有共有人签署的勾选正确事项的代理委托书。

（4）如代表人名义、地址不变，则申请书首页中变更前名义、地址不需填写。

（5）其他名义、地址变更的共有人依次填写在申请书附页上，可再加附页并提交共有人最新的身份证明文件。未变更的，则附页中不需填写或提交共有人身份证明文件。非共有商标不需提交附页。

五、商标状态要求

申请变更的商标，若是注册商标，要求其商标权有效；若是注册申请中的商标，要求其申请流程尚未结束。[1]除上述情况外，处于质押状态的商标的变更申请需确定是否提交质权人签署的同意变更的相关声明文件，如商标注册人以变更后最新的名义/地址签订质押合同则无需提交相关文件；被法院冻结的商标的变更申请需确定是否提交冻结该商标的法院签署的同意变更相关声明文件。

六、商标一并变更的要求

需要一并变更的商标应满足以下条件：

（1）与申请变更的商标同属一个主体所有。

（2）申请变更地址的，商标档案记录的地址与申请人现地址不同。

（3）多次变更申请人名义的，每次变更名义时名下商标或申请人名下商标符合商标状态要求。

（4）同一申请人同日提交两件或者多件商标注册申请，仅申请变更其中一件或一部分。

七、其他要求

申请人为个体工商户且已在登记机关核准注销的，无法直接变

---

[1]详见问题137。

更名义为自然人,必须办理商标移转申请。如变更申请的商标原档案信息填写错误,申请人可在商标局下发补正通知书之后根据告知内容办理更正申请。

第三节 商标续展

139 什么是商标续展?

因为商标权具有时效性,所以存在商标续展这一事项。商标续展是指注册商标所有人在商标注册十年有效期满前十二个月或有效期满后六个月宽展期内依法办理一定的手续,延长其注册商标有效期的制度。每次续展注册的有效期为十年,自该商标上一届有效期满次日起计算,期满未办理续展手续的,商标注册部门依职权注销该注册商标。

提交续展申请的商标必须符合以下条件:应为有效的注册商标,未被注销、撤销或宣告无效;没有其他导致商标失效的情况。

商标处于质押或冻结状态的,不影响正常提交续展申请,且无需提交其他证明文件。

对于一标多类的注册商标,续展时允许申请人申请续展其中的部分类别。由于历史原因,导致某些商品或服务项目类别有所修改,常见的有服务项目"餐饮"原国际分类为第42类,后调整为第43类,商品"豆制品"原国际分类为第30类,后调整为第29类,申请人应按照商标局颁发的注册证上的国际分类类别填写。

140 如何提交商标续展申请?

一、商标续展的途径

申请人可通过自行办理和委托办理的方式办理商标的续展申

请。[1]

二、商标续展的具体要求和注意事项

1. 申请文件材料的完备性

申请商标续展要备齐以下材料：申请人签署的商标续展申请书；申请人最新的身份证明文件；委托代理机构的，需提交商标注册人签署的勾选正确事项的代理委托书；申请文件为外文的，应当提交委托代理机构或翻译机构签署的中文译本。

网上申请方式提交的续展申请文件应当包括以上文件（申请书除外），所有申请文件均需申请人签字或盖章，扫描成彩色PDF格式文件上传。申请人通过各审协中心或各地方商标业务受理窗口提交网申的，还应提交经申请人签字或盖章的《网上申请确认书》。

2. 申请文件材料的规范性

（1）申请书应使用商标局官网公布的书式，按照填写说明填写并按规定使用中文，打字或者印刷，工整清晰，内容填写完整。除另有规定外，不得有缺项、漏项。

（2）申请人为自然人的，提交纸件申请时，应标注申请人身份证件号码。

（3）申请人应提交最新且有效的身份证明文件复印件。

（4）委托代理机构办理的，应附委托书并由委托人盖章或签字；委托书上委托人的章戳或签字应与申请书中申请人的章戳或签字一致；同时，申请书应加盖代理机构章戳并由代理人签字。

（5）网上申请上传的附件需清晰、完整，且无涂改痕迹。

3. 申请文件材料的一致性

申请人提交的文件材料应具备一致性，即申请人或委托人名义

---

[1] 详见问题132。

与其身份证明文件、印章或签字应一致；如通过代理机构办理，申请书的代理机构名称与印章应一致，与委托书中载明的代理机构名称应一致。具体如下：

（1）申请文件本身记载的内容应一致，尤其是申请人名称与印章或签字应一致。

（2）申请书中填写的申请人名称、地址应与所提交的身份证明文件记载一致。

（3）申请人或委托人名义与代理委托书中申请人或委托人名义一致。

（4）申请书中填写的商标续展情况应与代理委托书的内容或权限一致，即代理委托书中需勾选正确的事项。

（5）申请书中填写的代理机构名称与代理委托书中记载一致。

（6）申请人提交的申请书、代理委托书中的类别号与续展商标的类别号一致。

4.共有商标的特殊要求

（1）属于共有商标的，申请人应当在申请书中"是否共有商标"处选择"是"；非共有商标选择"否"。

（2）共有商标申请续展时需由代表人提出申请，申请人名义、地址填写代表人的名义、地址，并在附页填写全部共有人相关信息和全体共有人签署的同意续展该商标的申请文件、全体共有人最新的身份证明文件。

（3）委托代理机构办理续展申请的，需提交所有共有人签署的代理委托书。

5. 商标状态要求

提交续展申请的商标必须为注册商标，且商标权有效[1]。

6. 提交商标续展申请的日期要求

《商标法》第四十条第一款规定：商标注册人应当在期满前十二个月内按照规定办理续展手续；在此期间未能办理的，可以给予六个月的宽展期。

《商标法实施条例》第九条规定：当事人提交文件或材料的日期，直接递交的，以递交日为准；邮寄的，以寄出的邮戳日为准；邮戳日不清晰或者没有邮戳的，以商标局或者商标评审委员会实际收到日为准。

因此，申请人应按上述条款规定提交商标续展申请。如提交续展申请日期超过宽展期，申请人需提交证明该续展申请在续展期内的相关文件。例如在新冠肺炎疫情期间，申请人可依照国家知识产权局发布的《关于专利、商标、集成电路布图设计受疫情影响相关期限事项公告（第350号）》提交相关证明文件。

7. 其他要求

（1）涉及商标注册人变更名义的，需以变更后名义办理续展，同时提交变更名义申请，待变更申请核准后，再行核准续展申请。

（2）如商标原注册人已死亡或主体资格终止，需先办理移转申请，然后以继受方名义办理续展申请。

（3）办理续展申请时该续展商标办理了全部商品/服务项目注销的，要求申请人提交相关申请文件，以便确定其真实意愿。

---

[1] 详见问题139。

141 商标续展与相同商标重新申请注册有什么区别？

随着注册商标的不断增多，越来越多的商标即将进入续展期，商标所有人往往面临"进行商标续展还是重新申请注册一个相同商标"的问题。

一、商标续展和重新申请注册商标的区别

（1）审查周期不同。商标续展申请是为了延续商标的使用期限，其申请程序较为简单，只需审查商标状态是否符合续展要求、身份证明文件是否存续、申请文件是否规范，不需要进行商标可否注册的实质审查，因而审查周期短。网上办理续展申请的，正常情况下一个月内即可拿到续展证明；重新申请注册一个相同商标与申请商标注册程序一致，需经历形式审查、实质审查、初审公告、注册公告等一系列程序，即使现在审查期限缩短，一般情形下，申请人取得商标注册证仍需七个月。

（2）成本不同。商标续展申请规费高于商标申请注册规费。

（3）风险不同。商标续展时，只需审查商标状态是否符合续展要求、身份证明文件是否存续、申请文件是否规范，审核通过率很高；重新申请商标注册的，应当根据现行《商标法》和《商标法实施条例》规定审查，并且存在他人较早或者同日提出相同或者近似商标申请注册的风险，仍面临初步审定公告后被他人提出异议的风险，故重新申请商标有不能注册的风险。

二、商标续展的优点

商标是企业的无形资产，其价值会随着企业的发展不断提高，其知名度在很大程度上依赖于广告宣传和使用年限等，商标续展就是对其商誉的延续。例如，大家耳熟能详的"同仁堂""老凤祥"等就是通过一年又一年不断推广使用而逐渐成为百年老字号驰名商

标的。又如大家熟知的含有"中华"的牙膏商标、含有"北京"的香烟商标等，根据现行《商标法》规定是无法重新注册成功的，只能通过续展的方式来延续商标权。

商标到期后，商标局不会主动告知商标所有人进行续展。商标到期未续展的，商标局将注销该注册商标。

【案例141-1】广东甲食品公司因企业发展需要，并购了当地一酒厂A，该酒厂A具有多年历史，其名下"小飞鸽及图"商标在当地酒类产品中享有较高知名度，广受当地民众欢迎。战略整合后，甲食品公司开始进行酒类生产，为延续品牌，一直沿用酒厂A的原商标、外包装设计。甲食品公司由于内部管理疏漏，在原"小飞鸽及图"商标期满后未及时续展。随后，邻近地区的乙食品公司在酒类商品上申请注册了几近完全相同的"小飞鸽及图"商标。因为原"小飞鸽及图"商标期满未续展已被注销，新注册申请商标没有在先权利障碍，乙食品公司申请的商标最终得以注册，乙食品公司即用此商标进行酒类产品生产销售。经对比两家所生产的成品酒，其酒瓶外观、产品外包装设计高度雷同。此情况直接导致甲食品公司的营业额直线下降，不仅带来数千万元的直接经济损失，而且使得品牌口碑和信誉度大打折扣。后来，甲食品公司采取了补救措施，向商标局提出无效宣告申请，申请宣告乙食品公司后注册的"小飞鸽及图"商标无效。经过举证维权，两年后，乙食品公司注册的争议商标最终被宣告无效。

综上，商标到期未续展，极有可能导致企业遭受严重经济损失，即使企业不准备续展商标而采用重新提交商标申请注册的方式，也要考虑原注册商标的有效期限，确保重新注册的商标被驳回后，对原注册商标还能及时办理续展申请。

第四节
商标注销

142 商标注册后又不想要了应该怎么办？

一、什么是商标注销

商标原注册人如果想放弃商标权，可办理注销商标申请。注销商标是指商标局将已注册商标全部或部分注销的法律程序，商标被注销就意味着该商标权的消亡。

二、商标注销的情形

（1）商标所有人主动提交的注销申请。商标所有人主动提交的注销申请分为全部注销和部分商品/服务项目注销。其中，前者为商标注册人主动放弃全部商标专用权的行为；后者为商标注册人申请注销商标在部分指定商品/服务项目上商标专用权的行为。

（2）注册商标有效期已满而未办理续展手续，且在宽展期限内仍未办理续展手续，由商标局依职权注销。

三、申请注销的商标状态要求

提交注销申请的商标必须为注册商标，其商标权有效，且必须符合以下条件：注册商标未被撤销或宣告无效；没有其他导致商标失效的情况。

商标处于质押或冻结状态时申请注销的，需提交质权人或法院出具的同意注销该商标或商品/服务项目的声明文件。

申请注册的商标核准注册之前，处于商标注册申请过程中，申请人对原申请的商品/服务项目需要修改的，需办理删减商品/服务项目申请。删减商品/服务项目申请仅限于对商标申请注册部分商品/服务项目的删减，全部放弃注册申请的商标可以办理撤回商标申请注册。

143 如何提交注销商标申请？

一、商标注销途径

申请人可通过自行办理和委托办理两种方式办理商标注销申请。

二、文件材料的完备性

（1）申请人签署的《商标注销申请书》。

（2）申请人签署的最新身份证明文件。

（3）委托代理机构的，需提交商标注册人签署的勾选正确事项的代理委托书。

（4）申请文件为外文的，应当提交委托代理机构或翻译机构签署的中文译本。

（5）申请人需交回商标注册证，未交回则需在申请书中说明相关情况。

网上申请方式提交的商标注销申请文件应当包括以上文件（申请书除外），所有申请文件均需申请人签字或盖章，扫描成彩色PDF格式文件上传。申请人通过各审协中心或各地方商标业务受理窗口提交网申的，还应提交经申请人签字或盖章的《网上申请确认书》（涉及处分商标权利业务用）。

三、文件材料的规范性

（1）申请书应使用商标局官网公布的书式，按照填写说明填写并按规定使用中文，打字或者印刷，工整清晰，内容填写完整。除另有规定外，不得有缺项、漏项。

（2）申请人为自然人的，提交纸件申请时，应标注申请人身份证件号码。

（3）申请人应提交能够证明其身份的有效证件复印件。

（4）委托代理机构办理的，应附委托书并由委托人盖章或签字；委托书上委托人的章戳或签字应与申请书中申请人的章戳或签字一致；申请书应加盖代理机构章戳并由代理人签字或盖章。

（5）网上申请上传的附件需清晰、完整，且无涂改痕迹。

四、文件材料的一致性

申请人提交的文件材料应具备一致性，即申请人或委托人名义与其身份证明文件、印章或签字应一致；如通过代理机构办理，申请书的代理机构名称与印章应一致，与委托书中载明的代理机构名称应一致。具体如下：

（1）申请文件本身记载的内容应一致，尤其是申请人名称与印章或签字应当一致。

（2）申请书中填写的申请人名称、地址应与所提交的身份证复印件、营业执照副本复印件等身份证明文件记载一致。

（3）申请人或委托人名义与代理委托书中委托人名义一致。

（4）申请书中填写的商标注销情况应与代理委托书的内容或权限一致，即代理委托书中需勾选正确的事项。

（5）申请书中填写的代理机构名称与代理委托书中记载一致。

（6）申请人提交的申请书中填写的注销商品/服务项目与商标注册证中的商品/服务项目一致，全部注销的可填写"全部"。

商标注册人名义已发生变更的，需以变更后名义提交注销申请书、相关登记机关出具的变更证明文件、变更后最新的身份证明文件；委托代理机构的提交申请人签署的变更后名义的代理委托书，仅变更地址的提交最新的主体资格证明即可；商标注册人已死亡或主体资格终止等情况的,提交申请人相关材料。[1]

五、共有商标的特殊要求

(1)属于共有商标的,申请人应当在申请书中"是否共有商标"处选择"是";非共有商标选择"否"。

(2)对共有商标申请注销时需由代表人提出申请,申请人名义、地址填写代表人的名义、地址,并在附页填写全部共有人相关信息和全体共有人签署的同意注销该商标或商品/服务项目的申请文件、全体共有人最新的身份证明文件。

(3)委托代理机构办理共有商标注销申请的,需提交所有共有人签署的代理委托书。

六、商标状态要求

提交注销申请的商标必须为注册商标,且商标权有效。[2]

七、提交注销申请的日期要求

商标注销是对商标专用权的终止,纸件提交的注销,申请日期以邮递寄出的日期为准;网上提交的注销,申请日期以提交之日为准。商标注销申请日期必须在商标有效期内。申请注销的商标以商标注册公告日期为准,对于商标注册公告前提交的注销申请,商标局将不予核准。

八、其他要求

提交注销申请时,如又提交了转让申请或许可申请,需提交受让人或被许可人签署的知晓同意注销该商标或商品/服务项目的书面文件。

---

[1]所需相关材料详见问题134。
[2]详见问题142。

第五节
商标使用许可

144 注册的商标可以给其他人使用吗？

一、什么是商标使用许可

商标使用许可是指商标注册人通过法定程序允许他人使用其注册商标的行为。一般来说，商标注册人可以通过签订商标使用许可合同，许可他人使用其注册商标。商标注册人许可他人使用其注册商标的，许可人应将商标使用许可报商标局进行备案，由商标局公告。商标使用许可未经备案不得对抗善意第三人。

二、商标使用许可的分类

根据注册商标使用许可合同中被许可人使用权的排他性不同，可将商标使用许可分为三种。

（1）独占使用许可。商标注册人在约定期间、地域，按约定方式，将该注册商标仅许可一个被许可人使用，商标注册人依约定也不得使用该商标。

（2）排他使用许可。商标注册人在约定期间、地域，按约定方式，将该注册商标仅许可一个被许可人使用，商标注册人依约定可以使用该商标，但不得另行许可给他人使用。

（3）普通使用许可。商标注册人在约定期间、地域，按约定方式，将该注册商标许可给他人使用，并可自行使用该商标和另行许可他人使用。

三、提交许可备案的商标状态要求

提交许可备案的商标必须符合以下条件：

（1）注册商标在注册有效期内，或者虽超出有效期但在法定期限内提交了续展申请。

（2）注册商标未被注销、撤销或宣告无效。

（3）没有其他导致商标失效的情况。

许可备案商标如处于冻结状态，许可人需提交冻结该商标的法院出具的同意许可该商标的相关声明文件；如处于质押状态，许可人需提交质权人签署的知晓并许可该商标的相关申请文件。

许可备案商标如处于撤销三年未使用、无效宣告阶段，商标局会向被许可人发出补正通知，被许可人需提交知晓并同意继续许可该商标的相关声明文件，并保证其自愿承担被撤销或无效宣告等后果。

145 如何办理商标使用许可备案？

一、商标使用许可备案的途径

商标使用许可备案由许可人提交。许可人可以自行办理，也可以委托代理机构提交许可备案。[1]

二、商标许可使用注意事项

商标是企业的无形资产，除延长商标使用年限外，许可他人使用也是扩大商标影响力的重要途径。

（1）许可人要牢牢管控商品质量。作为企业的无形资产，商标的商誉越高，其价值就越大，商标许可他人使用意味着将商标商

---

[1] 详见问题132。

誉寄附在被许可人的行为和其提供的商品上。在商标授权后，许可人应当对被许可人的产品、服务进行管控，防止被许可人降低产品、服务质量，影响商标商誉。

（2）许可人要慎重选择合作伙伴。一个好的合作伙伴对许可商标的商誉提升有事半功倍的作用。许可人在授予被许可人商标使用权之前，应对被许可人的法人资格、生产能力、管理水平、产品质量等进行考察和测试，尽量选择那些生产能力好、经营管理水平高、履约能力强的被许可人。不可因贪图许可费用而造成商标商誉的巨大损失。

（3）许可人要积极维护许可商标的商标权利。许可人有义务维护被许可人的商标使用权，如市场出现商标侵权行为，许可人需积极配合被许可人进行诉讼，保证许可商标的确定性和稳定性。

（4）许可合同中要明确法律关系，监督商标使用。许可人和被许可人在签署许可授权合同时应明确流程机制，划分责任归属，防止使用商标的商品、服务质量失控而损坏商标权利人的利益，保护消费者权益。

146 注册商标许可他人使用一定要备案吗？

根据《商标法》第四十三条、《商标法实施条例》第六十九条规定，许可人应当将其商标使用许可报商标局备案，但不是必须强制性备案。如果不备案，工商管理部门不会查处，许可人和被许可人也都不会承担相应的法律责任，也不会影响合同的生效。即便如此，很多商标所有人还是选择进行许可备案，因为许可备案会在将来起到很大的作用。

一、商标使用许可不备案可能产生的影响

许可商标不进行备案，不利于许可人监督也不被法律保护，有可能会对许可商标的价值产生影响，造成许可人自身利益的损害。

（1）商标被许可人可能会随意使用许可商标核准注册的商品/服务项目。

（2）商标被许可人不按照商标的许可期限合法使用许可商标。

（3）商标被许可人不注重许可商标的商品质量，随意使用在假冒伪劣产品上，损害商标权利人的商标品牌效益。

二、商标使用许可备案的好处

商标使用许可备案明确商标所有者和使用者的权利和义务，保障许可人和被许可人的合法权益，实现商标的合理使用和保护；同时，也便于商标局管理全国商标使用许可行为。

147 办理商标使用许可备案有什么具体要求和注意事项？

一、许可备案文件的完备性

（1）商标使用许可备案表，备案表中需注明许可期限、许可使用的商品/服务项目等。商标使用许可备案表中填写的许可使用的商品/服务项目名称应与许可商标注册证核定使用的商品/服务项目名称相同，不得超出核定使用的商品/服务项目范围。允许许可人在许可商品/服务项目后加以限定，如"服装：仅限毛衣"。

（2）许可人签署的最新身份证明文件或主体资格证明文件。

（3）被许可人最新的身份证明文件。

（4）如委托代理机构办理，需提交勾选正确事项的代理委托书。

（5）申请文件为外文的，应当提交委托代理机构或翻译机构签署的中文译本。

商标的许可期限不得超出该许可商标的有效期限，被许可人营业执照上显示的成立日期不得晚于该许可商标注册公告日期、商标许可起始日期。

采用网上申请方式提交的商标使用许可备案文件应当包括以上文件，所有申请文件均需申请人签字或盖章，扫描成彩色PDF格式文件上传。申请人通过各审协中心或各地方商标业务受理窗口提交网申的，还应提交经申请人签字或盖章的《网上申请确认书》（涉及处分商标权利业务用）。

二、许可备案文件的规范性

（1）商标使用许可备案表应使用商标局官网公布的书式，按照填写说明填写并按规定使用中文，打字或者印刷，工整清晰，内容填写完整。除另有规定外，不得有缺项、漏项。

（2）许可人和被许可人为自然人的，提交纸件申请时，应标注许可人和被许可人的身份证件号码。

（3）许可人或被许可人，应提交能够证明其身份的有效证件的复印件，许可人需在身份证明文件上签字或加盖公章。

（4）委托代理机构办理的，应附委托书并由委托人盖章或签字；委托书上委托人的章戳或签字应与申请书中许可人或被许可人的章戳或签字一致；申请书应加盖代理机构章戳并由代理人签字或盖章。

（5）网上申请上传的附件需清晰、完整，且无涂改痕迹。

三、许可备案文件的一致性

备案文件应具备一致性，即许可人、委托人与其身份证明文件、印章或签字应一致；商标使用许可备案表填写的被许可人名称、印章或签字与其身份证明文件应一致；如通过代理机构办理的，商标使用许可备案表的代理机构名称与印章应一致，与委托书载明的代理机构名称应一致。具体如下：

（1）每份文件本身记载的内容应一致，不存在矛盾冲突，尤其是商标使用许可备案表中许可人名称与印章或签字应当一致。

（2）商标使用许可备案表填写的申请人名称、地址应与所附营业执照等身份证明文件记载一致。

（3）许可人或委托人名义应与代理委托书中委托人一致。

（4）商标使用许可备案表填写的商标许可情况应与代理委托书的内容或权限一致。

（5）商标使用许可备案表填写的代理机构名称应与代理委托书中记载一致。

四、共有商标使用许可备案的特殊要求

共有商标办理使用许可备案的，需由代表人提出申请。申请人应当在商标使用许可备案表"是否共有商标"处选择"是"，并填写附页。首页上"许可人名义/地址"处填写代表人的名义/地址，其他共有人依次填写在附页上。全体注册人，即代表人及其他共有人均应在商标使用许可备案表上盖章或签字，如委托代理机构，委托书也应由全体注册人盖章或签字。

五、许可备案商标要求

提交许可备案的商标必须为注册商标，且商标权有效。[1]

六、其他要求

商标使用许可备案后，在许可期限内，许可人或被许可人的名称在登记机关发生变更的，可以凭有关变更证明文件由许可人提交变更许可人/被许可人名称备案。商标在先或同时提交了转让申

---

[1] 详见问题144。

请,或者有证据证明转让合同签署在许可合同之前或同时签署的,虽然商标权尚在许可人名下,鉴于其在先或同时处分了商标所有权,对其使用许可备案应取得受让人同意。

148 商标转让和使用许可备案有何不同?

通俗地讲,商标转让本质上是商标权利的转移,而商标使用许可备案本质上是商标使用主体的扩展。

(1)权属不同。商标转让是指商标注册人在商标有效期内依照法律程序,将商标权转让给他人的行为。转让的是商标所有权,转让后,转让人不再享有处置商标的任何权利。商标使用许可备案是指商标合法持有人通过向商标局备案允许他人使用其注册商标的行为。被许可人只享有使用商标的权利。

(2)商标要求不同。办理商标转让时相关近似或相同商标需全部一并办理,商标使用许可备案时则不用。

(3)缴费要求不同。办理商标使用许可备案所需规费与办理商标转让/移转所需规费不同。

第六节
商标权专用权质权登记

149 什么是商标专用权质押?

一、商标专用权质押

根据《中华人民共和国民法典》第四百四十条规定，以及《商标法实施条例》第七十条规定，质押是指设定质权的法律行为，质权是指质权人的权利。债务人或第三人将其动产交给债权人占用并实际控制的行为称为质押。质权人因质押而取得的权利称为质权，质权是担保物权的一种。作为担保物权的质权，其具有从属性、不可分性、物上代位性和优先受偿性的特点。商标专用权质权是指依法可以转让的注册商标专用权上设立的一种担保物权，用以作为债务的担保，当债务人不履行债务时，债权人有权依照法律规定，以该注册商标专用权折价或以拍卖、变卖该商标专用权的价款优先受偿。商标质押融资是一种相对新型的融资方式，区别于传统的以不动产作为抵押物向金融机构申请贷款的方式，指企业或个人以合法拥有的商标权中的财产权经评估或协商后作为质押物，向金融机构申请融资。商标专用权质押是商标权利人运用商标的知识产权价值，盘活商标无形资产的一种重要手段，为商标所有人提供了新的质押品和融资方式。

二、商标专用权质权登记

商标局根据《中华人民共和国民法典》第四百四十条、《商标法实施条例》第七十条规定，以及国家知识产权局第358号公告

《注册商标专用权质押登记程序规定》，对注册商标专用权质权登记申请进行审查。

三、办理商标专用权质权登记的途径

质权人和出质人可以直接到开展相关受理商标业务的窗口办理，也可到商标局委托的注册商标专用权质权登记申请受理点办理。在中国没有经常居所或者营业所的外国人或者外国企业应当委托代理机构办理。

四、办理商标专用权质权登记的商标状态

办理商标专用权质权登记的商标必须为已注册商标，且必须符合以下条件：

（1）注册商标在注册有效期内，或者虽超出有效期但在法定期限内提交了续展申请。

（2）注册商标未被注销、撤销或宣告无效。

（3）没有其他导致商标失效的情况。

150 办理商标专用权质权登记有什么具体要求和注意事项？

一、所需材料

（1）申请人（出质人、质权人双方）签字或者盖章的《商标专用权质权登记申请书》。

（2）出质人、质权人的身份证明文件复印件。

（3）主合同和注册商标专用权质权合同。

（4）直接办理的，应当提交授权委托书以及被委托人的身份证明文件。

（5）委托商标代理机构办理的，应当提交商标代理委托书。

（6）其他需要提供的材料。

上述文件为外文的，应当同时提交其中文译文，且中文译文应当由翻译单位和翻译人员签字盖章确认。

《商标专用权质权登记申请书》应使用公布的书式，打字或者印刷，内容完整，页面清晰，更正或改动处应由双方经办人签字确认，尤其涉及金额、期限等重要项目，必要时需加盖双方印章。如有附页，附页也需加盖双方印章。所有章戳应该完整清晰。

二、材料具体要求

1.《商标专用权质权登记申请书》应载明的事项

（1）质权人、出质人名称。名称应该与主体资格证明文件一致，与加盖的印章或签字一致；多个申请人的应按照顺次依次填写，填写不下可另附页；申请人为个人的，需在姓名后备注身份证件号码。

（2）质权人、出质人的地址、电话、邮编。地址应尽量详尽，省、市、县、行政区划需填写完整；电话和邮编应详细准确；填写的地址应与主体资格证明文件显示地址相同。申请人为自然人的可以填写通讯地址。

（3）代理机构名称。委托代理机构办理的应载明商标代理组织的名称并加盖章戳、签字。

（4）出质商标注册号、担保债权数额、质权登记期限。

①出质注册商标在注册有效期内；未被注销、撤销；未被人民法院查封。

②相同和近似的商标必须一并出质，可以在一份申请书上填写多个注册号码，填写不下的可另附页。

③申请书填写的出质商标注册号、担保债权数额和质权登记期限应以质权合同为依据，出质商标注册号、担保债权数额应与合同

规定一致，质权登记期限可以比照合同合理延长。质权登记期限起始日期不得早于申请日期。质权登记期限比合同规定担保债权期限短的，需要双方书面予以说明。

2. 授权委托书要求

（1）委托代理机构办理的应出具原国家工商总局公布的书式且应当载明联系人的姓名和联系电话、委托人章戳及委托事项。

（2）普通授权情况下，授权委托书由委托人出具，需加盖委托人的章戳或法定代表人签字。金融机构分支机构可以为负责人。

（3）法定代表人亲自办理的，只需在身份证复印件上标明法定代表人身份，并签字，授权委托书应为原件。

3. 主合同要求

（1）主合同一般为借款合同、担保合同、授信合同或者其他能证明和此次质权登记有关的合同依据。主合同一般要求提供原件。原件不足的，提供复印件应加盖合同双方当事人印章，或提供经公证的与原件一致的复印件。

（2）合同内容应包括借款双方或者多方名称、借款或者授信期限、金额等。

（3）相关合同条款无明显违反法律规定内容。

4. 注册商标专用权质权合同要求

（1）应为原件，无法提供原件的可提供经公证与原件一致的复印件。

（2）合同内容应包括：出质人和质权人的名称（姓名）及地址（住址）；被担保债权的种类和数额；债务人履行债务的期限；出质商标，即注册号、商标名称、类别、专用期等，或另附提交加盖双方章戳的质押物清单作为合同附件；担保的范围；质押财产交付的时间；可提交最高额质权合同。

5.双方出具的价值认可文件要求

双方签章或者法定代表人签字认可，质权合同条款已经对此作出约定的，无需另行提供。

6.可能包括的有关出质商标的内容

（1）出质人的瑕疵担保义务。出质商标为多件时，质权登记期限不应超过提交质权登记申请时专用权最先到期的商标的专用权期限；但若质权人同意，出质人保证到期续展，则需提交书面同意文件。

（2）出质商标权利状况的揭晓义务。处于撤三、无效宣告、异议及其复审中的商标，在先许可备案的商标，尚未核准注册及在公告期的商标，均需出质人作出说明，并提交质权人书面同意文件。

（3）出质商标有在先质权登记，若评估价值还有剩余，可在剩余额度内再次办理质权登记，但需由此次质权人提交其书面同意文件。

（4）为确保出质商标流转的通畅性，出质人在质押期限内重新申请的商标与此次质权登记的商标构成相同或者近似，若质押期限过长，双方需出具待新申请的商标核准注册，保证补充质权登记的书面同意文件。

（5）出质商标为已经提交转让申请的，受让人和质权人均同意其出质，则需提交其书面同意文件，并对转让申请处理方式作出约定，可以约定质权人同意转让且待核准转让后办理商标权质权重新登记，也可约定撤回相应的转让申请。

三、不予登记的情形

有下列情形之一的，商标局不予登记：

（1）出质人名称与商标局档案所记载的名称不一致，且不能提供相关证明证实其为注册商标权利人的。

（2）合同签订违反法律法规强制性规定的。

（3）商标专用权已经被撤销、注销或者有效期满未续展的。

（4）商标专用权已被人民法院查封、冻结的。

（5）其他不符合出质条件的。

四、撤销登记的情形

质权登记后，有下列情形之一的，商标局应当撤销登记：

（1）违背注册商标专用权质权合同要求之一的。

（2）质权合同无效或者被撤销。

（3）出质的注册商标因法定程序丧失专用权的。

（4）提交虚假证明文件或者以其他欺骗手段取得商标专用权质权登记的。

151 如何在广州中心快速办理质权登记？

广州商标审查协作中心（以下简称广州中心）结合商标局商标专用权质权登记服务相关工作要求，推出商标专用权质权登记"预约办、邮寄办"模式，开辟线上通道，采取"电话预约指导+电子材料预审+邮寄材料审核"的受理流程，安排专职人员提供电话预约指导、邮寄材料预审等便捷服务，还对符合条件的申请人提供快速登记绿色通道服务，帮助申请人节约办理商标专用权质权登记的时间成本和交通成本。

具体办理流程如下：

一、电话预约

通过020-83772312电话向广州中心预约，申请人向专职人员简述质押申请诉求，专职人员告知申请人应提供哪些材料。

二、发送材料

申请人可根据电话预约时专职人员告知所需的相关文件进行整理，通过gippc_scfive@gd.gov.cn电子邮箱发送文件。

三、线上预审

专职人员对申请人发来的材料进行预审，在申请人材料未签章之前确认申请材料齐备无误、无相同和近似商标，以及其他需注意事项。

四、邮寄材料或到窗口办理

申请人得到"预审通过"的信息反馈后，再通过邮寄或直接到广州中心受理窗口提交纸质材料。

五、纸件审核

专职人员在收到纸质材料后第一时间进行二次审核，审核通过的可以报商标局审签。审核不通过则需要申请人按要求修改。

六、出具证书

对审核通过的文件材料，广州中心打印商标专用权质权登记证书，通知申请人现场领取或邮寄商标专用权质权登记证书，最快可以在收到纸质材料的一个工作日内办理完成。

152 商标质押融资有什么优势？

（1）提升企业和全社会的商标运用水平，体现商标价值。商标权的特殊性使其具备有别于其他财产的特点，不像厂房、设备等有形财产那样会被自然灾害损毁。通过商标专用权质押贷款，作为无形资产的商标变成了实实在在的真金白银，凸显了商标价值；成功办理质押贷款不但体现了贷款企业本身的实力和信用，也给其他企业以很好的示范，提高了全社会的商标价值意识。

（2）扩展融资渠道，解决融资难问题。商标专用权质押融资提供了新的质押品和融资方式，可以有效减少企业互保风险。对于中小企业，尤其对于高科技企业、农业和涉农企业，厂房和土地往往采用租赁方式，可供融资的抵押品少，资金需要难以满足。对于需要扩大再生产的企业而言，商标专用权质押贷款扩展了融资渠道，有效解决了融资难问题。

（3）商标专用权质押贷款也为金融机构开展金融创新提供了新的平台和手段。作为一种创新金融产品，商标专用权质押贷款对推动金融机构转变传统的重实物资产抵押的信贷思维模式，提高服务经济能力，发展自身业务，培育利润增长点，培育稳固的长期客户提供了新的平台和手段。

（4）促进信用体系建设。商标是企业多年经营积累商誉的载体，是企业的"命根子"，很多企业，特别是拥有驰名商标、著名商标的企业，即使不要厂房也不能不要商标，这将促使企业诚实守信按期还贷。商标专用权质押贷款工作的开展有助于社会各界关注企业信用，从而促进整个社会信用体系建设。

第九章
商标使用注意事项

一件商标注册成功以后，并不意味着一劳永逸，在使用商标的过程中仍然有很多需要注意的地方。实际上，一些企业在生产经营活动中，存在使用商标较为随意、不够规范等问题，轻则可能导致商标权丧失，重则要承担法律责任，受到有关部门的处罚。所以，商标的使用同样需要重视，不可掉以轻心。

153 什么是商标的使用？

商标的使用，是指将商标用于商品、商品包装或者容器以及商品交易文书上，或者将商标用于广告宣传、展览以及其他商业活动中，用于识别商品来源的行为。

一、商标使用的要件

商标的使用一般需满足以下要件：

（1）商标使用人是商标权利人或经权利人授权的人。

（2）商标使用在指定或核定使用的商品或服务上。

（3）规范使用商标标志。

（4）商标使用地点在中国境内，包括在中国境内从事商品的生产、加工、销售或提供的相关服务。

（5）使用应为公开、真实、合法的商业性使用。

二、商标使用的表现形式

1.商标使用在指定商品上的具体表现形式

（1）采取直接贴附、刻印、烙印或者编织等方式将商标附着在商品、商品包装、容器、标签上，或者使用在商品附加标牌、产品说明书、介绍手册、价目表上。

（2）商标使用在与商品销售有联系的交易文书上，包括使用在商品销售合同、发票、票据、收据、商品进出口检验检疫证明、报关单据、电子商务经营的交易单据或者交易记录上。

（3）商标使用在广播、电视、互联网等媒体上，或者在公开发行的出版物中发布，以及以广告牌、邮寄广告或者其他广告方式为商标或者使用商标的商品进行的广告宣传。

（4）商标在展览会、博览会上使用，包括但不限于在展会印刷品及其他资料、工牌、指示牌和背景牌等处用于指示商品和服务来源。

（5）商标使用体现在国家机关、检测或鉴定机构及行业组织出具的法律文书、证明文书上。

（6）其他符合法律规定的商标使用形式。

2.商标使用在指定服务上的具体表现形式

（1）商标直接使用于服务场所，包括使用于服务的介绍手册、服务场所招牌、店堂装饰、工作人员服饰、招贴、菜单、价目表、奖券、办公文具、信笺以及其他与指定服务相关的用品上。

（2）商标使用于和服务有联系的文件资料上，如发票、汇款单据、提供服务协议、维修维护证明、电子商务经营的交易单据或者交易记录等。

（3）商标使用在广播、电视、互联网等媒体上，或者在公开发行的出版物中发布，以及以广告牌、邮寄广告或者其他广告方式为商标或者使用商标的服务进行的广告宣传。

（4）商标在展览会、博览会上使用，包括但不限于在展会印刷品及其他资料、工牌、指示牌和背景牌等处用于指示商品和服务来源。

（5）商标使用体现在国家机关、检测或鉴定机构及行业组织出具的法律文书、证明文书上。

（6）其他符合法律规定的商标使用形式。

154 商标注册后应如何正确使用？

自然人或企业获得商标专用权，是为了投入生产经营，商标获得注册是一个起点，注册商标的目的是使用，只有遵守商标使用管理的各项规定,才能使商标专用权获得有效保护,也可避免因为使用不当或管理不善而丧失商标专用权。

一、如何正确使用商标

商标的使用不是随意为之,不受限制的,在使用时应该注意:

(1)不得随意改变商标图样。注册商标的专用权以核准注册的商标为限,而不以实际使用的商标为准。也就是说,使用的商标标志应当与核准注册的商标标志图样一样,只能按比例放大或缩小,不得自行改变商标的文字、图形和颜色。当然,如果申请人在使用注册商标时改变了商标图样,如将组合商标分开使用、变化字体等,则不享有注册商标专用权,使用时也不能标注"注册商标"字样或注册标记㊟或®。

(2)不得随意改变商标颜色。如果商标申请时是黑白色,在使用时可以使用彩色;但如果商标是以彩色申请的,则使用时不能更改颜色。

(3)注册标记使用应规范。注册标记使用应合法,使用时应在核准注册的商标右上角或右下角标注注册标记㊟或®,未核准注册的文字或标识上不得标明注册标记。

(4)使用范围应与核定使用的范围一致。注册商标的专用权以核定使用的商品或服务为限;注册商标如需在超出核准使用的商品或服务上使用,必须另行提出注册申请;如果使用在他人相同或近似商标已核定的商品或服务上,会有商标侵权的法律风险。

二、商标管理的注意事项

商标管理是一项专业、系统的工作,关系到企业自身的信誉和经济效益,企业应提高商标管理及保护意识,学习和了解商标法律法规的内容和规定,制定相应的商标管理制度,对商标进行全方位的保护。

（1）应使用商标并保留使用证据。根据《商标法》第四十九条规定，注册商标没有正当理由连续三年不使用的，任何单位或者个人可以向商标局申请撤销该注册商标。因此，商标获准注册后应使用并注意保存使用证据，以防被撤销。

（2）注意专用权保护期，及时办理续展。注册商标的有效期为十年，有效期满若需继续使用的，应当在期满前十二个月内办理续展手续；在此期间未能办理的，可以给予六个月宽展期。宽展期满未办理续展手续的，注册商标将被注销。

（3）若企业信息有变更，应及时提交变更。企业（或自然人）变更注册人名义、地址或其他注册事项的，应当及时向商标局提出注册商标变更申请，并将其全部注册商标一并变更，以免因未收到相关法律文书，商标被驳回或撤销。

（4）若商标发生转让，应及时提交转让申请。企业因经营需要转让注册商标时，转让人与受让人应当签订协议并共同向商标局提出转让申请，并且应将其在相同或类似商品或服务上注册的相同或近似商标一并转让。

（5）将商标许可他人使用，应向商标局备案。商标注册人可以通过签订商标使用许可合同，许可他人使用其注册商标。许可他人使用注册商标，最好将使用许可报商标局备案。

（6）注重商标监测，加强维权保护。企业应对商标进行监测，一是定期查看确认商标状态，是否存在被他人提出撤销或无效宣告等情况；二是查找是否存在他人侵权情形，商标注册人可在商标初审公告中寻找是否有与自己注册商标相同或近似的商标，及时发现可能模仿或"山寨"自己已注册商标的行为，并在其异议期内尽快提出异议，保护自己的商标专用权，维护企业品牌形象。

155 哪些情形属于不规范使用商标，不规范使用商标有什么后果？

规范、有效地使用商标，不断提供高质量的商品或服务，可以积累商誉，树立良好商业形象，从而创造商标价值与产品的高附加值，给商标使用人带来长远的经济效益。而不规范使用注册商标的行为，除了容易误导消费者，还可能导致商标侵权等违法、犯罪行为，损害公共利益，破坏市场经济秩序，给商标使用人带来不必要的麻烦与损失。

注册商标的不规范使用主要有以下几种情形。

一、未在注册商标核定使用范围内使用

商标所有人对注册商标的权利范围限于其商标注册证上记载的商品或服务。商标所有人应在其商标注册证核准的商品或服务上使用注册商标，超出权利边界则可能有侵犯他人注册商标专用权的风险。同时，在核定使用范围外使用注册商标，不构成对该商标的真实、有效使用，不利于"撤销三年不使用"等程序中提供有效使用证据。而且，超出注册商标核定使用的商品或者服务范围，且标明"注册商标"或者标准注册标记Ⓡ或®的使用，属于《商标法》第五十二条规定的冒充注册商标的违法行为。商标注册人如需在核定使用范围之外的其他商品或服务上取得专用权，需要向商标局另行提出注册申请。

二、使用过程中自行改变注册商标和商标注册事项

1.自行改变注册商标

自行改变注册商标，通常指商标注册人擅自对注册商标的构成要素，如商标中的文字、图形、字母、数字、三维标志、颜色组合、声音等要素，作出局部改动或者变换相对位置，影响对该注册

商标的认知或者识别，但仍标明"注册商标"或者标准注册标记㊟或®。商标注册人自行改变注册商标，与他人在同一种或者类似商品或者服务上的注册商标相同或近似，容易导致混淆的，构成商标侵权行为。如果商标注册人改变注册商标的显著特征后，仍标明"注册商标"或者标注注册标记㊟或®进行使用的，构成冒充注册商标的违法行为。

2.自行改变商标注册事项

（1）自行改变注册人名义事项。通常表现为，商标注册人使用注册商标的过程中，其名义（姓名或者名称）发生变化后，未依法向商标局提出变更申请。

（2）自行改变注册人地址事项。通常表现为商标注册人实际地址与商标注册证上记载的地址不一致，或者商标注册人在其地址发生变化后，未依法向商标局提出变更申请。

（3）自行改变其他注册事项。除商标注册人名义、地址之外的其他注册事项发生变化后，商标注册人未依法向商标局提出变更申请。

商标注册人在使用注册商标的过程中，自行改变注册商标、注册人名义、地址或者其他注册事项的，属于违反《商标法》第四十九条规定的行为，由负责商标执法的部门责令限期改正；期满不改正的，负责商标执法的部门逐级报告国家知识产权局，由国家知识产权局按照规定程序依法处理，存在撤销商标的可能性。

三、组合使用多件注册商标

组合使用多件注册商标有侵权违法风险。商标使用人组合使用其多件注册商标，与他人在同一种商品或者服务上的注册商标相同，或者与他人在同一种或类似商品或者服务上的注册商标近似，容易导致混淆的，构成商标法规定的商标侵权行为。另外，商标使用人将其两件以上注册商标组合使用,且标注注册标记,但未按照其注册商标分别逐一进行标注的,可能构成冒充注册商标的违法行为。

四、使用中标注"驰名商标"字样

生产经营者不得将"驰名商标"字样用于商品、商品包装或者容器上,或者用于广告宣传、展览以及其他商业活动中,即使该标志是已经认定的驰名商标。在商业活动中使用"驰名商标"字样的,由相关地方市场监督管理部门责令改正,并处以10万元罚款。

五、注册商标无效后,仍标明"注册商标"或者标注注册标记进行使用

商标使用人在其注册商标被撤销、宣告无效、因期满未续展被注销或者申请注销被核准后,继续标明"注册商标"或者标注注册标记注或®的,构成冒充注册商标的违法行为,但是其商品在注册商标失效前已进入流通领域的除外。

156 生产经营活动中如何保存商标使用的证据?

商标的使用伴随着商标从"无"到"有",伴随着企业生产经营活动。企业在使用商标时往往忽视留存证据,而这些证据在注册申请环节和商标侵权纠纷中起到至关重要的作用。例如,与他人商标同日申请需通过提供使用证据判定商标优先申请权,商标标志本身缺乏显著特征时申请人可通过提供经长期使用取得显著性的证据举证获得商标专用权,撤销或宣告无效等纠纷中需提供使用证据举证维权。商标的使用证据往往决定能否取得专用权或专用权是否丢失,为避免因拿不出有效使用证据而遭受经济损失,企业或个人应学习相关知识并从现在起正确使用商标和保存使用证据。有效的商

标使用证据能证明商标权利人是否真实、公开、合法地在商业上使用商标，使用证据应满足"三性"，即合法性、真实性、关联性。

（1）留存原件证据材料。生产经营活动中使用商标时，应养成留档保存证据材料原件的习惯，商标使用要求具有真实性，原件证据材料是证明真实性的较有力证据，因此收集留存原件证据材料很重要。

（2）证据形式合法。证据不仅要求内容真实，还要求形式上符合法律规定，如销售合同、款项收据、出货单、入库单等证据材料，应加盖相关单位公章，以证明其合法性。

（3）确保证据完整性、准确性和有效性。证据应能够体现商品或服务的商标、商标的使用人、使用时间等要素。例如在开具发票、出货单、款项收据等票据时，应把商标名称、商品名称等信息填写准确、完整，不能仅填写商品名称，不填写商标名称，或填写不准确、不全面，甚至开具与商标权人无关的发票等。

（4）取证注意形成完整证据链。使用证据能够形成一个完整的证据链，可以同时证明商标使用人、使用时间、商标标识、使用商品几个要素。仅能证明单一要素的证据因关联性不足，难以证明存在商标法意义上的商标使用。例如，仅有商品买卖合同，但无其他出货单、发票等证据可以证明合同履行，那么该合同是不被认可的使用证据。应当在保存买卖合同的同时，保存与合同内容一致的出货单、发票等票据，各证据之间能够相互印证，形成完整证据链，这样才是有效的使用证据。

（5）注意不被视为商标法意义上的商标使用情形，避免无效保存证据。不被视为商标法意义上的商标使用情形包括：商标注册信息的公布或者商标注册人关于对其注册商标享有专用权的声明；未在公开的商业领域使用；仅作为赠品使用；仅有转让或许可行为而没有实际使用；仅以维持商标注册为目的的象征性使用等。

157 使用未注册商标有什么注意事项？

除法规强制要求烟草制品须使用注册商标外，在其他商品或服务项目上是可以使用未注册商标的，但这种行为存在一定的风险。一方面，使用者自身利益不受保护，因为未经注册的商标不具有商标专用权，法律保护受到限制，一旦被他人抢注，会产生一系列维权困难等问题；另一方面，容易产生侵犯他人商标专用权的风险。

【案例157-1】北京某酒业公司的展馆在展销标志为"瀘牌老窖二曲酒"的商品，与泸州老窖股份有限公司（以下简称泸州老窖公司）所拥有的"泸州老窖二曲酒"注册商标高度近似。经调查发现，"瀘牌老窖二曲酒"的制造商为保定市某酒类公司，由泸县某酒业公司出品，北京某酒业公司进行展销。泸州老窖公司以商标侵权和不正当竞争为由向四川自由贸易试验区人民法院提起诉讼，请求赔偿损失30万元。

法院审理认为，"瀘牌老窖二曲酒"与泸州老窖公司所持有的第159425号等四件商标高度近似，容易导致混淆，构成侵犯注册商标专用权；同时，此种高度近似情况也足以使消费者认为该商品与"泸州老窖二曲酒"存在特定联系，构成不正当竞争。最终法院判决，保定市某酒类公司、泸县某酒业公司停止生产该款酒，并承担10万元赔偿责任；北京某酒业公司承担5万元赔偿责任；以上三家公司公开刊登声明消除影响。

案例中的三家公司未遵守法律及商业道德，恶意模仿、攀附他人已注册商标，不仅要承担赔偿责任，还要刊登声明，可谓是"赔了夫人又折兵"。

使用未注册商标时应注意以下几点：

（1）未注册商标不得冒充注册商标。未注册商标冒充注册商标欺骗了公众，扰乱了商标注册管理秩序，将受到市场监管部门依法处理。例如，未注册商标标注"注册商标"字样或注册标记㊟或®；将注册商标改变成另一个商标却仍标注为注册商标；将两个或两个以上注册商标组合使用，却只使用一个注册标志，使公众以为是一个注册商标等行为。

（2）未注册商标不得侵犯他人注册商标专用权。我国实行注册保护原则，未注册商标只能受到有限保护。未注册商标与他人注册商标相同、近似，且在相同或类似商品或服务上使用的，如果在他人注册商标的申请日之前已经善意使用，且有一定影响力的，可以在原有范围内继续使用，但要附加区别标志，使公众不至于混淆。如果不是上述情形，则会侵犯他人的注册商标专用权。

（3）未注册商标不得违反《商标法》第十条规定的不得作为商标使用的情形。例如不得将与我国的国家名称、国旗、国徽、国歌、军歌、勋章等相同或近似的标志作为商标使用。使用的未注册商标若违反《商标法》第十条规定，由地方市场监督管理部门予以制止，限期改正，并可根据违法经营额进行罚款。

158 商标注册下来或取得商标专用权后，不使用这个商标可以吗？

商标代表企业的形象，是企业的无形资产，可以随着企业的发展而增值，企业也可以通过商标的广泛宣传使用而提升知名度，企业与商标的关系是紧密相连的。回归到商标的本质，商标的功能是区分商品或服务来源，商标的价值是在市场上使用，将商标投入市场使用是最为实际、最有效用的实现其价值的途径。商标只有通过使用被公众和消费者广泛熟知，提高品牌及企业的知名度，其价值才能体现且获得提升，这才是商标注册的意义。

大多数申请人申请注册商标是为了生产经营需要。然而我国商标申请注册的现状是，商标申请量虚高不下，商标使用率较低，闲置商标占相当大比例。造成这一现象的原因主要是恶意抢注现象屡禁不止，企业为了防止自己的品牌被抢注、商标被侵权，会防御性申请商标。所以我们常会看到企业"山寨"自己商标的新闻报道，如"大白兔"商标申请人申请"大灰兔""大黑兔"商标，"老干妈"商标申请人申请"老干爹"商标等。这种企业为保护品牌的无奈之举，一方面反映企业的商标保护意识在增强，另一方面也反映我国现阶段恶意注册商标情况严重。

我国《商标法》未对获准注册的商标是否必须使用作出规定，也就是说，获得商标专用权后，商标权利人可以使用也可以不使用该商标。但是，商标获准注册后，并不意味着商标的专用权绝对稳定，企业在商标获得注册后因"未使用"而被撤销的案例比比皆是。

不管是出于非恶意的申请注册、防御性申请注册，还是恶意囤积商标，商标获准注册后不使用可能面临被撤销、无效或受到行政处罚的风险。

1. 商标被撤销

《商标法》第四十九条第二款规定：注册商标成为其核定使用的商品的通用名称或者没有正当理由连续三年不使用的，任何单位或者个人可以向商标局申请撤销该注册商标。商标局应当自收到申请之日起九个月内做出决定。根据此规定，任何单位或个人都可以连续三年不使用为由向商标局提出撤销申请，而提出撤销的申请人不需提供证明材料，但该注册商标权利人在撤三答辩时需提供商标的使用证明材料,若未能提供有效使用证据,则该商标予以撤销的可能性极大。

2.构成恶意抢注、囤积商标行为

申请人即使在先获准注册大量商标,但如果长期不使用,后续仍继续申请商标,当申请人名下商标达到较大数量,又无法提供合理使用证据证明申请行为的合理性时,其申请行为可能会被判定为构成恶意抢注、囤积商标行为。

2019年《商标法》进行修改,其中对《商标法》第四条第一款增加了"不以使用为目的的恶意商标注册申请,应当予以驳回"的规定,商标审查环节将该项纳入禁用性审查的范围。在商标申请注册实质审查时,商标局对申请人的商标申请情况进行审查,从商标申请总量、以往申请注册情况、当下申请数量及申请商标类型等方面综合考量,判断该申请人的申请行为是否涉嫌恶意抢注或囤积商标。对于涉嫌恶意注册或囤积商标行为的,商标局发出审查意见书,要求申请人对申请商标作出合理解释,提供足以证明申请注册的商标以使用为目的且无恶意,再根据申请人提供的证据材料作出是否构成恶意申请的审查决定。

《商标法》第四条第一款被同步引入《商标法》第三十三条、第四十四条,作为商标异议或者无效宣告事由。任何单位或个人可以《商标法》第四条"不以使用为目的的恶意商标注册申请"为由向商标局提出异议或请求宣告商标无效,当事人答辩时需提交能够证明其商标申请行为是以使用为目的且非恶意的相关材料,若当事人未能提供注册商标的使用证据或足以证明其申请行为合理性的证据,则该商标不予初步审定或予以宣告无效的可能性会较大。

3.面临行政处罚

一旦商标局认定申请人的申请注册行为构成"不以使用为目

的的恶意商标注册申请",就会依法作出驳回决定并对外公布,市场监督管理部门可基于商标局的驳回决定,对恶意申请商标注册的行为依法立案查处,并根据情节严重程度给予警告、罚款等行政处罚。

大量不使用的商标存在于市场,会扰乱市场经济秩序和商标管理秩序,破坏营商环境。商标申请量虚高不下,可作为商标注册的资源越来越少,这无疑增加了在后申请商标的注册难度,给真正有生产经营需要的企业加大阻碍,增加商标获得的成本,加重企业经营负担。因此,商标应当回归其本质,以使用为目的,通过使用发挥其价值。

159 已使用的商标被他人注册了,只能放弃使用吗?

我国商标的注册原则其中之一是以申请在先为原则,所以为了保障自己的权益不受侵害,申请人在使用商标前应当向商标局提交商标注册申请,但如果已在使用的商标被他人注册,也不表示以后不可以继续使用。

【案例159-1】A公司的商标"小红花"从2001年起一直被使用在服装、鞋袜等商品上,已在市场上有一定知名度,但并未获得注册;B公司于2021年2月成功注册"小红花"商标,指定使用在服装等商品上。B公司认为A公司侵犯了其注册商标"小红花"的专用权,责令其停止使用该商标;A公司表示"小红花"商标一直是自己在使用,B公司涉嫌恶意抢注,对此情况A公司表示会坚决维护自己的合法权益。

A公司与B公司在相同或类似商品上产生冲突,通常情况下,A公司未得到B公司授权继续使用"小红花"商标在服装、鞋袜等商品上会涉嫌侵犯B公司"小红花"商标的商标专用权。但根据我国《商标法》第五十九条第三款规定，商标注册人申请商标注册前，他人已经在同一种商品或者类似商品上先于商标注册人使用与注册商标相同或者近似并有一定影响的商标的，注册商标专用权人无权禁止该使用人在原使用范围内继续使用该商标，但可以要求其附加适当区别标识。也就是说，A公司可以将"小红花"商标继续使用在服装、鞋袜等原本使用的商品上，但不能扩大其使用范围。

那么，A公司如果想维护自己的商标归属权，可以根据"小红花"商标的商标状态去决定如何应对。如果争议商标已进入初步审定公告期，A公司可以根据《商标法》第三十三条规定，就其所拥有的使用证据向商标局提出异议；如果被抢注商标已经核准注册且未满5年，A公司可以根据《商标法》第四十五条规定向商标局提出无效宣告申请。

生产经营者应提高商标品牌意识，及时将一直在使用的商标办理注册申请，获得商标专用权和法律保护，以免陷入商标维权纠纷。

160 商标的标记®与TM是什么意思？

一、商标的注册标记

®由英文单词"Registered"（译为"已注册"）的首字母而来，为商标的注册标记。若某商标附着注册标记，则表示该商标已根据法律获得商标专用权，注册标记宣示着该商标为已注册商标，而商标标注使用®的前提条件也应是该商标为已注册商标。

在我国，注册标记包括®与㊉。商标注册人可对其已注册的商标使用"注册商标"字样，或者标准注册标记㊉或®，来表示其商标已注册,受我国商标法保护。一般而言,商标注册人在商标上附着使用注册标记时可突出显示其商标,引起公众留意并关注其商标,同时向不特定第三方无声宣告商标权利,提醒警示第三方避免商标侵权。在我国,商标注册人使用其注册商标,有权在商品、商品包装、说明书或者其他附着物上标明"注册商标",或者注册标记®或㊟,一般标注在商标的右上角或者右下角。

TM为英文单词"TradeMark"(译为"商标")的缩写。使用"TM"不需要以"商标应为已注册商标"为前提条件,"TM"不像®一样表示该标志为受法律保护的注册商标。商标附着"TM",并不能体现该标志的法律权利状态。"TM"通常用来表示使用者将该标志作为商标使用,希望公众可以通过该标志识别商品或服务的提供者。对已注册商标或未注册商标均可以使用"TM"进行标注 "TM"的使用人甚至无需以提出商标注册申请为前提。

二、注册标记不当使用的后果

对于未注册、无效或已注销的商标,不能附着使用®,使用®则事实上错误地表示该标志为注册商标,但是可以使用"TM"表示该标志此处是作为商标识别的。

在我国,对未注册、无效或已注销的商标标注®属于冒充注册商标的行为,根据《商标法》第五十二条,由地方市场监督管理部门予以制止,限期改正并根据违法情况处以相应的罚款。这种非注册状态的商标错误标注®的行为,还有可能同时侵犯他人的注册商标专用权,对此,负责商标执法的部门将依照《商标法》第六十二条第二款规定查处,涉嫌犯罪的将移交司法机关处理。

附 录

附录1

本书涉及的主要法律法规、政策文献和参考材料

《中华人民共和国商标法》（2019年修订版）

《中华人民共和国民法典》（2020年）

《中华人民共和国行政复议法》（2017年修订版）

《中华人民共和国行政诉讼法》（2017年修订版）

《中华人民共和国英雄烈士保护法》（2018年）

《中华人民共和国药品管理法》（2019年）

《中华人民共和国企业破产法》（2006年）

《中华人民共和国商标法实施条例》（2021年修订版）

《宗教事务条例》（2017修订版）

《企业名称登记管理规定》（2020年修订版）

《规范商标申请注册行为若干规定》（2019年）

《驰名商标认定和保护规定》（2014年）

《集体商标、证明商标注册和管理办法》（2003年）

《地理标志专用标志使用管理办法（试行）》（第354号公告）

《外国（地区）企业在中国境内从事生产经营活动登记管理办法》（2020年修订版）

《地理标志集体商标使用管理规则》

《最高人民法院关于审理商标授权确权行政案件若干问题的规定》（2017年）

《国家知识产权局商标局关于调整商标注册证发放方式的公告（第453号）》（2021年）

《国家知识产权局、国家市场监督管理总局关于进一步加强地理标志保护的指导意见》（国知发保字〔2021〕11号）

国家知识产权局关于《注册商标专用权质权登记程序规定》的公告（第358号）

《商标审查审理指南》（2021年发布）

《商标注册用商品和服务国际分类表》

《类似商品和服务区分表——基于尼斯分类第十一版》

附录2

商标局及京外设立的商标审查协作中心信息表[1]

序号	商标局及京外设立的商标审查协作中心	地址	对外电话
1	国家知识产权局商标局注册大厅	北京市西城区茶马南街1号	010-63218500
2	商标局驻中关村国家自主创新示范区办事处	北京市海淀区苏州街36号北京市场监督管理局二层205办公室	/
3	广州商标审查协作中心	广州市越秀区流花路117号流花展贸中心12号、14号馆	020-83772305
4	上海商标审查协作中心	上海市徐汇区漕宝路650号1号楼	021-23521800-0
5	重庆商标审查协作中心	重庆市江北区五简路9号质检大厦	023-65854191/65854187
6	济南商标审查协作中心	济南市市中区历阳大街6号银丰大厦南侧一楼	0531-89700542/89700547/89700548
7	郑州商标审查协作中心	郑州市郑东新区平安大道永和龙子湖广场B座32层	0371-88905315/88905323

---

[1] 信息来源：国家知识产权局商标局官网，截至2022年3月。

附录3

国家知识产权局综合业务、商标业务受理窗口信息表[1]

省份	序号	窗口名称	地址	对外电话
北京	1	国家知识产权局北京业务受理窗口	北京市海淀区北四环西路66号中国技术交易大厦A座二层	010-82612006
	2	国家知识产权局商标业务北京朝阳受理窗口	北京市朝阳区霄云路霄云里1号	010-84681512
	3	国家知识产权局商标业务丰台受理窗口	北京市丰台区南苑路7号丰台区政务服务中心	010-63458090
	4	国家知识产权局商标业务石景山受理窗口	北京市石景山区实兴大街64号一层大厅	010-88796120
	5	国家知识产权局商标业务通州受理窗口	北京市通州区新华东街11号院1号楼一层商标受理窗口	010-60532520
	6	国家知识产权局商标业务顺义受理窗口	北京市顺义区复兴东街3号院北京市顺义区政务服务大厅一层B区	010-81460375
	7	国家知识产权局商标业务昌平受理窗口	北京市昌平区鼓楼南大街31号昌平区市场监督管理局一层大厅	010-69743319
	8	国家知识产权局商标业务大兴受理窗口	北京市大兴区金星路18号政务商事税务大厅	010-81299552

---

[1] 信息来源：国家知识产权局商标局官网，截至2022年3月。

续表

省份	序号	窗口名称	地址	对外电话
北京	9	国家知识产权局商标业务怀柔受理窗口	北京市怀柔区雁栖经济开发区雁栖大街53号科学城政务服务中心	010-60684940
	10	国家知识产权局商标业务平谷受理窗口	北京市平谷区林荫北街13号信息大厦2层	010-89985049
	11	国家知识产权局商标业务密云受理窗口	北京市密云区新东路285号密云区政务服务大厅一层商标窗口	010-69065282
	12	国家知识产权局商标业务延庆受理窗口	北京市延庆区庆园街60号政务服务管理局二楼	010-69140544
	13	国家知识产权局商标业务北京经济技术开发区受理窗口	北京经济技术开发区荣华中路10号亦城国际中心1层	010-87162375
天津	1	国家知识产权局天津业务受理窗口	天津市华苑产业园区华天道6号海泰信息广场G座一层	022-23039867 022-23039891
	2	国家知识产权局商标业务天津滨海新区受理窗口	天津市滨海新区洞庭北路融汇商务园六区1号楼	022-66387907
	3	国家知识产权局商标业务天津和平受理窗口	天津市和平区贵阳路147号	022-85611525
	4	国家知识产权局商标业务天津南开受理窗口	天津市南开区青年路245号增1号市场监督管理局416室	022-87726106
	5	国家知识产权局商标业务天津北辰受理窗口	天津市北辰区果园南道5号（北辰区市场监督管理局内）	022-26913968

续表

省份	序号	窗口名称	地址	对外电话
天津	6	国家知识产权局商标业务天津宝坻受理窗口	天津市宝坻区潮阳大道与开元路交口（宝坻区市场监督管理局414室）	022-82660200
	7	国家知识产权局商标业务天津静海受理窗口	天津市静海经济开发区金海道1号政务服务中心	022-68608623 022-28943843
	8	国家知识产权局商标业务天津自贸区受理窗口	天津市空港经济西三道166号天津港保税区管理委员会商事经贸大厅35号、36号窗口	022-84907948 022-24896040
河北	1	国家知识产权局河北业务受理窗口	河北省石家庄市体育南大街316号	0311-81588844
	2	国家知识产权局商标业务石家庄受理窗口	河北省石家庄市南二环西路8号石家庄市市场监督管理局（西院）	0311-85983900
	3	国家知识产权局商标业务唐山受理窗口	河北省唐山市路南区市民服务中心A区5号门7号窗口（商标注册）	0315-2806351
	4	国家知识产权局商标业务邯郸受理窗口	河北省邯郸市经济开发区联通南路8号一楼大厅	0310-8066170
	5	国家知识产权局商标业务正定自贸区受理窗口	河北省石家庄市正定县正定新区综合商务中心B区1037室	0311-88760026
	6	国家知识产权局商标业务白沟新城受理窗口	河北省保定市白沟新城团结路186号	0312-2897803
山西	1	国家知识产权局山西业务受理窗口	山西省太原市小店区坞城南路50号山西省政务服务中心一层	0351-7731781

续表

省份	序号	窗口名称	地址	对外电话
山西	2	国家知识产权局商标业务太原受理窗口	山西省太原市万柏林区南屯路1号太原市为民服务中心D41号	0351-7230170
	3	国家知识产权局商标业务大同受理窗口	山西省大同市政务大厅三楼	0352-7982028
	4	国家知识产权局商标业务晋中受理窗口	山西省晋中市行政审批服务局政务大厅	0354-3969757
	5	国家知识产权局商标业务阳泉受理窗口	山西省阳泉市郊区李荫路50号阳泉市行政审批服务管理局政务大厅	0353-2013045
	6	国家知识产权局商标业务长治受理窗口	山西省长治市政务大厅二楼D15	0355-2052168
	7	国家知识产权局商标业务运城受理窗口	山西省运城市盐湖区红旗东街324号市政务服务中心三楼	0359-2059206
内蒙古	1	国家知识产权局内蒙古业务受理窗口	内蒙古自治区呼和浩特市赛罕区昭乌达路70号内蒙古科技大厦11楼1100室	0471-5203375
	2	国家知识产权局商标业务呼和浩特受理窗口	内蒙古自治区呼和浩特市赛罕区敕勒川大街6号两级政务服务中心一楼E区	0471-5332378
	3	国家知识产权局商标业务包头受理窗口	内蒙古自治区包头市政务服务大厅（建华南路与纬五路交叉口东南150米）	0472-6862149
	4	国家知识产权局商标业务赤峰受理窗口	内蒙古自治区赤峰市松山区临潢大街25号赤峰市政务服务中心	0476-8334678 0476-8838207

续表

省份	序号	窗口名称	地址	对外电话
内蒙古	5	国家知识产权局商标业务乌兰察布受理窗口	内蒙古自治区乌兰察布市集宁区乌兰察布市政务服务中心一楼	0474-8249251
内蒙古	6	国家知识产权局商标业务鄂尔多斯受理窗口	内蒙古自治区鄂尔多斯市伊金霍洛旗CBD兴泰商务广场T1—T2裙房政务服务中心4楼E404	0477-8582298
辽宁	1	国家知识产权局辽宁业务受理窗口	辽宁省沈阳市皇姑区崇山中路55号	024-86913165
辽宁	2	国家知识产权局商标业务沈阳受理窗口	辽宁省沈阳市沈河区市府大路260号	024-83961720
辽宁	3	国家知识产权局商标业务大连受理窗口	辽宁省大连市甘井子区东北北路101号公共行政服务中心B区	0411-65850198
辽宁	4	国家知识产权局商标业务鞍山受理窗口	辽宁省鞍山市铁东区胜利南路1号鞍山市市场监督管理局	0412-2206153
辽宁	5	国家知识产权局商标业务丹东受理窗口	辽宁省丹东市振兴区爱河大街121-1丹东市公共行政服务中心	0415-2178100
辽宁	6	国家知识产权局商标业务锦州受理窗口	辽宁省锦州市太和区市府路2号市公共行政服务中心一楼8号窗口	0416-2601812
辽宁	7	国家知识产权局商标业务营口受理窗口	辽宁省营口市西市区民生路28号市民服务中心2楼市场局窗口	0417-2666418
辽宁	8	国家知识产权局商标业务辽宁朝阳受理窗口	辽宁省朝阳市双塔区新华路二段2号辽宁省朝阳市市场监督管理局	0421-96315-2411

续表

省份	序号	窗口名称	地址	对外电话
辽宁	9	国家知识产权局商标业务盘锦受理窗口	辽宁省盘锦市兴隆台区石油大街270号行政服务中心三楼	0427-6693922
	10	国家知识产权局商标业务沈抚新区受理窗口	辽宁省沈抚新区滨河路银科大厦E座（沈抚新区政务服务中心商标受理窗口）	024-58065032
	11	国家知识产权局商标业务沈阳自贸区受理窗口	辽宁省沈阳市浑南区全运路109号沈阳创新天地H座二层浑南会客厅	024-83777430
	12	国家知识产权局商标业务大连高新区受理窗口	辽宁省大连高新技术产业园区高新街1号行政服务中心	0411-84790903
	13	国家知识产权局商标业务大连金普新区受理窗口	辽宁省大连经济技术开发区辽河东路9号	0411-39271005
吉林	1	国家知识产权局吉林业务受理窗口	吉林省长春市人民大街9999号吉林省人民政府政务大厅	0431-82752768
	2	国家知识产权局商标业务长春受理窗口	吉林省长春市绿园区景阳大路1199号	0431-88500889
	3	国家知识产权局商标业务吉林市受理窗口	吉林省吉林市船营区解放西路16号吉林市市场监督管理局1号窗口	
	4	国家知识产权局商标业务四平受理窗口	吉林省四平市铁西区英雄大街2177号四平市政务大厅	0434-6022962
	5	国家知识产权局商标业务辽源受理窗口	吉林省辽源市龙山区龙山大街130号辽源市政务大厅	0437-6099148

续表

省份	序号	窗口名称	地址	对外电话
吉林	6	国家知识产权局商标业务通化受理窗口	吉林省通化市东昌区滨江东路2488号	0435-5110720
吉林	7	国家知识产权局商标业务白山受理窗口	吉林省白山市浑江区新华路159号白山市市场监督管理局9楼	0439-3216226
吉林	8	国家知识产权局商标业务松原受理窗口	吉林省松原市宁江区东镇东路3518号松原市政务大厅	0438-6822321
吉林	9	国家知识产权局商标业务延边受理窗口	吉林省延吉市长白山西路8229号	0433-8198077
黑龙江	1	国家知识产权局黑龙江业务受理窗口	黑龙江省哈尔滨市松北区创新三路600号科技大厦八楼	0451-51920503
黑龙江	2	国家知识产权局商标业务哈尔滨受理窗口	黑龙江省哈尔滨市南岗区中山路181号市民大厦二楼	0451-87153017
黑龙江	3	国家知识产权局商标业务齐齐哈尔受理窗口	黑龙江省齐齐哈尔市建华区新明大街29号市政务服务中心商标受理窗口	0452-2799218
黑龙江	4	国家知识产权局商标业务牡丹江受理窗口	黑龙江省牡丹江市东安区卧龙街6号（牡丹江市行政服务中心）	0453-6449818
黑龙江	5	国家知识产权局商标业务佳木斯受理窗口	黑龙江省佳木斯市政府8号楼市政务服务中心三楼	0454-8605321
黑龙江	6	国家知识产权局商标业务大庆受理窗口	黑龙江省大庆市萨尔图区政西街2号大庆市行政服务中心	0459-6158277

省份	序号	窗口名称	地址	对外电话
黑龙江	7	国家知识产权局商标业务鸡西受理窗口	黑龙江省鸡西市鸡冠区康新路92号政务服务大厅二楼D区73号、74号窗口	0467-2189208
	8	国家知识产权局商标业务七台河受理窗口	黑龙江省七台河市桃山区大同路45号七台河市政务审批服务中心一楼大厅	0464-8260075
	9	国家知识产权局商标业务鹤岗受理窗口	黑龙江省鹤岗市工农区北红旗路35号鹤岗市人民办事中心四楼	0468-6191307
	10	国家知识产权局商标业务黑河受理窗口	黑龙江省黑河市行政服务中心商标业务受理窗口（通江路12号）	0456-8252166
	11	国家知识产权局商标业务绥芬河受理窗口	黑龙江省绥芬河市黄河路25号绥芬河市市场监督管理局	0453-5753321
	12	国家知识产权局商标业务绥化北林受理窗口	黑龙江省绥化市北林区黄河北路369号行政审批服务中心3楼24号窗口	0455-8262809
	13	国家知识产权局商标业务伊春受理窗口	黑龙江省伊春市伊美区林都大街10号伊春市政务服务中心	0458-6167110
上海	1	国家知识产权局上海业务受理窗口	上海市浦东新区世博村路340号	021-80363300
	2	国家知识产权局商标业务黄浦受理窗口	上海市黄浦区巨鹿路139号	021-63846699
	3	国家知识产权局商标业务上海静安受理窗口	上海市静安区昌平路655号	021-52136178

续表

省份	序号	窗口名称	地址	对外电话
上海	4	国家知识产权局商标业务徐汇受理窗口	上海市徐汇区南宁路969号1号楼	021-24092222
	5	国家知识产权局商标业务上海长宁受理窗口	上海市长宁区金钟路981号	021-62122532
	6	国家知识产权局商标业务杨浦受理窗口	上海市杨浦区怀德路600号一楼2号、3号窗口	021-25031004
	7	国家知识产权局商标业务上海金山受理窗口	上海市金山区亭枫公路8342号4号楼	021-67263050
	8	国家知识产权局商标业务上海青浦受理窗口	上海市青浦区青松路162号1楼	021-33868690
	9	国家知识产权局商标业务奉贤受理窗口	上海市奉贤区金海公路6055号东方美谷18号楼三楼	021-67130323
	10	国家知识产权局商标业务上海虹桥国际中央商务区受理窗口	上海市闵行区新虹街道申虹路33号一楼北侧大厅	021-34733196
江苏	1	国家知识产权局江苏业务受理窗口	江苏省南京市汉中门大街145号江苏省政务服务中心二期二楼D区窗口	025-83238202
	2	国家知识产权局苏州业务受理窗口	江苏省苏州市姑苏区干将东路178号苏州自主创新广场2号楼302室	0512-67061881
	3	国家知识产权局商标业务南京受理窗口	江苏省南京市浦口区滨江大道292号江北新区市民中心二楼民生保障服务大厅E3、E4、E5窗口	025-58195935

续表

省份	序号	窗口名称	地址	对外电话
江苏	4	国家知识产权局商标业务无锡受理窗口	江苏省无锡市梁溪区永和路28号101室	0510-81001852
	5	国家知识产权局商标业务徐州受理窗口	江苏省徐州市经济技术开发区金龙湖科技金融广场副楼5楼徐州市知识产权保护中心	0516-87787967
	6	国家知识产权局商标业务常州受理窗口	江苏省常州市天宁区锦绣路2号常州市政务服务中心1-1号楼，3楼A13、A14窗口	0519-85588500
	7	国家知识产权局商标业务南通受理窗口	江苏省南通市濠东路15号	0513-85120302 0513-85128021
	8	国家知识产权局商标业务连云港受理窗口	江苏省连云港市海州区郁洲南路2号4楼	0518-85825986
	9	国家知识产权局商标业务淮安受理窗口	江苏省淮安市清江浦区健康西路87号	0517-89730963
	10	国家知识产权局商标业务盐城受理窗口	江苏省盐城市亭湖区解放南路138号盐城市知识产权局一楼办事大厅	0515-89029105
	11	国家知识产权局商标业务泰州受理窗口	江苏省泰州市海陵区海陵南路315号	0523-86882017
	12	国家知识产权局商标业务宿迁受理窗口	江苏省宿迁市宿城区洪泽湖路730号	0527-84359815
	13	国家知识产权局商标业务扬州受理窗口	江苏省扬州市广陵区扬州市政务服务中心市民中心2号楼1楼D区13号窗口	0514-87961608

续表

省份	序号	窗口名称	地址	对外电话
江苏	14	国家知识产权局商标业务镇江受理窗口	江苏省镇江市润州区南徐大道商务A区B座1027室	0511-80821081
浙江	1	国家知识产权局浙江业务受理窗口	浙江省杭州市滨江区丹枫路399号知识产权大厦二楼	0571-85116361
浙江	2	国家知识产权局商标业务宁波受理窗口	浙江省宁波市鄞州区和济街69号206室	0574-89189843
浙江	3	国家知识产权局商标业务温州受理窗口	浙江省温州市府东路17号（温州市知识产权服务园一楼）	0577-89660901
浙江	4	国家知识产权局商标业务湖州受理窗口	浙江省湖州市青铜路218号湖州市市场监督管理局	0572-2123725
浙江	5	国家知识产权局商标业务嘉兴受理窗口	浙江省嘉兴市南湖区亚太路522号嘉兴市知识产权保护中心	0573-82073979
浙江	6	国家知识产权局商标业务绍兴受理窗口	浙江省绍兴市越城区凤林西路216号绍兴市市场监管局1213室	0575-88611832
浙江	7	国家知识产权局商标业务金华受理窗口	浙江省金华市婺城区双龙南街858号财富大厦3楼行政服务中心市场监督管理局窗口	0579-82469200
浙江	8	国家知识产权局商标业务衢州受理窗口	浙江省衢州市柯城区花园东大道169号市行政服务中心一楼大厅A22号窗口	0570-3890928
浙江	9	国家知识产权局商标业务舟山受理窗口	浙江省舟山市新城翁山路555号市行政审批办证中心A区11号舟山商标受理窗口	0580-2290208

续表

省份	序号	窗口名称	地址	对外电话
浙江	10	国家知识产权局商标业务台州受理窗口	浙江省台州市开发大道东段788号知识产权大楼四楼服务窗口	0576-88518198
	11	国家知识产权局商标业务丽水受理窗口	浙江省丽水市丽阳街689号	0578-2127625
	12	国家知识产权局商标业务杭州高新区（滨江）受理窗口	浙江省杭州市滨江区丹枫路399号知识产权大厦2楼商标受理窗口	0571-89838547
	13	国家知识产权局商标业务义乌受理窗口	浙江省义乌市银海路399号国际贸易服务中心二楼义乌市知识产权维权中心	0579-85531980
安徽	1	国家知识产权局安徽业务受理窗口	安徽省合肥市马鞍山路509号省政务服务中心C1座合肥代办处窗口	0551-62999797
	2	国家知识产权局商标业务合肥受理窗口	安徽省合肥市东流路100号政务中心三区办事大厅	0551-63539059
	3	国家知识产权局商标业务淮北受理窗口	安徽省淮北市人民路197号淮北市政务服务中心市场监管B区	0561-3058218
	4	国家知识产权局商标业务宿州受理窗口	安徽省宿州市埇桥区埇上路与北二环路交叉口北200米（宿州市规划馆北侧）	0557-3045856
	5	国家知识产权局商标业务蚌埠受理窗口	安徽省蚌埠市高新区1599号政务服务中心二楼	0552-4125030
	6	国家知识产权局商标业务阜阳受理窗口	安徽省阜阳市颍州区三清路666号市民中心	0558-2199315

续表

省份	序号	窗口名称	地址	对外电话
安徽	7	国家知识产权局商标业务淮南受理窗口	安徽省淮南市田家庵区和风大街88号新政务中心G座2楼	0554-6660515
安徽	8	国家知识产权局商标业务滁州受理窗口	安徽省滁州市龙蟠大道99号政务服务中心一楼市监局C10窗口	0550-3215647
安徽	9	国家知识产权局商标业务六安受理窗口	安徽省六安市梅山南路与佛子岭路交叉口市政务服务中心一楼	0564-3378101
安徽	10	国家知识产权局商标业务马鞍山受理窗口	安徽省马鞍山市政府政务服务中心（马鞍山市印山东路2009号汇通大厦）	0555-8221089
安徽	11	国家知识产权局商标业务芜湖受理窗口	安徽省芜湖市政务服务中心六楼(皖江财富广场C1座六楼)	0553-2963181
安徽	12	国家知识产权局商标业务宣城受理窗口	安徽省宣城市梅园路52号政务服务中心	0563-3023356
安徽	13	国家知识产权局商标业务铜陵受理窗口	安徽省铜陵市铜官区湖东路666号市政务服务中心一楼	0562-5858129
安徽	14	国家知识产权局商标业务安庆受理窗口	安徽省安庆市宜秀区顺安路与振风大道交叉口东北侧政务服务中心一楼	0556-5349080
安徽	15	国家知识产权局商标业务黄山受理窗口	安徽省黄山市屯溪区滨江东路8号政务服务中心	0559-2330606
福建	1	国家知识产权局商标业务福州受理窗口	福建省福州市鼓楼区温泉公园路69号福州市行政服务中心一层市场监管局窗口	0591-87818639

续表

省份	序号	窗口名称	地址	对外电话
福建	2	国家知识产权局商标业务漳州受理窗口	福建省漳州市芗城区新华南路86号行政服务中心2楼	0596-2072355
	3	国家知识产权局商标业务泉州受理窗口	福建省泉州市丰泽区东海街道海星街100号东海大厦A栋1楼2号窗口	0595-22112700
	4	国家知识产权局商标业务南平受理窗口	福建省南平市武夷新区南林片区行政服务中心大楼四楼一区4102（闽北卫校旁）	0599-8849431
	5	国家知识产权局商标业务龙岩受理窗口	福建省龙岩市新罗区华莲路138号金融中心B3栋二楼2区市场监督局窗口	0597-2315677
	6	国家知识产权局商标业务平潭综合实验区受理窗口	福建省福州市平潭县金井湾大道行政服务中心62号窗口	0591-86169725
	7	国家知识产权局商标业务福州自贸区受理窗口	福建省福州市马尾区快安湖里路27号自贸区管委会	0591-28369178
江西	1	国家知识产权局江西业务受理窗口	江西省南昌市青山湖区京东大道1139号江西省市场监督管理局办证大厅	0791-86355663
	2	国家知识产权局商标业务鹰潭受理窗口	江西省鹰潭市月湖区湖西路50号鹰潭市行政服务中心一楼大厅	0701-7072967
	3	国家知识产权局商标业务赣州受理窗口	江西省赣州经济技术开发区华坚路29号管委会企业综合服务中心东楼	0797-8380505
	4	国家知识产权局商标业务宜春受理窗口	江西省宜春市宜阳新区管理委员会宜阳大厦中座一楼	0795-7201099

续表

省份	序号	窗口名称	地址	对外电话
江西	5	国家知识产权局商标业务上饶受理窗口	江西省上饶市信州区锦绣路2号上饶市行政服务中心2楼市场准入窗口	0793-8212002
	6	国家知识产权局商标业务瑞昌受理窗口	江西省瑞昌市行政服务中心三楼	0792-4200898
山东	1	国家知识产权局山东业务受理窗口	山东省济南市高新区舜华路2020号山东省知识产权公共服务平台2楼大厅	0531-88198591
	2	国家知识产权局青岛业务受理窗口	山东省青岛市崂山区银川东路9号崂山湾大厦14层	0532-66200527
	3	国家知识产权局商标业务济南受理窗口	山东省济南市历下区龙奥北路1311号8F04-2	0531-82569620
	4	国家知识产权局商标业务淄博受理窗口	山东省淄博市张店区西四路119号	0533-3188609
	5	国家知识产权局商标业务东营受理窗口	山东省东营市东城辽河路118号	0546-8333003
	6	国家知识产权局商标业务烟台受理窗口	山东省烟台市莱山区山海路117号内1号烟台总部经济基地	0535-6722596
	7	国家知识产权局商标业务潍坊受理窗口	山东省潍坊市寒亭区总部基地东区5号楼七楼	0536-7907875
	8	国家知识产权局商标业务济宁受理窗口	山东省济宁市太白湖新区圣贤路济宁市为民服务中心3楼F18号	0537-2341816
	9	国家知识产权局商标业务泰安受理窗口	山东省泰安市泰山大街337号泰安政务服务中心（泰山国际会展中心）	0538-8266636

省份	序号	窗口名称	地址	对外电话
山东	10	国家知识产权局商标业务临沂受理窗口	山东省临沂市北城新区北京路8号政务服务中心三楼	0539-8771912 0539-8771913
山东	11	国家知识产权局商标业务德州受理窗口	山东省德州经济技术开发区东方红东路6596号德州中元科技创新创业园A座3楼	0534-2228832
山东	12	国家知识产权局商标业务菏泽受理窗口	山东省菏泽市牡丹区黄河东路3443号菏泽市行政审批服务局	0530-5699807
山东	13	国家知识产权局商标业务青岛西海岸新区受理窗口	山东省青岛市黄岛区长江中路469号12楼（青岛西海岸新区人工智能大厦）	0532-85162332
山东	14	国家知识产权局商标业务滨州受理窗口	山东省滨州市开发区长江五路777号滨州渤海先进技术研究院检验检测中心一楼	0543-8160085
河南	1	国家知识产权局河南业务受理窗口	河南省郑州市花园路21号-10号	0371-65977156
河南	2	国家知识产权局商标业务郑州受理窗口	河南省郑州市二七区大学北路16号	0371-66991268
河南	3	国家知识产权局商标业务开封受理窗口	河南省开封市郑开大道三大街交汇处开封市民之家2楼B区21号窗口	0371-23857260
河南	4	国家知识产权局商标业务洛阳受理窗口	河南省洛阳市洛龙区开元大道洛阳市市民之家5楼D13窗口	0379-63963919
河南	5	国家知识产权局商标业务安阳受理窗口	河南省安阳市文峰区文峰大道东段市民之家西厅一楼13号、14号窗口	0372-5389616

续表

省份	序号	窗口名称	地址	对外电话
河南	6	国家知识产权局商标业务漯河受理窗口	河南省漯河市黄山路229号行政服务中心二楼	0395-3177026
	7	国家知识产权局商标业务三门峡受理窗口	河南省三门峡市湖滨区崤山西路20号三门峡市市场监督管理局一楼办事大厅	0398-2807989
	8	国家知识产权局商标业务南阳受理窗口	河南省南阳市宛城区南都路与汉冶路交叉口南阳市行政审批中心	0377-61387601
	9	国家知识产权局商标业务信阳受理窗口	河南省信阳市羊山新区新七大道行政审批中心二楼	0376-6369825
	10	国家知识产权局商标业务驻马店受理窗口	河南省驻马店市开源大道天中广场市民中心三楼办事大厅	0396-2610039
湖北	1	国家知识产权局湖北业务受理窗口	湖北省武汉市洪山区广八路8号	027-87641839
	2	国家知识产权局商标业务武汉受理窗口	湖北省武汉市江汉区青年路267号	027-65770752
	3	国家知识产权局商标业务襄阳受理窗口	湖北省襄阳市市民服务中心一楼（襄阳市樊城区紫贞公园路1号）	0710-3757109
	4	国家知识产权局商标业务宜昌受理窗口	湖北省宜昌市高新区城东大道2号市政务服务中心4楼	0717-6340059 0717-6851455
	5	国家知识产权局商标业务黄石受理窗口	湖北省黄石市西塞山区颐阳路167号黄石市市场监督管理局	0714-6215276
	6	国家知识产权局商标业务十堰受理窗口	湖北省十堰市北京中路82号-A市民服务中心商标受理窗口	0719-8694338

续表

省份	序号	窗口名称	地址	对外电话
湖北	7	国家知识产权局商标业务荆州受理窗口	湖北省荆州市沙市区北京西路440号荆州市政务服务中心四楼市场监督管理局窗口	0716-8523818
	8	国家知识产权局商标业务荆门受理窗口	湖北省荆门市东宝区象山大道24号	0724-6701276
	9	国家知识产权局商标业务鄂州受理窗口	湖北省鄂州市古城路129号市民中心	027-60858532
	10	国家知识产权局商标业务孝感受理窗口	湖北省孝感市市民之家二楼东一区12号窗口	0712-2281567
	11	国家知识产权局商标业务黄冈受理窗口	湖北省黄冈市路口镇永安路特1号黄冈市政务服务中心二楼	0713-8123216
	12	国家知识产权局商标业务咸宁受理窗口	湖北省咸宁市咸宁大道19号6楼知识产权科	0715-8126370
	13	国家知识产权局商标业务随州受理窗口	湖北省随州市曾都区迎宾大道58号随州市市场监督管理局606室	0722-3598958
	14	国家知识产权局商标业务恩施州受理窗口	湖北省恩施州恩施市金桂大道98号恩施市民之家3楼	0718-8110979
	15	国家知识产权局商标业务仙桃受理窗口	湖北省仙桃市沔州大道特1号	0728-3335920
	16	国家知识产权局商标业务天门受理窗口	湖北省天门市陆羽大道西21号市场监督管理局知识产权保护科809	0728-5364801
	17	国家知识产权局商标业务潜江受理窗口	湖北省潜江市园林办事处章华南路28号政务服务中心一楼	0728-6955761

续表

省份	序号	窗口名称	地址	对外电话
湖北	18	国家知识产权局商标业务神农架受理窗口	湖北省神农架林区松柏镇常青路52号	0719-3332057
	19	国家知识产权局商标业务武汉自贸区受理窗口	湖北省武汉市高新大道777号光谷公共服务中心1号楼二楼D区	027-67880156
	20	国家知识产权局商标业务襄阳自贸区受理窗口	湖北省襄阳市高新区无锡路高新政务服务中心	0710-2399250
	21	国家知识产权局商标业务宜昌自贸区受理窗口	湖北省宜昌高新区发展大道55号	0717-6623815
湖南	1	国家知识产权局湖南业务受理窗口	湖南省长沙市岳麓区潇湘中路113号	0731-88856516
	2	国家知识产权局商标业务长沙受理窗口	湖南省长沙市天心区雀园路568号广告产业园1栋二层	0731-81825888
	3	国家知识产权局商标业务衡阳受理窗口	湖南省衡阳市蒸湘区西环路13号衡阳市政务中心二楼D区	0734-8969115
	4	国家知识产权局商标业务株洲受理窗口	湖南省株洲市天元区神农大道399号2楼D区2020号商标受理窗口	0731-28817431
	5	国家知识产权局商标业务湘潭受理窗口	湖南省湘潭市湖湘南路1号市民之家北栋3楼C区	0731-52817048
	6	国家知识产权局商标业务邵阳受理窗口	湖南省邵阳市北塔区龙山路邵阳市市场监督管理局	0739-5356071
	7	国家知识产权局商标业务岳阳受理窗口	湖南省岳阳市岳阳楼区东茅岭路347号政务服务中心大厅一楼19号窗口	0730-8882187

续表

省份	序号	窗口名称	地址	对外电话
湖南	8	国家知识产权局商标业务常德受理窗口	湖南省常德市朗州北路市民之家一楼D区	0736-7258416
	9	国家知识产权局商标业务张家界受理窗口	湖南省张家界市永定区永定大道市政务中心大楼3楼	0744-8280258
	10	国家知识产权局商标业务益阳受理窗口	湖南省益阳市高新区迎宾路555号市民服务中心一楼B厅综合服务专区B03	0737-4390361
	11	国家知识产权局商标业务郴州受理窗口	湖南省郴州市苏仙区白露塘镇高新区管委会高科大楼一楼	0735-2651610
	12	国家知识产权局商标业务永州受理窗口	湖南省永州市冷水滩区永州机场路口永州市政务服务中心二楼A区	0746-8361785
	13	国家知识产权局商标业务怀化受理窗口	湖南省怀化市经开区湖南怀化文化广告创意产业园B区12栋	0745-2235381
	14	国家知识产权局商标业务娄底受理窗口	湖南省娄底市娄星区湘中大道环府路勤政街36号市政务服务中心	0738-8316118
	15	国家知识产权局商标业务湘西受理窗口	湖南省湘西高新区吉凤街道高新区管委会二楼州知识产权受理事务中心	0743-8236151
广东	1	国家知识产权局广东业务受理窗口	广东省广州市天河区体育西路57号红盾大厦	020-87681948
	2	国家知识产权局商标业务深圳受理窗口	广东省深圳市福田区福中三路市民中心B区11—14窗口	0755-88127758

续表

省份	序号	窗口名称	地址	对外电话
广东	3	国家知识产权局商标业务佛山受理窗口	广东省佛山市禅城区季华西路131号2号楼B4栋1楼	0757-82212330
	4	国家知识产权局商标业务东莞受理窗口	广东省东莞市南城街道鸿福路199号市民服务中心综合服务一区D34号窗	0769-26986685
	5	国家知识产权局商标业务中山受理窗口	广东省中山市博爱六路22号博览中心中山市行政服务中心B14、B15窗口	0760-88163186
	6	国家知识产权局商标业务江门受理窗口	广东省江门市蓬江区堤西路88号	0750-3168306
	7	国家知识产权局商标业务肇庆受理窗口	广东省肇庆市端州区信安四路8号肇庆市行政服务中心G04号窗口	0758-2786562
	8	国家知识产权局商标业务广州南沙受理窗口	广东省广州市南沙区黄阁镇凯翔路3号市场监管服务大楼1楼105	020-84985298
	9	国家知识产权局商标业务深圳前海受理窗口	广东省深圳市南山区前海深港合作区综合办公楼e站通服务中心	0755-36667915
	10	国家知识产权局商标业务珠海横琴受理窗口	广东省珠海市横琴新区宝兴路189号综合服务中心	0756-8813991
	11	国家知识产权局商标业务韶关受理窗口	广东省韶关市武江区百旺路西联镇芙蓉园韶关市行政服务中心	0751-8870962
	12	国家知识产权局商标业务惠州受理窗口	广东省惠州市惠城区三新北路31号惠州市市民服务中心1号楼	0752-2831292

续表

省份	序号	窗口名称	地址	对外电话
广东	13	国家知识产权局商标业务汕尾受理窗口	广东省汕尾市城区东涌镇品清村委会汕尾市民服务广场	0660-3380707
广东	14	国家知识产权局商标业务阳江受理窗口	广东省阳江市江城区农科路22号阳江市五金刀剪产业知识产权快速维权中心	0662-8155255
广东	15	国家知识产权局商标业务清远受理窗口	广东省清远市新城人民二路7号市政务服务中心一楼	0763-3365936
广西	1	国家知识产权局广西业务受理窗口	广西壮族自治区南宁市怡宾路6号广西政务服务中心一楼	0771-2613480 0771-5531103
广西	2	国家知识产权局商标业务南宁受理窗口	广西壮族自治区南宁市高新区滨河路28号南宁广告产业园一楼	0771-3807351
广西	3	国家知识产权局商标业务柳州受理窗口	广西壮族自治区柳州市城中区潭中东路1号	0772-2636946 0772-2636965
广西	4	国家知识产权局商标业务桂林受理窗口	广西壮族自治区桂林市政务服务中心D64号窗口	0773-2824605
广西	5	国家知识产权局商标业务梧州受理窗口	广西壮族自治区梧州市长洲区三龙大道99号红岭大厦3楼5号窗口	0774-5830506
广西	6	国家知识产权局商标业务北海受理窗口	广西壮族自治区北海市靖安路1号	0779-3966002
广西	7	国家知识产权局商标业务防城港受理窗口	广西壮族自治区防城港市港口区北部湾大道148号防城港市市场监督管理局一楼101号	0770-2880977

续表

省份	序号	窗口名称	地址	对外电话
广西	8	国家知识产权局商标业务钦州受理窗口	广西壮族自治区钦州市金海湾东大街8号政务中心	0777-2841343 0777-2558935
	9	国家知识产权局商标业务贵港受理窗口	广西壮族自治区贵港市荷城路969号院万豪景苑2楼市政务服务中心9号窗口	0775-4568740
	10	国家知识产权局商标业务玉林受理窗口	广西壮族自治区玉林市秀水北路2号	0775-2828725
	11	国家知识产权局商标业务百色受理窗口	广西壮族自治区百色市右江区进站路7号百色市市场监管局1楼大厅	0776-2981300
	12	国家知识产权局商标业务贺州受理窗口	广西壮族自治区贺州市太白西路161号三楼A区市场监管服务区	0774-5130691
	13	国家知识产权局商标业务河池受理窗口	广西壮族自治区河池市金城西路21号河池市市场监管局501室	0778-2116123
	14	国家知识产权局商标业务来宾受理窗口	广西壮族自治区来宾市红水河大道331号市政务服务中心一楼16号窗口	0772-4211315
	15	国家知识产权局商标业务崇左受理窗口	广西壮族自治区崇左市江州区石景林街道飞凤路6号崇左市市场监督管理局一楼	0771-7966315
海南	1	国家知识产权局海南业务受理窗口	海南省海口市美兰区青年路8号省知识产权局4楼408室	0898-65203056
	2	国家知识产权局商标业务海口受理窗口	海南省海口市龙华区滨海公园路1号海口市政府服务中心南一楼第一受理大厅	0898-68583510

续表

省份	序号	窗口名称	地址	对外电话
海南	3	国家知识产权局商标业务三亚受理窗口	海南省三亚市吉阳区新风街259号人民政府政务服务中心一楼29号、30号窗口	0898-38860282
海南	4	国家知识产权局商标业务儋州受理窗口	海南省儋州市那大镇怡心花园D18栋政务服务中心	0898-23336801
海南	5	国家知识产权局商标业务琼海受理窗口	海南省琼海市嘉积镇兴海北路质检大楼一楼登记大厅	0898-62920106
重庆	1	国家知识产权局重庆业务受理窗口	重庆市江北区五简路9号重庆市知识产权局大楼一楼大厅	023-67606650
重庆	2	国家知识产权局商标业务重庆江北受理窗口	重庆市江北区金港新区16号1232办公室	023-67737255
四川	1	国家知识产权局四川业务受理窗口	四川省成都市高新区天府五街200号菁蓉汇7号楼5层四川省知识产权公共服务平台	028-86058600
四川	2	国家知识产权局商标业务成都受理窗口	四川省成都市天府新区天府大道南段1632号政务服务中心	028-69000891
四川	3	国家知识产权局商标业务泸州受理窗口	四川省泸州市龙马潭区临港大道2段10号1栋2楼	0830-8912560
四川	4	国家知识产权局商标业务德阳受理窗口	四川省德阳市松花江北路8号政务中心四楼	0838-2561036
四川	5	国家知识产权局商标业务绵阳受理窗口	四川省绵阳科创区创新中心2期4号楼一楼大厅	0816-2198731
四川	6	国家知识产权局商标业务南充受理窗口	四川省南充市顺庆区涪江路19号政务服务中心二楼	0817-2233820

续表

省份	序号	窗口名称	地址	对外电话
四川	7	国家知识产权局商标业务达州受理窗口	四川省达州市通川区凤西街道白庙社区号达州市政务服务中心2楼C区115—116窗口	028-2180035
四川	8	国家知识产权局商标业务巴中受理窗口	四川省巴中市巴州区兴文经开区通州大道红星路70号巴中市政务服务中心	0827-5267275
四川	9	国家知识产权局商标业务雅安受理窗口	四川省雅安市雨城区雅州大道456号市政务服务和大数据局	0835-2228996
四川	10	国家知识产权局商标业务青白江自贸区受理窗口	四川省成都市青白江区香岛大道8号现代物流大厦B区青白江片区政务服务中心二楼	028-83308339
四川	11	国家知识产权局商标业务宜宾受理窗口	四川省宜宾市三江新区洗马池六号楼	0831-2226068
四川	12	国家知识产权局商标业务广安受理窗口	四川省广安市广安区会展街9号二楼	0826-2332500
四川	13	国家知识产权局商标业务眉山受理窗口	四川省眉山市东坡区苏源路400号眉山市市民服务中心	028-38185202
贵州	1	国家知识产权局贵州业务受理窗口	贵州省贵阳市云岩区中华北路242号省政府大院5号楼408室	0851-86827209 0851-86865005
贵州	2	国家知识产权局商标业务贵阳受理窗口	贵州省贵阳市观山湖区林城东路市级行政中心服务大厅	0851-87987718
贵州	3	国家知识产权局商标业务遵义受理窗口	贵州省遵义市汇川区珠海路12号遵义市市场监督管理局遵义商标受理窗口	0851-28676077

省份	序号	窗口名称	地址	对外电话
贵州	4	国家知识产权局商标业务六盘水受理窗口	贵州省六盘水市钟山区明湖路428号六盘水市人民政府政务服务大厅	0858-6807245
	5	国家知识产权局商标业务安顺受理窗口	贵州省安顺市西秀区黄果树大街50号(安顺市政务服务大厅)	0851-32280005
	6	国家知识产权局商标业务毕节受理窗口	贵州省毕节市七星关区文博路88号毕节市人民政府政务服务中心25—29号窗口	0857-8330002
	7	国家知识产权局商标业务铜仁受理窗口	贵州省铜仁市东太大道新华北路124号附88号	0856-5200550
	8	国家知识产权局商标业务黔东南受理窗口	贵州省凯里市凯开大道畅达国际广场市民之家三楼B区州市场监管局	0855-8221447
	9	国家知识产权局商标业务黔南受理窗口	贵州省黔南州都匀市民族路35号黔南州政务大厅	0854-8238506
	10	国家知识产权局商标业务黔西南受理窗口	贵州省黔西南州兴义市黔西南州人民政府政务大厅一楼A区4号窗口	0859-3611002
云南	1	国家知识产权局云南业务受理窗口	云南省昆明市日新东路376号云南省市场监督管理局附楼1楼服务大厅	0871-64568947
	2	国家知识产权局商标业务昆明受理窗口	云南省昆明市学府路690号昆明国家广告产业园18号平台A座一楼107室	0871-65395926 0871-65395826
	3	国家知识产权局商标业务昭通受理窗口	云南省昭通市昭阳区太平街道办事处锁营路285号"市民之家"大厅一楼	0870-2833882 0870-2223630

续表

省份	序号	窗口名称	地址	对外电话
云南	4	国家知识产权局商标业务曲靖受理窗口	云南省曲靖市三江大道曲靖市市场监督管理局二办公区	0874-3133354
	5	国家知识产权局商标业务玉溪受理窗口	云南省玉溪市红塔区迎春街34号玉溪市市场监督管理局第二办公区玉溪商标受理窗口	0877-2014844
	6	国家知识产权局商标业务保山受理窗口	云南省保山市隆阳区兰城路永昌传媒中心2号楼A座3楼A区保山市市场监管局窗口	0875-2169552
	7	国家知识产权局商标业务普洱受理窗口	云南省普洱市思茅区石龙路5号普洱市政务服务中心市市场监督管理局窗口	0879-2122796
	8	国家知识产权局商标业务大理州受理窗口	云南省大理白族自治州大理市大理州政务服务中心二楼大理州市场监督管理局工作窗口	0872-2367672
	9	国家知识产权局商标业务德宏州受理窗口	云南省德宏州芒市文蚌街15-1号中缅友谊馆一楼德宏州政务服务中心A1区	0692-2272726
	10	国家知识产权局商标业务临沧受理窗口	云南省临沧市临翔区沧江北路1号政务服务中心一楼大厅临沧市市场监督管理局窗口	0883-2122664
西藏	1	国家知识产权局西藏业务受理窗口	西藏自治区拉萨市宇拓路28号西藏自治区市场监督管理局北楼313室办公室	0891-6848897
陕西	1	国家知识产权局陕西业务受理窗口	陕西省西安市碑林区南二环西段69号西安创新设计中心一层102室	029-88315036 029-81870498

续表

省份	序号	窗口名称	地址	对外电话
陕西	2	国家知识产权局商标业务西安受理窗口	陕西省西安市锦业路都市之门高新区政务服务大厅二楼57号窗口	029-88855824
	3	国家知识产权局商标业务宝鸡受理窗口	陕西省宝鸡市渭滨区西凤路1号大院东楼一楼大厅	0917-3359853
	4	国家知识产权局商标业务铜川受理窗口	陕西省铜川市新区正阳路19号铜川市市场监督管理局办公楼101室	0919-2836011
	5	国家知识产权局商标业务渭南受理窗口	陕西省渭南市东风大街7号3楼（渭南市食品药品和知识产权服务中心）	0913-2666025
	6	国家知识产权局商标业务榆林受理窗口	陕西省榆林市榆阳区市民大厦三楼	0912-2330220
	7	国家知识产权局商标业务汉中受理窗口	陕西省汉中市汉台区滨江路中段汉中市市场监督管理局2楼	0916-2237690
	8	国家知识产权局商标业务杨凌示范区受理窗口	陕西省杨凌示范区新桥北路6号政务大厦1层政务服务中心	029-87018500
	9	国家知识产权局商标业务西咸新区受理窗口	陕西省西咸新区上林路西咸大厦西咸新区政务服务大厅1楼	029-33186806
	10	国家知识产权局商标业务渭南华州受理窗口	陕西省渭南市华州区子仪路东市场监管局二楼207室	0913-4722780
	11	国家知识产权局商标业务紫阳受理窗口	陕西省安康市紫阳县政务中心	0915-4428008

续表

省份	序号	窗口名称	地址	对外电话
甘肃	1	国家知识产权局甘肃业务受理窗口	甘肃省兰州市城关区甘南路583号甘肃省政务大厅市场监管分中心	0931-8732981
	2	国家知识产权局商标业务兰州受理窗口	甘肃省兰州市城关区庆阳路155号兰州市政务大厅1楼市场监管局窗口	0931-4818015
	3	国家知识产权局商标业务嘉峪关受理窗口	甘肃省嘉峪关市新华南路1429号	0937-6208098
	4	国家知识产权局商标业务金昌受理窗口	甘肃省金昌市金川区新华西路10号金昌市市场监督管理局1号楼208室	0935-8218936
	5	国家知识产权局商标业务酒泉受理窗口	甘肃省酒泉市肃州区富康路12号酒泉市市场监督管理局	0937-2617532
	6	国家知识产权局商标业务张掖受理窗口	甘肃省张掖市甘州区滨河新区昭武西路14号市场监督管理局	0936-8298269
	7	国家知识产权局商标业务武威受理窗口	甘肃省武威市凉州区北大街11号	0935-2210309
	8	国家知识产权局商标业务白银受理窗口	甘肃省白银市白银区南环路3号高科技产业园创业大厦市政府政务大厅3楼4号窗口	0943-8318603
	9	国家知识产权局商标业务天水受理窗口	甘肃省天水市秦州区春风路行政中心1号楼1楼	0938-8211089
	10	国家知识产权局商标业务平凉受理窗口	甘肃省平凉市崆峒区鸿远大厦4楼401窗口	0933-8296021 0933-8225006

省份	序号	窗口名称	地址	对外电话
甘肃	11	国家知识产权局商标业务庆阳受理窗口	甘肃省庆阳市西峰区朔州西路1号交警大厦707室	0934-8229595
	12	国家知识产权局商标业务定西受理窗口	甘肃省定西市安定区安定路1号政务服务大厅1楼	0932-5930337
	13	国家知识产权局商标业务陇南受理窗口	甘肃省陇南市武都区东江镇市政务服务中心1楼	0939-8263316
	14	国家知识产权局商标业务甘南受理窗口	甘肃省甘南州合作市当周街甘南州人民政府政务服务中心商事登记区甘南商标受理窗口	0941-8212304
	15	国家知识产权局商标业务临夏受理窗口	甘肃省临夏州临夏市红园路彩陶馆安置楼州政府政务中心	0930-6380923
	16	国家知识产权局商标业务兰州新区受理窗口	甘肃省兰州新区中川商务中心3号楼政务服务中心2楼商事登记综合服务大厅	0931-8256145
青海	1	国家知识产权局青海业务受理窗口	青海省西宁市西川南路53号文博大厦青海省政务服务监督管理局	0971-5115078 0971-5115610
宁夏	1	国家知识产权局宁夏业务受理窗口	宁夏回族自治区银川市兴庆区108号自治区政务大厅2楼	0951-6982790
	2	国家知识产权局商标业务吴忠受理窗口	宁夏回族自治区吴忠市利通区开元大道266号	0953-2138191
新疆	1	国家知识产权局新疆业务受理窗口	新疆维吾尔自治区乌鲁木齐市头屯河区喀纳斯湖北路455号新疆软件园G1-6楼	0991-8834868

续表

省份	序号	窗口名称	地址	对外电话
新疆	2	国家知识产权局商标业务乌鲁木齐受理窗口	新疆维吾尔自治区乌鲁木齐高新区（新市区）四平路2288号政务服务中心	0991-3678635
	3	国家知识产权局商标业务哈密受理窗口	新疆维吾尔自治区哈密市伊州区融合路2号哈密市政务服务和公共资源交易中心	0902-2257008
	4	国家知识产权局商标业务塔城地区受理窗口	新疆维吾尔自治区塔城地区塔城市迎宾路地（市）行政服务中心	0901-6689045
	5	国家知识产权局商标业务巴音郭楞受理窗口	新疆维吾尔自治区巴音郭楞蒙古自治州库尔勒市延安路州市行政服务中心	0996-2210532
	6	国家知识产权局商标业务阿克苏地区受理窗口	新疆维吾尔自治区阿克苏市创业大厦A座阿克苏地区政务服务中心3楼市场监管窗口	0997-2150813
	7	国家知识产权局商标业务喀什地区受理窗口	新疆维吾尔自治区喀什市天南路16号科技文化广场行政服务中心180号窗口	0998-2501012
	8	国家知识产权局商标业务霍尔果斯受理窗口	新疆维吾尔自治区伊犁州霍尔果斯市兰新路17号行政服务中心	0999-8797368

附录4

商标注册流程图[1]

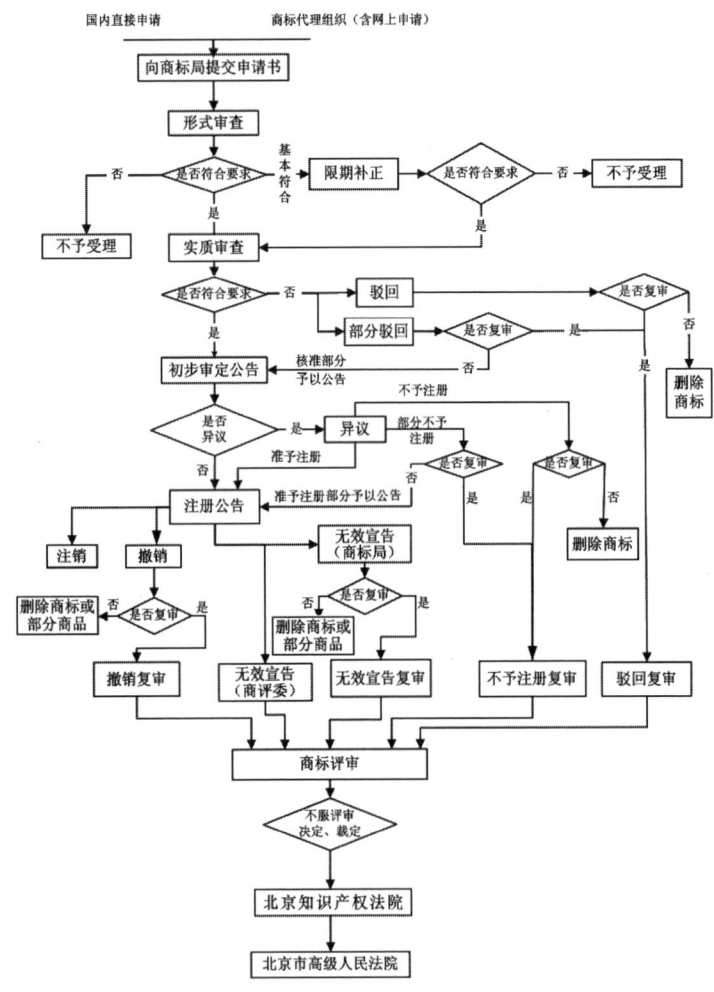

---

[1] 来源：国家知识产权局商标局官网。

附录5
商标注册申请部分书式[1]

1. 商标注册申请书

正面内容如下:

商标注册申请书

申请人名称（中文）:
　　　　　（英文）:
统一社会信用代码:
申请人国籍/地区:
申请人地址（中文）:
　　　　　（英文）:
邮政编码:
国内申请人联系地址:
邮政编码:
国内申请人电子邮箱:
联系人:　　　　　　　　　电话:
代理机构名称:
外国申请人的国内接收人:
国内接收人地址:
邮政编码:
商标申请声明: □ 集体商标　　□ 证明商标
　　　　　　　□ 以三维标志申请商标注册
　　　　　　　□ 以颜色组合申请商标注册
　　　　　　　□ 以声音标志申请商标注册
　　　　　　　□ 两个以上申请人共同申请注册同一商标

---

[1] 来源: 国家知识产权局商标局官网。

续表

要求优先权声明：□ 基于第一次申请的优先权
　　　　　　　□ 基于展会的优先权　　　优先权证
　　　　　　　□ 优先权证明文件后补
申请/展出国家/地区：
　申请/展出日期：
　　　　申请号：

申请人章戳（签字）：　　　　代理机构章戳：

　　　　　　　　　　　　　　　　代理人签字：

背面内容如下：

下框为商标图样粘贴处。图样应当不大于10cm×10cm，不小于5cm×5cm。以颜色组合或者着色图样申请商标注册的，应当提交着色图样并提交黑白稿1份；不指定颜色的，应当提交黑白图样。以三维标志申请商标注册的，应当提交能够确定三维形状的图样，提交的商标图样应当至少包含三面视图。以声音标志申请商标注册的，应当以五线谱或者简谱对申请用作商标的声音加以描述并附加文字说明；无法以五线谱或者简谱描述的，应当使用文字进行描述；商标描述与声音样本应当一致。

商标说明：

类别：
商品/服务项目：

类别：
商品/服务项目：

附页如下:

商标注册申请书(附页)

其他共同申请人名称列表:

填写说明

1. 办理商标注册申请，适用本书式。申请书应当打字或者印刷。申请人应当按照规定并使用国家公布的中文简化汉字填写，不得修改格式。

2. "申请人名称"栏：申请人应当填写身份证明文件上的名称。申请人是自然人的，应当在姓名后注明证明文件号码。外国申请人应当同时在英文栏内填写英文名称。共同申请的，应将指定的代表人填写在"申请人名称"栏，其他共同申请人名称应当填写在"商标注册申请书附页——其他共同申请人名称列表"栏。没有指定代表人的，以申请书中顺序排列的第一人为代表人。

3. "统一社会信用代码"栏：此栏供国内申请人填写其证明文件上标注的统一社会信用代码。

4. "申请人国籍/地区"栏：申请人应当如实填写，国内申请人不填写此栏。

5. "申请人地址""邮政编码"栏：申请人应当按照身份证明文件中的地址填写；身份证明文件中的地址未冠有省、市、县等行政区划的，申请人应当增加相应行政区划名称。外国申请人应当同时详细填写英文地址。符合自行办理商标申请事宜条件的外国申请人详细填写其在中国的地址。

6. "国内申请人联系地址""邮政编码"栏：国内申请人填写此栏，用于接收该商标后继商标业务的法律文件；同时，也用于自行办理的国内申请人接收本申请的各种文件。国内申请人未填写联系地址的，文件送达至申请人地址栏填写的地址。国家知识产权局文件无法送达的，通过公告方式送达。

7. "国内申请人电子邮箱""联系人""电话"栏：国内申请人填写此栏。符合自行办理商标申请事宜条件的外国申请人填写其在中国的联系方式。

8. "代理机构名称"栏：申请人委托已备案的商标代理机构代为办理商标申请事宜的，此栏填写商标代理机构名称。申请人自行办理商标申请事宜的，不填写此栏。

9."外国申请人的国内接收人""国内接收人地址""邮政编码"栏:外国申请人应当在申请书中指定国内接收人负责接收国家知识产权局后继商标业务的法律文件。国内接收人地址应当冠以省、市、县等行政区划详细填写。

10."商标申请声明"栏:申请注册集体商标、证明商标的,以三维标志、颜色组合、声音标志申请商标注册的,两个以上申请人共同申请注册同一商标的,应当在本栏声明。申请人应当按照申请内容进行选择,并附送相关文件。

11."要求优先权声明"栏:申请人依据《商标法》第二十五条要求优先权的,选择"基于第一次申请的优先权",并填写"申请/展出国家/地区""申请/展出日期""申请号"栏。申请人依据《商标法》第二十六条要求优先权的,选择"基于展会的优先权",并填写"申请/展出国家/地区""申请/展出日期"栏。申请人应当同时提交优先权证明文件(包括原件和中文译文);优先权证明文件不能同时提交的,应当选择"优先权证明文件后补",并自申请日起三个月内提交。未提出书面声明或者逾期未提交优先权证明文件的,视为未要求优先权。

12."申请人章戳(签字)"栏:申请人为法人或其他组织的,应加盖公章。申请人为自然人的,应当由本人签字。所盖章戳或者签字应当完整、清晰。

13."代理机构章戳""代理人签字"栏:代为办理申请事宜的商标代理机构应在此栏加盖公章,并由代理人签字。

14."商标图样"栏:商标图样应当粘贴在图样框内。

15."商标说明"栏:申请人应当根据实际情况填写。以三维标志、声音标志申请商标注册的,应当说明商标使用方式。以颜色组合申请商标注册的,应当提交文字说明,注明色标,并说明商标使用方式。商标为外文或者包含外文,应当说明含义。自然人将自己的肖像作为商标图样进行注册申请应当予以说明。申请人将他人肖像作为商标图样进行注册申请应当予以说明,附送肖像人的授权书。

16."类别""商品/服务项目"栏:申请人应按《类似商品和服务项目区分表》填写类别、商品/服务项目名称。商品/服务项目应按类别对应填写,每个类别的项目前应分别标明顺序号。类别和商品/服务项目填写不下的,可按本申请书的格式填写在附页上。全部类别和项目填写完毕后应当注明"截止"字样。

17."商标注册申请书附页——其他共同申请人名称列表"栏：此栏填写其他共同申请人名称，外国申请人应当同时填写中文名称和英文名称。并在空白处按顺序加盖申请人章戳或由申请人本人签字。

18.收费标准：一个类别受理商标注册费300元人民币（限定本类10个商品/服务项目，本类中每超过1个另加收30元人民币）。受理集体商标注册费1500元人民币。受理证明商标注册费1500元人民币。

19.申请事宜并请详细阅读中国商标网（http://sbj.cnipa.gov.cn/）相关栏目。

2. 网申确认书

样式一：

网上申请确认书
（一般商标业务用）

　　我单位（我）通过＿＿＿＿＿＿＿＿商标受理窗口办理商标申请，已对电子申请文件予以确认，并承担相应法律责任。

申请人章戳（签名）

年　月　日

样式二：

网上申请确认书
（涉及处分商标权利业务用）

  我单位（我）通过 _____ 商标受理窗口办理第 _____ 号商标的下列申请（请在□内打√）：
  □注销
  □删减商品或服务项目
  □许可使用备案
  □转让申请
  □撤回申请
  我单位（我）已对上述申请的电子申请文件予以确认，并承担相应法律责任。

申请人章戳（签名）

年 月 日

附录6
商标后续业务部分书式[1]
1. 变更商标代理人/文件接收人申请书

变更商标代理人/文件接收人申请书

申请人名称（中文）：
　　　　　（英文）：
统一社会信用代码：
申请人地址（中文）：
　　　　　（英文）：
邮政编码：
国内申请人联系地址：
邮政编码：
国内申请人电子邮箱：
联系人：
电话：
代理机构名称：
是否共有商标：　　□是　　□否
商标申请号/注册号：（可填写多个申请号/注册号，填写不下的另填附页）
　①　　②　　③　　④　　⑤
变更后代理机构名称：
变更后文件接收人名称：
变更后文件接收人地址：
邮政编码：
申请人章戳（签字）：　　代理机构章戳：

　　　　　　　　　　　　代理人签字：

---

[1] 来源：国家知识产权局商标局官网。

变更商标代理人/文件接收人申请书
（附页——商标申请号/注册号）

商标申请号/注册号：（可填写多个申请号/注册号，请接续首页继续标注序号）

  ⑥ ⑦ ⑧ ⑨ ⑩

申请人章戳（签字）：

变更商标代理人/文件接收人申请书
（附页——其他共有人）

其他共有人

1.名称（中文）：
　（英文）：

（章戳/签字）

2.名称（中文）：
　（英文）：

（章戳/签字）

填写说明

1.办理变更商标注册申请人的代理机构或者变更外国人/外国企业指定的国内接收人,适用本书式。申请书应当打字或印刷。申请人应当按照规定并使用国家公布的中文简化汉字填写,不得修改格式。

2."申请人名称"栏:申请人应当填写身份证明文件上的名称。申请人是自然人的,应当在姓名后注明证明文件号码。外国申请人应当同时在英文栏内填写英文名称,国内申请人无需填写英文名称。共有商标应将指定的代表人填写在"申请人名称"栏,其他共有人名称应当填写在附页。

3."统一社会信用代码"栏:此栏供国内申请人填写其证明文件上标注的统一社会信用代码。

4."申请人地址""邮政编码"栏:申请人应当按照身份证明文件中的地址填写;身份证明文件中的地址未冠有省、市、县等行政区划的,申请人应当增加相应行政区划名称。外国申请人应当同时详细填写英文地址。符合自行办理商标申请事宜条件的外国申请人详细填写其在中国的地址。

5."国内申请人联系地址""邮政编码"栏:自行办理的国内申请人在此栏填写联系地址,国家知识产权局关于本申请的各种文件将送达至该地址;申请人未填写联系地址的,文件送达至申请人地址栏填写的地址。国家知识产权局文件无法送达的,通过公告方式送达。

6."国内申请人电子邮箱""联系人""电话"栏:国内申请人填写此栏。符合自行办理商标申请事宜条件的外国申请人填写其在中国的联系方式。

7."代理机构名称"栏:申请人委托已备案的商标代理机构代为办理商标变更申请事宜的,此栏填写商标代理机构名称。申请人自行办理商标申请事宜的,不填写此栏。

8."是否共有商标"栏:属于共有商标的,应当选择"是";非共有商标选择"否"。申请书首页的申请人名称/地址/联系地址填写代表人的名称/地址/联系地址,其他共有人依次填写在申请书附页上。

9."商标申请号/注册号"栏:一份申请书可以填写同一申请人名下的

多个商标申请号/注册号。填写多个商标申请号/注册号的，应在商标申请号/注册号前标注序号。共有商标的全部共有成员相同的，方可视为同一申请人。

10."变更后代理机构名称"栏：商标注册申请过程中需要变更代理机构的，此栏填写申请人指定的变更后的代理机构名称，变更后的代理机构应为已备案的代理机构。通常情况下，与本申请书第10项所填写的代理机构是一致的。申请人不再委托代理机构的，此栏填写"自行办理"。

11."变更后文件接收人名称""变更后文件接收人地址"及"邮政编码"栏：文件接收人系指外国申请人指定的接收其商标后继业务的法律文件的国内人员或单位。填写时，变更后文件接收人名称、地址填写接收文件的国内个人姓名或单位名称和地址，地址应冠以省、市、县等行政区划名称详细填写。国内申请人不填写该栏目。

12."申请人章戳"栏：申请人为法人或其他组织的，应加盖公章。申请人为自然人的，应当由本人签字。共有商标的，由代表人在此盖章（签字）。所盖章戳或者签字应当完整、清晰。

13."代理机构章戳""代理人签字"栏：接受申请人委托代为办理有关商标事宜的商标代理机构应在此栏加盖公章，并由代理人签字。申请人自行办理的，不填写此栏。

14."附页——商标注册号/申请号"：申请变更的商标较多，申请书首页填写不下的，填写在此页，序号请接续首页继续标注。申请人（共有商标的为代表人）还需在此附页加盖章戳或签字。

15."附页——其他共有人"：申请变更的商标为共有商标的，申请书首页在"是否共有商标"栏选择"是"的，应填写此页；申请变更的商标不是共有商标的，申请书首页在"是否共有商标"栏选择"否"的，不填写此页；国内申请人只需填写中文名称，外国申请人应当同时填写中文和英文。所有的其他共有人均应在对应名称栏右侧空白处按顺序加盖章戳（自然人由申请人本人签字）。

16.收费标准及其他申请事宜请详细阅读中国商标网（http://sbj.cnipa.gov.cn/）相关栏目。

2. 商标续展注册申请书

商标续展注册申请书

申请人名称（中文）：
　　　　（英文）：
　　统一社会信用代码：
申请人地址（中文）：
　　　　（英文）：
　　　邮政编码：
国内申请人联系地址：
　　　邮政编码：
国内申请人电子邮箱：
　　　联系人：
　　　　电话：
　　代理机构名称：
　　　商标注册号：
　　是否共有商标：　　　□是　　　□否
　　　　类别：

申请人章戳（签字）：　　　　代理机构章戳：

　　　　　　　　　　　　　　　代理人签字：

商标续展注册申请书
（附页——其他共有人）

其他共有人

1. 名称（中文）：
   （英文）：

   （章戳/签字）

2. 名称（中文）：
   （英文）：

   （章戳/签字）

填写说明

1. 办理商标续展注册，适用本书式。申请书应当打字或印刷。申请人应当按照规定并使用国家公布的中文简化汉字填写，不得修改格式。

2. "申请人名称"栏：申请人应当填写身份证明文件上的名称。申请人是自然人的，应当在姓名后注明证明文件号码。外国申请人应当同时在英文栏内填写英文名称，国内申请人无需填写英文名称。共有商标应将指定的代表人填写在"申请人名称"栏，其他共有人名称应当填写在附页。

3. "统一社会信用代码"栏：此栏供国内申请人填写其证明文件上标注的统一社会信用代码。

4. "申请人地址""邮政编码"栏：申请人应当按照身份证明文件中的地址填写。身份证明文件中的地址未冠有省、市、县等行政区划的，申请人应当增加相应行政区划名称。外国申请人应当同时详细填写英文地址。符合自行办理商标申请事宜条件的外国申请人详细填写其在中国的地址。

5. "国内申请人联系地址""邮政编码"栏：自行办理的国内申请人在此栏填写联系地址，国家知识产权局关于本申请的各种文件将送达至该地址；申请人未填写联系地址的，文件送达至申请人地址栏填写的地址。国家知识产权局文件无法送达的，通过公告方式送达。

6. "国内申请人电子邮箱""联系人""电话"栏：国内申请人填写此栏。符合自行办理商标申请事宜条件的外国申请人填写其在中国的联系方式。

7. "代理机构名称"栏：申请人委托已备案的商标代理机构代为办理商标事宜的，此栏填写商标代理机构名称。申请人自行办理商标申请事宜的，不填写此栏。

8. "是否共有商标"栏：属于共有商标的，应当选择"是"；非共有商标选择"否"。共有商标申请续展，由代表人提出申请，申请书首页的申请人名称/地址/联系地址填写代表人的名称/地址/联系地址。其他共有人依次填写在申请书附页上（可再加附页）。

9. "商标注册号"栏：一份申请书填写一个商标注册号。

10."类别"栏：类别应按照《商标注册证》上标注的国际分类类别填写，一件注册商标有多个类别的，申请续展的类别应按照从小到大的升序填写，类别之间用逗号分隔。

11."申请人章戳"栏：申请人为法人或其他组织的，应加盖公章。申请人为自然人的，应当由本人签字。共有商标的，由代表人在此盖章（签字）。所盖章戳或者签字应当完整、清晰。

12."代理机构章戳""代理人签字"栏：接受申请人委托办理有关商标事宜的商标代理机构应在此栏加盖公章，并由代理人签字。申请人自行办理的，不填写此栏。

13."附页——其他共有人"：申请续展的商标为共有商标的，申请书首页在"是否共有商标"栏选择"是"的，应填写此页；申请续展的商标不是共有商标的，申请书首页在"是否共有商标"栏选择"否"的，不提交此页，无需填写；国内申请人只需填写中文名称，外国申请人应当同时填写中文和英文。所有的其他共有人均应在对应名称栏右侧空白处按顺序加盖章戳（自然人由申请人本人签字）。

14.收费标准及其他申请事宜请详细阅读中国商标网（http://sbj.cnipa.gov.cn/）相关栏目。

3. 转让/移转申请/注册商标申请书

转让/移转申请/注册商标申请书

转让人名称（中文）：
　　　　　（英文）：
　统一社会信用代码：
转让人地址（中文）：
　　　　　（英文）：
受让人名称（中文）：
　　　　　（英文）：
　统一社会信用代码：
受让人地址（中文）：
　　　　　（英文）：
　　　　　邮政编码：
国内受让人联系地址：
　　　　邮政编码：
国内受让人电子邮箱：
　　　　　联系人：
　　　　　　电话：
外国受让人的国内接收人：
　　国内接收人地址：
　　　　　邮政编码：
　　　代理机构名称：
　　是否共有商标：　　□是　　　□否
　　商标申请号/注册号：（同一转让人和受让人可填写多个申请号/注册号，填写不下的另填附页）
　　①　　　　②　　　　③　　　　④　　　　⑤

转让人章戳（签字）：　受让人章戳（签字）：　代理机构章戳：

　　　　　　　　　　　　　　　　　　　　代理人签字：

转让/移转申请/注册商标申请书
（附页——商标申请号/注册号）

商标申请号/注册号：（同一转让人和受让人可填写多个申请号/注册号，请接续首页继续标注序号）

⑥　　　⑦　　　⑧　　　⑨　　　⑩

转让人章戳（签字）：　　　受让人章戳（签字）：

转让/移转申请/注册商标申请书
（附页——其他共有人）

转让方的其他共有人

1.名称（中文）：
　　（英文）：
　　　　　　　　　　　　　　（章戳/签字）

2.名称（中文）：
　　（英文）：
　　　　　　　　　　　　　　（章戳/签字）

受让方的其他共有人

1.名称（中文）：
　　（英文）：
　　　　　　　　　　　　　　（章戳/签字）

2.名称（中文）：
　　（英文）：
　　　　　　　　　　　　　　（章戳/签字）

填写说明

1. 办理转让/移转商标注册申请或转让/移转注册商标的,适用本书式。商标转让由转让人和受让人共同提出申请。申请书应当打字或印刷。转让人/受让人应当按规定并使用国家公布的中文简化汉字填写,不得修改格式。以下填写说明适用于移转。

2. "转让人名称"栏:转让人应当填写身份证明文件上的名称。申请人是自然人的,应当在姓名后注明证明文件号码。外国申请人应当同时在英文栏内填写英文名称,国内申请人无需填写英文名称。共有商标应将转让方的代表人名称填写在"转让人名称"栏,其他共有人名称应当填写在附页。

3. "统一社会信用代码"栏:此栏供国内申请人填写其证明文件上标注的统一社会信用代码。

4. "转让人地址"栏:应当按照身份证明文件中的地址填写。身份证明文件中的地址未冠以省、市、县等行政区划的,应当增加相应行政区划名称。外国申请人应当同时详细填写英文地址。符合自行办理商标申请事宜条件的外国申请人详细填写其在中国的地址。

5. "受让人名称""统一社会信用代码""受让人地址""邮政编码"栏:参照前述转让人栏目要求填写。

6. "国内受让人联系地址""邮政编码"栏:国内申请人填写此栏,用于接收该商标后继商标业务的法律文件;同时,也用于自行办理的国内申请人接收本申请的各种文件。申请人未填写联系地址的,文件送达至申请人地址栏填写的地址。国家知识产权局文件无法送达的,通过公告方式送达。

7. "国内受让人电子邮箱""联系人""电话"栏:国内申请人填写此栏,符合自行办理商标申请事宜条件的外国申请人填写其在中国的联系方式。

8. "外国受让人的国内接收人""国内接收人地址""邮政编码"栏:外国受让人应当在申请书中指定其国内个人或单位负责接收有关该商标的后继业务的法律文件,国内接收人地址应冠以省、市、县等行政区划名称详细填写。受让人为国内申请人的，上述栏目不应填写。

9. "代理机构名称"栏：申请人委托已备案的商标代理机构代为办理商标转让申请事宜的，此栏填写商标代理机构名称。申请人自行办理商标转让事宜的，不填写此栏。

10. "是否共有商标"栏：转让前为共有商标或转让后为共有商标的，均应当在"是否共有商标"选择"是"；转让前、转让后均为非共有商标的，选择"否"。共有商标申请转让，申请书首页转让人/受让人名称/地址/联系地址填写代表人的名称/地址/联系地址，代表人以外的其他共有人依次填写在申请书附页上（可再加附页）。非共有商标的，不需提交附页。

11. "商标申请号/注册号"栏：同一转让人和受让人的，一份申请书可以填写同一转让人名下的一个或多个商标申请号/注册号。共有商标的全部共有成员相同的，方可视为同一转让人或受让人。

12. "转让人章戳（签字）""受让人章戳（签字）"栏：转让人/受让人为法人或其他组织的，应当盖章。转让人/受让人为自然人的，应当在此处签字。共有商标的，由代表人在此盖章（签字）。所盖章戳或签字应当完整清晰。

13. "代理机构章戳""代理人签字"栏：委托商标代理机构申报的，应当加盖代理机构章戳，并由代理人签字。未委托商标代理机构的，不需填写。

14. "附页——商标注册号/申请号"：申请转让的商标较多，申请书首页填写不下的，填写在此页，序号请接续首页继续标注。转让人、受让人双方（共有商标的为代表人）还需在此附页加盖章戳或签字。

15. "附页——其他共有人"：申请书首页在"是否共有商标"栏选择"是"的，应填写此页；申请书首页在"是否共有商标"栏选择"否"的，不提交此页，无需填写。填写时，国内申请人只需填写中文名称，外国申请人应当同时填写中文和英文。所有的其他共有人均应在对应名称栏右侧空白处按顺序加盖章戳（自然人由申请人本人签字）。

16. 集体商标转让的，受让人需提交商标使用管理规则和集体成员名单；证明商标转让的，受让人需提交商标使用管理规则。

17. 收费标准及其他申请事宜请详细阅读中国商标网（http://sbj.cnipa.gov.cn/）相关栏目。

4. 商标注销申请书

商标注销申请书

申请人名称（中文）：
　　　　　（英文）：
统一社会信用代码：
申请人地址（中文）：
　　　　　（英文）：
　　　　邮政编码：
国内申请人联系地址：
　　　　邮政编码：
国内申请人电子邮箱：
　　　　联系人：
　　　　　电话：
代理机构名称：
商标注册号：
是否共有商标：　　□ 是　　　□ 否
　　　　类别：
注销商品/服务项目（分类填写）：

未交回原注册证原因：

申请人章戳（签字）：　　　　　代理机构章戳：

　　　　　　　　　　　　　　　代理人签字：

商标注销申请书
（附页——其他共有人）

其他共有人

1.名称（中文）：
　　（英文）：

（章戳/签字）

2.名称（中文）：
　　（英文）：

（章戳/签字）

填写说明

1. 办理注销注册商标或者注销注册商标在部分指定商品/服务项目上的注册的，适用本书式。申请书应当打字或印刷。申请人应当按照规定并使用国家公布的中文简化汉字填写，不得修改格式。

2. "申请人名称"栏：申请人应当填写身份证明文件上的名称。申请人是自然人的，应当在姓名后注明证明文件号码。外国申请人应当同时在英文栏内填写英文名称，国内申请人无需填写英文名称。共有商标应将指定的代表人填写在"申请人名称"栏，其他共有人名称应当填写在附页。

3. "统一社会信用代码"栏：此栏供国内申请人填写其证明文件上标注的统一社会信用代码。

4. "申请人地址""邮政编码"栏：申请人应当按照身份证明文件中的地址填写。身份证明文件中的地址未冠有省、市、县等行政区划的，申请人应当增加相应行政区划名称。外国申请人应当同时详细填写英文地址。符合自行办理商标申请事宜条件的外国申请人详细填写其在中国的地址。

5. "国内申请人联系地址""邮政编码"栏：自行办理的国内申请人在此栏填写联系地址，国家知识产权局关于本申请的各种文件将送达至该地址；申请人未填写联系地址的，文件送达至申请人地址栏填写的地址。国家知识产权局文件无法送达的，通过公告方式送达。

6. "国内申请人电子邮箱""联系人""电话"栏：国内申请人填写此栏。符合自行办理商标申请事宜条件的外国申请人填写其在中国的联系方式。

7. "代理机构名称"栏：申请人委托已备案的商标代理机构代为办理商标变更申请事宜的，此栏填写商标代理机构名称。申请人自行办理商标申请事宜的，不填写此栏。

8. "是否共有商标"栏：属于共有商标的，应当选择"是"；非共有商标选择"否"。共有商标申请注销的，由代表人提出申请，申请书首页的申请人名称/地址/联系地址填写代表人的名称/地址/联系地址。其他共有人依次填写在申请书附页上（可再加附页）。

9."商标注册号"栏:一份申请书填写一个商标注册号。

10."注销商品/服务项目""类别"栏:申请注销该注册号下全部类别全部商品/服务项目的,在注销商品/服务项目栏目填写"全部注销"字样,不需填写具体类别和商品名称。申请注销该注册号下某一个类别中全部商品的,商品/服务项目处填写"X类全部商品/服务项目";注销部分商品的,应按类别号分段落(一个类别一个段落)填写,类别应按照从小到大按升序排列。申请注销的商品/服务项目名称,应与注册证上核定使用的商品/服务项目名称相同(填写不下可再加附页)。

11."未交回原注册证原因"栏:申请注销注册商标或者注销注册商标在部分指定商品/服务项目上的注册的,应同时交回原注册证。未交回原注册证的应在此栏说明原因,已交回的不需填写。

12."申请人章戳"栏:申请人为法人或其他组织的,应加盖公章。申请人为自然人的,应当由本人签字。共有商标的,由代表人在此盖章(签字)。所盖章戳或者签字应当完整、清晰。

13."代理机构章戳""代理人签字"栏:接受申请人委托代为办理有关商标事宜的商标代理机构应在此栏加盖公章,并由代理人签字。申请人自行办理的,不填写此栏。

14. "附页——其他共有人":申请注销的商标为共有商标,申请书首页在"是否共有商标"栏选择"是"的,应填写此页;申请注销的商标不是共有商标,申请书首页在"是否共有商标"栏选择"否"的,不提交此页,无需填写;国内申请人只需填写中文名称,外国申请人应当同时填写中文和英文。所有的其他共有人均应在对应名称栏右侧空白处按顺序加盖章戳(自然人由申请人本人签字)。

15.注销申请无需缴纳规费,其他申请事宜请详细阅读中国商标网(http://sbj.cnipa.gov.cn/)相关栏目。

5. 商标使用许可备案表

商标使用许可备案表

许可人名称（中文）：
　　　　　（英文）：
统一社会信用代码：
许可人地址（中文）：
　　　　　（英文）：
邮政编码：
国内许可人联系地址：
邮政编码：
国内许可人电子邮箱：
联系人：
电话：
被许可人名称（中文）：
　　　　　（英文）：
被许可人地址（中文）：
　　　　　（英文）：
代理机构名称：
商标注册号：
是否共有商标：　　　□是　　　□否
许可期限：自　　年　月　日至　　年　月　日止
许可使用的商品/服务项目（分类填写）：

许可人章戳（签字）：　　被许可人章戳（签字）：　　代理机构章戳：

代理人签字：

商标使用许可备案表
（附页——其他共有人）

其他共有人

1.名称（中文）：
　（英文）：

（章戳/签字）

2.名称（中文）：
　（英文）：

（章戳/签字）

填写说明

1. 许可人报送注册商标使用许可备案，适用本书式。备案表应当打字或印刷。许可人应当按照规定并使用国家公布的中文简化汉字填写，不得修改格式。

2. "许可人名称"栏：许可人应当填写身份证明文件上的名称。许可人是自然人的，应当在姓名后注明证明文件号码。外国许可人应当同时在英文栏内填写英文名称，国内许可人无需填写英文名称。共有商标应将指定的代表人填写在"许可人名称"栏，其他共有人名称应当填写在附页。

3. "统一社会信用代码"栏：此栏供国内许可人填写其证明文件上标注的统一社会信用代码。

4. "许可人地址""邮政编码"栏：许可人应当按照身份证明文件中的地址填写。身份证明文件中的地址未冠有省、市、县等行政区划的，许可人应当增加相应行政区划名称。外国许可人应当同时详细填写英文地址。符合自行办理商标申请事宜条件的外国许可人详细填写其在中国的地址。

5. "国内许可人联系地址""邮政编码"栏：自行办理的国内许可人在此栏填写联系地址，国家知识产权局关于本申请的各种文件将送达至该地址；许可人未填写联系地址的，文件送达至许可人地址栏填写的地址。国家知识产权局文件无法送达的，通过公告方式送达。

6. "国内许可人电子邮箱""联系人""电话"栏：国内许可人填写此栏。符合自行办理商标申请事宜条件的外国许可人填写其在中国的联系方式。

7. "被许可人名称""被许可人地址"：应当填写身份证明文件上的名称、地址。许可人是自然人的，应当在姓名后注明证明文件号码。外国被许可人应当同时在英文栏内填写英文名称、地址，国内被许可人无需填写英文。

8. "代理机构名称"栏：许可人委托已备案的商标代理机构代为办理商标事宜的，此栏填写商标代理机构名称。许可人自行办理的，不填写此栏。

9."是否共有商标"栏：属于共有商标的，应当选择"是"；非共有商标选择"否"。共有商标备案表首页的许可人名称/地址/联系地址填写代表人的名称/地址/联系地址。其他共有人依次填写在附页上。

10."商标注册号"栏：一份备案表填写一个商标注册号。

11."许可期限"栏：许可期限不得超过注册商标的有效期限。

12."许可使用的商品/服务项目"栏：按类别号分段落填写，许可该注册号下全部类别全部商品/服务项目的，填写"全部商品/服务项目"字样，不需填写具体类别和商品名称。许可该注册号下某一个类别中全部商品的，商品/服务项目处填写"X类全部商品/服务项目"；许可部分商品的，应按类别号分段落（一个类别一个段落）填写，类别应按照从小到大按升序排列。许可使用的商品/服务项目名称，应与注册证上核定使用的该商品/服务项目名称相同（填写不下可再加附页）。

13."许可人章戳（签字）""被许可人章戳（签字）"栏：许可人/被许可人为法人或其他组织的，应当在此处盖章；许可人/被许可人为自然人的，应当在此处签字。许可商标为共有商标的，由代表人在此盖章（签字）。所盖章戳或签字应当完整清晰。

14."代理机构章戳""代理人签字"栏：接受许可人委托代为办理有关商标事宜的商标代理机构应在此栏加盖公章，并由代理人签字。许可人自行办理的，不填写此栏。

15."附页——其他共有人"：备案表首页在"是否共有商标"栏选择"是"的，应填写此页；不是共有商标的，备案表首页在"是否共有商标"栏选择"否"的，不提交此页，无需填写；国内许可人只需填写中文名称，外国许可人应当同时填写中文和英文。所有的其他共有人均应在对应名称栏右侧空白处按顺序加盖章戳（自然人由本人签字）。

16.收费标准及其他备案事宜请详细阅读中国商标网（http://sbj.cnipa.gov.cn/）相关栏目。

6. 商标专用权质权登记申请书

商标专用权质权登记申请书

质权人名称（中文）：
　　　　　　（英文）：
质权人地址（中文）：
　　　　　　（英文）：
邮政编码：
法定代表人：
国内质权人电子邮箱：
　联系人：　　　　　电话：
代理机构名称：
出质人名称（中文）：
　　　　　　（英文）：
统一社会信用代码：
出质人地址（中文）：
　　　　　　（英文）：
邮政编码：
法定代表人：
国内出质人电子邮箱：
　联系人：　　　　　电话：
代理机构名称：
　是否共有商标：　□是　　□否
　出质商标注册号：
　①　　　②　　　③　　　④　　　⑤

担保债权数额：
质权登记期限：自　年　月　日至　年　月　日
质权人章戳（签字）：　　　出质人章戳（签字）：

　　代理机构章戳：　　　　　　代理机构章戳：

　　代理人签字：　　　　　　　代理人签字：

商标专用权质权登记申请书
（附页——商标注册号）

出质商标注册号：（请接续首页继续标注序号）
⑥　　　⑦　　　⑧　　　⑨　　　⑩

商标专用权质权登记申请书
（附页——其他共有人）

其他共同质权人

1.名称（中文）：
　　（英文）：
　　　　　　　　　　　　　　　（章戳/签字）

地址（中文）：
　　（英文）：

2.名称（中文）：
　　（英文）：
　　　　　　　　　　　　　　　（章戳/签字）

地址（中文）：
　　（英文）：

其他共同出质人

1.名称（中文）：
　　（英文）：
　　　　　　　　　　　　　　　（章戳/签字）

2.名称（中文）：
　　（英文）：
　　　　　　　　　　　　　　　（章戳/签字）

填写说明

1.办理商标专用权质权登记,适用本书式。申请书应当打字或印刷。质权人/出质人共同办理,应当按规定并使用国家公布的中文简化汉字填写,不得修改格式。

2."质权人名称"栏:质权人应当填写身份证明文件上的名称。自然人的,应当在姓名后注明证件号码。外国申请人应当同时在英文栏内填写英文名称,国内申请人无需填写英文名称。多个质权人应将其代表人名称填写在"质权人名称"栏,其他质权人名称填写在附页。

3."质权人地址""邮政编码"栏:应当按照身份证明文件中的地址填写。身份证明文件中的地址未冠有省、市、县等行政区划的,应当增加相应行政区划名称。外国申请人应当同时详细填写中英文地址。国内申请人不需填写英文地址。

4."国内质权人电子邮箱""联系人""电话"栏:国内申请人填写此栏,符合自行办理商标申请事宜条件的外国申请人填写其在中国的联系方式。

5."代理机构名称"栏:申请人委托已备案的商标代理机构代为办理质权登记事宜的,此栏填写商标代理机构名称。申请人自行办理商标事宜的,不填写此栏。

6."出质人名称""出质人地址""邮政编码"栏:参见质权人有关栏目填写说明。

7."统一社会信用代码"栏:此栏供出质人(商标注册人)填写其证明文件上标注的统一社会信用代码。

8."国内出质人电子邮箱""联系人""电话""代理机构名称"栏:参见质权人有关栏目填写说明。

9."是否共有商标"栏:出质商标为共有商标的,应当在"是否共有商标"选择"是";非共有商标的,选择"否"。共有商标出质的,申请书首页出质人名称/地址/联系地址填写代表人的名称/地址/联系地址,代表人以外的其他共有人依次填写在申请书附页上(可再加附页)。非共有商标的,不需提交附页。

10."出质商标注册号"栏：一份申请书可以填写同一出质人（商标注册人）名下的一个或多个商标注册号，填写不下的可以填写附页。注册号前应标注序号。共有商标的全部共有成员相同的，方可视为同一出质人。

11."担保债权数额"栏：填写双方在质押合同中约定用以担保的债权的具体金额。

12."质权登记期限"栏：填写双方约定的用于质权登记的起始时间，该期限可以长于合同约定的债务履行期限。质权登记期限到期后不申请延期的，该质权登记自动失效。

13."质权人章戳（签字）""出质人章戳（签字）"栏：质权人/出质人为法人或其他组织的，应当盖章。质权人/出质人为自然人的，应当在此处签字。共有商标的，由代表人在"出质人章戳（签字）"栏盖章（签字）。所盖章戳或签字应当完整清晰。

14."代理机构章戳""代理人签字"栏：委托商标代理机构申报的，应当加盖代理机构章戳，并由代理人签字。未委托商标代理机构的，不需填写。

15."附页——商标注册号"：出质商标较多，申请书首页填写不下的，填写在此页，序号请接续首页继续标注。质权人及出质人双方（共有商标的为代表人）还需在此附页加盖章戳或签字。

16."附页——其他共有人"：申请书首页在"是否共有商标"栏选择"是"的，应填写此页；申请书首页在"是否共有商标"栏选择"否"的，不提交此页，无需填写。填写时，国内申请人只需填写中文名称，外国申请人应当同时填写中文和英文。所有的其他共有人均应在对应名称栏右侧空白处按顺序加盖章戳（自然人由申请人本人签字）。

17.质权登记不收取商标规费。其他申请事宜请详细阅读中国商标网（http://sbj.cnipa.gov.cn/）相关栏目。

7. 办理商标专用权质权登记承诺书

办理商标专用权质权登记承诺书

一、申请人
质权人：
出质人：

二、**质权人承诺**

质权人已经准确、完整地了解和知晓出质商标的权利状况、存在的瑕疵和风险，愿意承担因此可能导致的风险。上述权利状况、存在的瑕疵和风险包括但不限于以下内容：

1.在先的转让申请、质权登记、商标许可使用情况；

2.可能导致出质商标专用权丧失的撤销、宣告无效案件情况；

3.商标权属纠纷情况；

4.商标的有效期；

5.出质人在同一种或者类似商品上申请或初步审定的商标与出质商标相同或者近似的情况；

6.其他可能导致商标权灭失、价值贬损的情况。

三、**出质人承诺**

1.出质人为出质注册商标专用权的合法权利人；

2.出质的商标为有效的注册商标；

3.出质的商标不存在被人民法院查封冻结情况；

4.出质人同意将其在同一种或者类似商品上注册的相同或者近似的商标一并办理质权登记；

5.在注册商标质权登记有效期内，出质人再次提交的商标注册申请存在与已出质商标相同或者近似情形的，将及时通知质权人；

6.出质人将尽职尽责维护出质商标权利，并将涉及商标权灭失、价值贬损情况和案件进展进度及时通知质权人。

续表

四、申请人共同作出以下承诺

（一）申请人为依法具备民事权利能力和行为能力的民事主体。

（二）申请人提交的申请文件真实有效。申请人签署相关主合同及商标权质押（质权）合同的行为系双方真实意思，符合法律规定。

（三）本承诺书中所有承诺是申请人真实的意思表示，申请人愿意承担不实承诺的法律责任。

申请人章戳（签字）：　　申请人章戳（签字）：
（出质人）　　　　　　　（质权人）

日期：　年　月　日　　　日期：　年　月　日

附录7

不同类型主体申请网申账号所需文件

不同类型的主体申请网申账号需要准备的主体资格证明文件材料如下：

（1）中国大陆地区企事业单位。申请人应上传加盖公章的主体资格证明文件彩色扫描件。

（2）中国大陆地区自然人。申请人应上传申请人签字的个体工商户营业执照彩色扫描件和身份证彩色扫描件。

（3）中国港澳台地区自然人。申请人应上传申请人签字的身份证明文件彩色扫描件和有效期在一年以上的《港澳居民来往内地通行证》或《台湾居民来往大陆通行证》彩色扫描件。

（4）外国自然人。申请人应上传申请人签字的身份证明文件彩色扫描件和有效期在一年以上的《外国人居留许可》彩色扫描件。文件为外文的应同时提交中文译文。

此外，外国公司在中国依法设立的分公司、子公司应按国内企业申请注册，外国企业在华的办事处、常驻代表机构的登记证复印件不能作为身份证明文件申请注册。在中国没有经常居所或者营业所的外国人或者外国企业在中国申请商标注册和办理其他商标事宜的，应当委托依法设立的商标代理机构办理。中国港澳台地区企业应当委托依法设立的商标代理机构办理。

附录8
商标网上服务系统账户注册流程

1. 用户类型

（1）商标申请人要成为商标网上服务系统用户的，应当先申请国家知识产权局商标局颁发的"商标数字证书——软证书"（以下简称软证书）。

（2）简易用户适用于无网上服务系统正式用户的代理机构和自行办理（未委托代理机构）提交申请的当事人。应当申请软证书。

（3）商标代理机构及律师事务所要成为商标网上服务系统用户的，应当先申请国家知识产权局商标局颁发的"商标数字证书——硬证书"（以下简称硬证书）。

注意：数字证书持有人应当妥善保管数字证书载体。否则，承担由此产生的一切后果。

2. 商标申请人及简易用户申请软证书流程

（1）在线填写商标数字证书申请表。

①商标申请人访问"中国商标网→网上申请"，选择用户类型为"网上申请用户登录"，简易用户访问"中国商标网→网上申请"，选择用户类型为"简易用户登录"。

②进入"商标网上服务系统"首页，接受商标网上服务系统用户协议，在弹出的页面点击"没有账户 立即注册"。

③点击"申请"，按页面提示如实填写信息，检查无误后提交申请。

④申请提交后，系统自动随机产生激活码，证书申请人务必牢记并切勿外泄该激活码。首次登录本系统时，必须使用该激活码激活商标数字证书。

（2）审核结果查看。商标申请人及简易用户提出用户注册申请后，自行登录注册时填写的邮箱，查看是否收到商标局发送的用户注册成功/不予注册通知。

（3）安装证书助手。收到用户注册成功通知的，可在邮件中或进入商标网上服务系统首页，在右下侧点击"数字证书驱动下载"，下载并安装"证书助手"。

（4）登录证书助手进行证书签发，请根据《证书助手使用指南》进行操作。

3. 商标代理机构申请硬证书流程

（1）硬证书申请递交方式。

①登录商标网上服务系统，点击"代理机构备案申请"，仔细阅读注意事项后，认真填写备案信息，同时在"是否申请制发商标数字证书"一栏中，选择"是"。领取方式可以选择邮寄或自取。备案提交后，系统自动随机产生激活码，务必牢记并切勿外泄该激活码。备案成功后1—2个月内发放商标数字证书。首次登录商标网上申请系统时，需使用该激活码激活数字证书。

②邮寄或大厅办理代理机构备案，且需要开展网上申请业务的，可登录商标网上服务系统，点击"没有账户 立即注册"，按页面提示如实填写，领取方式可以选择邮寄或自取，检查无误后提交申请。提交完成后，系统自动随机产生激活码，务必牢记并切勿外泄该激活码。首次登录本系统时，需使用该激活码激活数字证书。

（2）硬证书领取方式。硬证书制作完成后，将在"中国商标网→通知公告"及商标网上服务系统首页刊登"新申请代理机构领取usb-key通告"，根据申请硬证书时勾选的领取方式发放。

①自取。数字证书申请人应持介绍信、营业执照复印件、领取

人身证原件和复印件到商标局注册大厅9号窗口领取。前述领取材料均应加盖商标数字证书申请人公章。

②邮寄。通过邮政快递寄送至用户注册时填写的邮寄地址，请保证邮寄信息的准确性，如发生退件、拒收情况，需准备前述自取材料到商标局注册大厅9号窗口领取。

附录9

简易用户注册流程及商标规费线上缴纳流程

1. 注册简易用户"十步走"

第一步:登录商标局官网 http://sbj.cnipa.gov.cn/,点击"商标网上申请",如附图9-1所示。

附图 9-1

第二步:选择"简易用户登录",如附图9-2所示,接受使用协议。

附图 9-2

第三步:点击"立即注册",如附图9-3所示。

附图 9-3

第四步：在弹出的页面点击"申请"，按提示如实填写信息，检查无误后点击"提交"，如附图9-4所示，弹出的页面如附图9-5所示。

附图 9-4

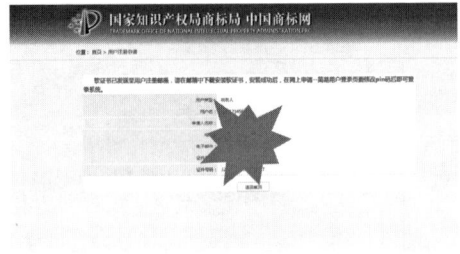

附图 9-5

第五步：登录邮箱，查收商标局发送的审核邮件，在邮件内容页面点击"中国商标网证书助手下载"，下载并解压安装证书助手，如附图9-6—附图9-9所示。注意：安装证书助手前请退出360安全卫士、杀毒软件等软件。

附图 9-6

附图 9-7

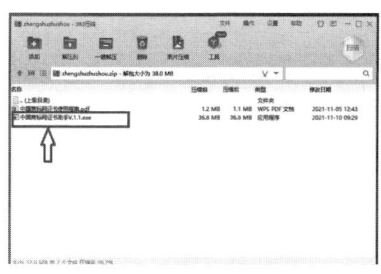

附图 9-8

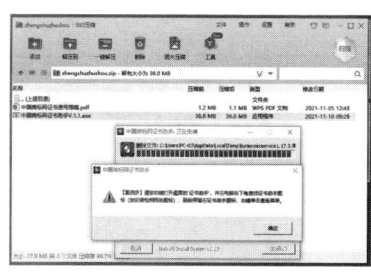

附图 9-9

第六步：证书安装完成，双击桌面"启动证书助手_标准版"图标，启动证书助手程序，如附图9-10所示。

附图 9-10

第七步：在计算机右下角查找证书助手图标，将鼠标停留在证书助手图标并右键单击，在菜单中选择"登录"，输入用户名、申请人名称以及验证码，登录证书助手，如附图9-11、附图9-12所示。

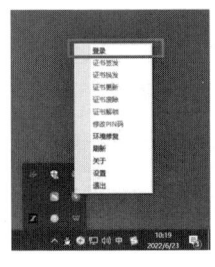 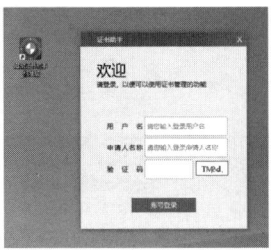

附图 9-11　　　　附图 9-12

第八步：登录成功后，右键单击证书助手，选择"证书签发"，在弹出的对话框中点击"确认"，执行证书签发，如附图9-13所示。在"输入证书密码"对话框中输入初始PIN码（初始PIN码为12345678），如附图9-14所示。稍作等待，即可提示签发成功。

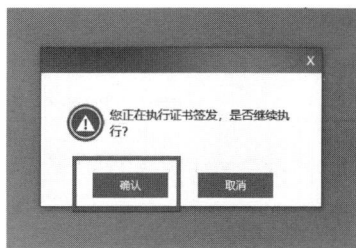 

附图 9-13　　　　　　　附图 9-14

第九步：登录官网中国商标网网上服务系统，输入PIN码，点击"登录"，进行账户激活，如附图9-15所示。

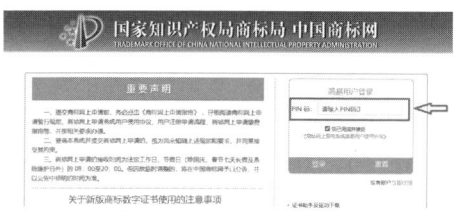

附图 9-15

第十步：在弹出的"选择证书登录"窗口点击"确认"，登录简易用户账号，如附图9-16所示。

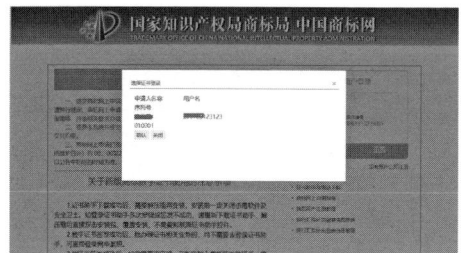

附图 9-16

简易用户注册完成，登录简易账户并参考《简易用户缴费流程》完成缴费。

2. 登录简易用户缴费流程

（1）纸质申请支付订单获取。收到缴费通知书之后，进入"网上缴费平台→纸质申请支付订单获取"页面，输入收费码，点击"查询"，查询订单信息，对查询出的订单点击"进行确认"，如附图9-17所示。

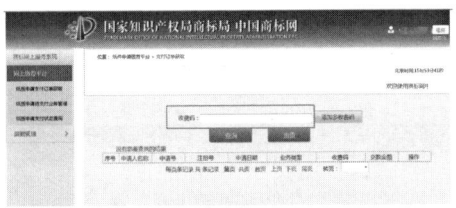

附图 9-17

（2）纸质申请待支付业务管理。订单确认完成后，进入待支付业务管理页面进行支付，通过输入收费码查询订单信息，点击"支付"，按提示进行支付，如附图9-18—附图9-20所示。

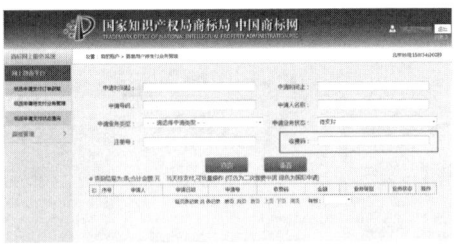

附图 9-18

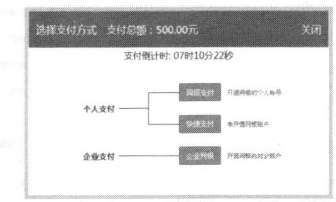 

附图 9-19　　　　　　　附图 9-20

（3）纸质申请支付状态查询。用户可通过支付状态查询获取已支付的订单信息，如附图9-21所示。

附图 9-21

附录10
中国商标网证书助手安装流程

1. 安装前准备

中国商标网证书助手安装包可在中国商标网站下载,且仅下载并安装"中国商标网证书助手"安装包。安装包中包含本次项目所需的四种安装包,一次安装即可,请不要删除附图10-1所示的四种图标。中国商标网证书助手下载地址为:http://wssq.sbj.cnipa.gov.cn:9080/tmsve/tmsve/cacommon/download_ca.jsp。

附图 10-1

2. 安装流程

(1)找到中国商标网证书助手安装程序,关闭计算机上的360安全卫士、杀毒软件等。

(2)用鼠标双击"中国商标网证书助手安装包.exe"进行安

装,注意安装过程中需要点击四次"确认"按钮。

(3)第一步:提示"中国商标网证书助手安装一共四步!【第一步】请您退出360安全卫士、杀毒软件等!",退出360安全卫士、杀毒软件等后点击"确定"按钮,如附图10-2所示。

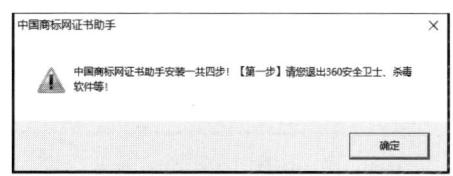

附图 10-2

(4)第二步:提示"【第二步】正在安装中,请耐心等待,不要退出!!!",点击"确定"按钮,如附图10-3所示。

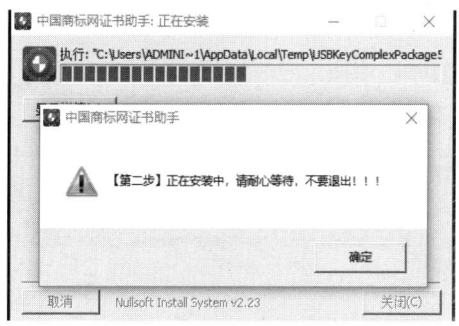

附图 10-3

(5)第三步:提示"【第三步】感谢您的安装,至此中国商标网证书助手安装完成!",点击"确定"按钮,如附图10-4所示。

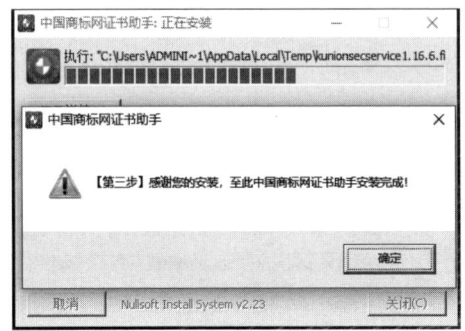

附图 10-4

（6）第四步：提示"【第四步】请您右键打开桌面的'证书助手'，并在电脑右下角查找证书助手图标（如安装包相同的图标），鼠标停留在证书助手图标，右键单击查看菜单。"，点击"确定"按钮，如附图10-5所示。

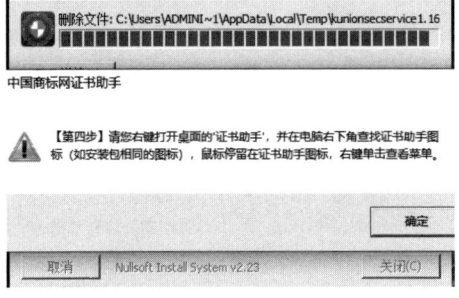

附图 10-5

（7）桌面出现"启动证书助手_标准版"的快捷方式，至此安装完毕。

3. 硬证书新用户操作流程

（1）首先确认中国商标网证书助手安装程序安装完成。

（2）如未安装，按照前述中国商标网证书助手安装前准备和安装流程进行安装。

（3）参照"（5）软/硬证书PIN码修改操作流程"进行PIN码修改。

（4）登录中国商标网网上服务系统，进行账户激活。

4. 软证书新用户操作流程

（1）首先确认中国商标网证书助手安装程序安装完成。

（2）如未安装，按照前述中国商标网证书助手安装前准备和安装流程进行安装。

（3）在中国商标网网上服务系统完成账号注册，管理员审核通过后发送审核通知邮件，邮件内容如附图10-6所示。

附图 10-6

（4）双击桌面"启动证书助手_标准版"图标，启动证书助手程序，如附图10-7所示。

附图 10-7

(5)输入用户名和申请人名称,点击"账号登录",如附图10-8所示。

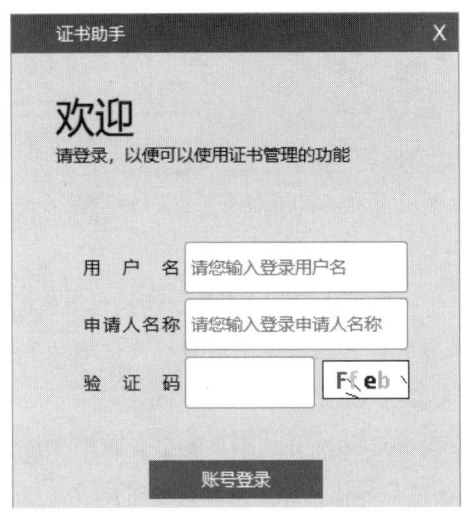

附图 10-8

(6)右键单击证书助手,选择"证书签发",点击"确认",执行证书签发。

(7)输入6—20位自定义的新PIN码,注意保存好PIN码。

(8)稍作等待,如附图10-9所示,即新的软证书下载成功,可查看证书信息。

附图 10-9

(9)右键点击证书助手,选择"设置",可查看证书信息,如附图10-10所示。

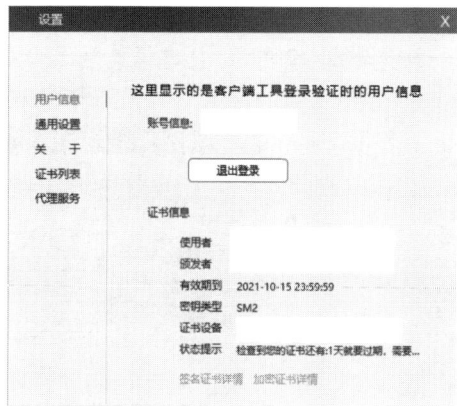

附图 10-10

（10）登录中国商标网网上服务系统，进行账户激活。

5. 软/硬证书PIN码修改操作流程

（1）双击桌面"启动证书助手_标准版"图标，启动证书助手程序，弹出登录对话框，在右下方选择证书登录，选择要进行PIN码修改的软证书/硬证书，进行证书登录，如附图10-11所示。

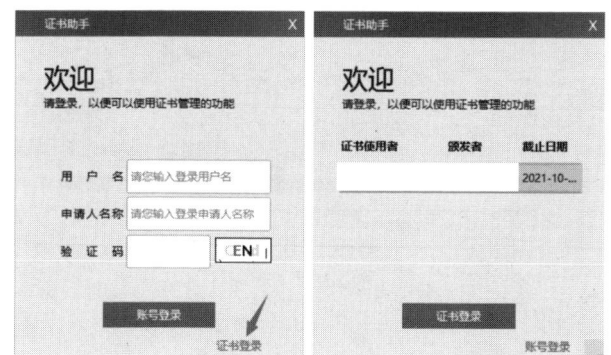

附图 10-11

(2)右键点击证书助手,选择"修改PIN码",弹出"修改用户PIN码"对话框,输入证书旧密码、证书新密码、确认新密码,点击"确定",如附图10-12所示。注意记住新密码。

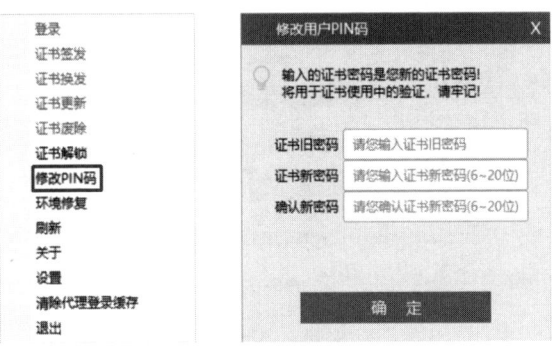

附图 10-12

(3)提示"修改PIN码成功",点击"确认"后,退出界面,如附图10-13所示。在之后对于证书的操作中,需要用到证书PIN码的地方都是刚刚设置的新密码。

附图 10-13

附录11
《类似商品和服务区分表》45个大类

《类似商品和服务区分表》共45个类别，分为商品和服务两大部分，在《类似商品和服务区分表》"目录"部分收录了各个类别的标题、类似群号和类似群名称。下面简单归纳45个类别及各个类别的标题。

1. 商品类（1—34类）

［第1类］ 用于工业、科学、摄影、农业、园艺和林业的化学品；未加工人造合成树脂，未加工塑料物质；灭火和防火用合成物；淬火和焊接用制剂；糅制动物皮毛用物质；工业用黏合剂；油灰及其他膏状填料；堆肥，肥料，化肥；工业和科学用生物制剂。

［第2类］ 颜料，清漆，漆；防锈剂和木材防腐剂；着色剂，染料；印刷、标记和雕刻用油墨；未加工的天然树脂；绘画、装饰、印刷和艺术用金属箔及金属粉。

［第3类］ 不含药物的化妆品和梳洗用制剂；不含药物的牙膏；香料，香精油；洗衣用漂白剂及其他物料；清洁、擦亮、去渍及研磨用制剂。

［第4类］ 工业用油和油脂，蜡；润滑剂；吸收、润湿和黏结灰尘用合成物；燃料和照明材料；照明用蜡烛和灯芯。

［第5类］ 药品，医用和兽医用制剂；医用卫生制剂；医用或兽医用营养食物和物质，婴儿食品；人用和动物用膳食补充剂；膏药，绷敷材料；填塞牙孔用料，牙科用蜡；消毒剂；消灭有害动物制剂；杀真菌剂，除莠剂。

［第6类］ 普通金属及其合金，金属矿石；金属建筑材料；可

移动金属建筑物；普通金属制非电气用缆线；金属小五金具；存储和运输用金属容器；保险箱。

［第7类］机器，机床，电动工具；马达和引擎（陆地车辆用的除外）；机器联结器和传动机件（陆地车辆用的除外）；除手动手工具以外的农业器具；孵化器；自动售货机。

［第8类］手工具和器具（手动的）；刀、叉和匙餐具；除火器外的随身武器；剃刀。

［第9类］科学、研究、导航、测量、摄影、电影、视听、光学、衡具、量具、信号、侦测、测试、检验、救生和教学用装置及仪器；处理、开关、转换、积累、调节或控制电的配送或使用的装置和仪器；录制、传送、重放或处理声音、影像或数据的装置和仪器；已录制和可下载的媒体，计算机软件，录制和存储用空白的数字或模拟介质；投币启动设备用机械装置；收银机，计算设备；计算机和计算机外围设备；潜水服，潜水面罩，潜水用耳塞，潜水和游泳用鼻夹，潜水员手套，潜水呼吸器；灭火设备。

［第10类］外科、医疗、牙科和兽医用仪器及器械；假肢，假眼和假牙；矫形用物品；缝合材料；残疾人专用治疗装置；按摩器械；婴儿护理用器械、器具及用品；性生活用器械、器具及用品。

［第11类］照明、加热、冷却、蒸汽发生、烹饪、干燥、通风、供水以及卫生用装置和设备。

［第12类］运载工具；陆、空、海用运载装置。

［第13类］火器；军火及弹药；炸药；焰火。

［第14类］贵金属及其合金；首饰，宝石和半宝石；钟表和计时仪器。

［第15类］乐器；乐谱架和乐器架；指挥棒。

［第16类］ 纸和纸板；印刷品；书籍装订材料；照片；文具和办公用品（家具除外）；文具用或家庭用黏合剂；绘画材料和艺术家用材料；画笔；教育或教学用品；包装和打包用塑料纸、塑料膜和塑料袋；印刷铅字，印版。

［第17类］ 未加工和半加工的橡胶、古塔胶、树胶、石棉、云母及这些材料的代用品；生产用成型塑料和树脂制品；包装、填充和绝缘用材料；非金属软管和非金属柔性管。

［第18类］ 皮革和人造皮革；动物皮；行李箱和背包；雨伞和阳伞；手杖；鞭，马具和鞍具；动物用项圈、皮带和衣服。

［第19类］ 非金属的建筑材料；建筑用非金属硬管；柏油，沥青；可移动非金属建筑物；非金属纪念碑。

［第20类］ 家具，镜子，相框；存储或运输用非金属容器；未加工或半加工的骨、角、鲸骨或珍珠母；贝壳；海泡石；黄琥珀。

［第21类］ 家用或厨房用器具和容器；烹饪用具和餐具（刀、叉、匙除外）；梳子和海绵；刷子（画笔除外）；制刷原料；清洁用具；未加工或半加工玻璃（建筑用玻璃除外）；玻璃器皿、瓷器和陶器。

［第22类］ 绳索和细绳；网；帐篷和防水遮布；纺织品或合成材料制遮篷；帆，运输和贮存散装物用麻袋；衬垫和填充材料（纸或纸板、橡胶、塑料制除外）；纺织用纤维原料及其替代品。

［第23类］ 纺织用纱和线。

［第24类］ 织物及其替代品；家庭日用纺织品；纺织品制或塑料制帘。

［第25类］ 服装，鞋，帽。

［第26类］ 花边，编带和刺绣品，缝纫用饰带和蝴蝶结；纽扣，领钩扣，饰针和缝针；人造花；发饰；假发。

［第27类］ 地毯，地席，亚麻油地毡及其他铺在已建成地板上的材料；非纺织品制壁挂。

［第28类］ 游戏器具和玩具；视频游戏装置；体育和运动用品；圣诞树用装饰品。

［第29类］ 肉，鱼，家禽和野味；肉汁；腌渍、冷冻、干制及煮熟的水果和蔬菜；果冻，果酱，蜜饯；蛋；奶，奶酪，黄油，酸奶和其他奶制品；食用油和油脂。

［第30类］ 咖啡，茶，可可和咖啡代用品；米，意式面食，面条；食用淀粉和西米；面粉和谷类制品；面包、糕点和甜食；巧克力；冰淇淋，果汁刨冰和其他食用冰；糖，蜂蜜，糖浆；鲜酵母，发酵粉；食盐，调味料，香辛料，腌制香草；醋，调味酱汁和其他调味品；冰（冻结的水）。

［第31类］ 未加工的农业、水产养殖业、园艺、林业产品；未加工的谷物和种子；新鲜水果和蔬菜，新鲜芳香草本植物；草木和花卉；种植用球茎、幼苗和种子；活动物；动物的饮食；麦芽。

［第32类］ 啤酒；无酒精饮料；矿泉水和汽水；水果饮料及果汁；糖浆及其他制饮料用无酒精制剂。

［第33类］ 酒精饮料（啤酒除外）；制饮料用酒精制剂。

［第34类］ 烟草和烟草代用品；香烟和雪茄；电子香烟和吸烟者用口腔雾化器；烟具；火柴。

2. 服务类（35—45类）

［第35类］ 广告；商业经营、组织和管理；办公事务。

［第36类］ 金融，货币和银行服务；保险服务；不动产事务。

［第37类］ 建筑服务；安装和修理服务；采矿，石油和天然气钻探。

［第38类］ 电信服务。

［第39类］ 运输；商品包装和贮藏；旅行安排。

［第40类］ 材料处理；废物和垃圾的回收利用；空气净化和水处理；印刷服务；食物和饮料的防腐处理。

［第41类］ 教育；提供培训；娱乐；文体活动。

［第42类］ 科学技术服务和与之相关的研究与设计服务；工业分析、工业研究和工业品外观设计服务；质量控制和质量认证服务；计算机硬件与软件的设计与开发。

［第43类］ 提供食物和饮料服务；临时住宿。

［第44类］ 医疗服务；兽医服务；人或动物的卫生和美容服务；农业、水产养殖、园艺和林业服务。

［第45类］ 法律服务；为有形财产和个人提供实体保护的安全服务；由他人提供的为满足个人需要的私人和社会服务。

附录12
马德里联盟缔约方[1]

"马德里联盟"是指由《协定》和《议定书》所适用的国家或政府间组织所组成的商标国际注册特别联盟。截至2022年3月,马德里联盟共有110个缔约方。

国家/政府间组织	加入《协定》时间	加入《议定书》时间
阿尔巴尼亚	1995.10.4	2003.7.30
阿尔及利亚	1972.7.5	2015.10.31
安提瓜和巴布达		2000.3.17
亚美尼亚	1991.12.25	2000.10.19
澳大利亚		2001.7.11
奥地利	1909.1.1	1999.4.13
阿塞拜疆	1995.12.25	2007.4.15
巴林		2005.12.5
白俄罗斯	1991.12.25	2002.1.18
比利时	1892.7.15	1998.4.1
不丹	2000.8.4	2000.8.4
波斯尼亚和黑塞哥维那	1992.3.1	2009.1.27
博茨瓦纳		2006.12.5

---

[1] 截至2022年3月。

续表

国家/政府间组织	加入《协定》时间	加入《议定书》时间
保加利亚	1985.8.1	2001.10.2
中国	1989.10.4	1995.12.1
克罗地亚	1991.10.8	2004.1.23
古巴	1989.12.6	1995.12.26
塞浦路斯	2003.11.4	2003.11.4
捷克	1993.1.1	1996.9.25
朝鲜	1980.6.10	1996.10.3
丹麦		1996.2.13
埃及	1952.7.1	2009.9.3
爱沙尼亚		1998.11.18
芬兰		1996.4.1
法国	1892.7.15	1997.11.7
格鲁吉亚		1998.8.20
德国	1922.12.1	1996.3.20
希腊		2000.8.10
利比里亚	1995.12.25	2009.12.11
列支敦士登	1933.7.14	1998.3.17
立陶宛		1997.11.15
卢森堡	1924.9.1	1998.4.1

续表

国家/政府间组织	加入《协定》时间	加入《议定书》时间
摩纳哥	1956.4.29	1996.9.27
蒙古国	1985.4.21	2001.6.16
摩洛哥	1917.7.30	1999.10.8
马达加斯加		2008.4.28
莫桑比克	1998.10.7	1998.10.7
荷兰	1893.3.1	1998.4.1
挪威		1996.3.29
波兰	1991.3.18	1997.3.4
黑山	2006.6.3	2006.6.3
葡萄牙	1893.10.31	1997.3.20
韩国		2003.4.10
摩尔多瓦	1991.12.25	1997.12.1
罗马尼亚	1920.10.6	1998.7.28
俄罗斯	1976.7.1	1997.6.10
圣马力诺	1960.9.25	2007.9.12
塞尔维亚	1992.4.27	1998.2.17
塞拉利昂	1997.6.17	1999.12.28
新加坡		2000.10.31
斯洛伐克	1993.1.1	1997.9.13

续表

国家/政府间组织	加入《协定》时间	加入《议定书》时间
斯洛文尼亚	1991.6.25	1998.3.12
西班牙	1892.7.15	1995.12.1
苏丹	1984.5.16	2010.2.16
斯威士兰	1998.12.14	1998.12.14
瑞典		1995.12.1
加纳		2008.9.16
匈牙利	1909.1.1	1997.10.3
冰岛		1997.4.15
伊朗	2003.12.25	2003.12.25
爱尔兰		2001.10.19
意大利	1894.10.15	2000.4.17
日本		2000.3.14
哈萨克斯坦	1991.12.25	2010.12.8
肯尼亚	1998.6.26	1998.6.26
吉尔吉斯斯坦	1991.12.25	2004.6.17
拉脱维亚	1995.1.1	2000.1.5
莱索托	1999.2.12	1999.2.12
纳米比亚	2004.6.30	2004.6.30
欧盟		2004.10.1

续表

国家/政府间组织	加入《协定》时间	加入《议定书》时间
以色列		2010.9.1
新西兰		2012.12.10
墨西哥		2013.2.19
卢旺达		2013.8.17
非洲知识产权组织		2015.3.5
柬埔寨		2015.6.5
老挝		2016.3.7
泰国		2017.11.7
阿富汗		2018.6.26
萨摩亚		2019.3.4
巴西		2019.10.2
特立尼达和多巴哥		2021.1.12
阿联酋		2021.12.28
叙利亚	2004.8.5	2004.8.5
瑞士	1892.7.15	1997.5.1
塔吉克斯坦	1991.12.25	2011.6.30
马其顿	1991.9.8	2002.8.30
土耳其		1999.1.1
土库曼斯坦		1999.9.28

续表

国家/政府间组织	加入《协定》时间	加入《议定书》时间
乌克兰	1991.12.25	2000.12.29
英国		1995.12.1
美国		2003.11.2
乌兹别克斯坦		2006.12.27
越南	1949.3.8	2006.7.11
赞比亚		2001.11.15
阿曼		2007.10.16
圣多美和普林西比		2008.12.8
菲律宾		2012.7.25
哥伦比亚		2012.8.29
印度		2013.7.8
突尼斯		2013.10.16
津巴布韦		2015.3.11
冈比亚		2015.12.18
文莱		2017.1.6
印度尼西亚		2018.1.2
马拉维		2018.12.25
加拿大		2019.6.17
马来西亚		2019.12.27

续表

国家/政府间组织	加入《协定》时间	加入《议定书》时间
巴基斯坦		2021.5.24
牙买加		2022.3.27

注：表格中"马其顿"指现在的"北马其顿"。

附录13

指定收取单独规费国家的收费标准[1]

（单位：瑞士法郎）

基础注册费：653瑞士法郎（黑白商标图样）、903瑞士法郎（彩色商标图样）

国家/政府间组织	项目					
	指定申请			续展		
英国	227		63	252		63
丹麦	302	30（第二个类）	91	302	30（第二个类）	91
挪威		216（216）	61（61）		244（244）	94（94）
芬兰	243（324）		108（108）	243（324）		108（108）
瑞典	226		89	226		89
冰岛	224（224）		48（48）	224（224）		48（48）
爱沙尼亚	151（203）		47（47）	188（235）		0
格鲁吉亚	314		115	314		115
日本	97 241		73 241	331		331

[1] 截至2022年3月，汇率：以收文当日为准。

续表

基础注册费：653 瑞士法郎（黑白商标图样）、903 瑞士法郎（彩色商标图样）

国家/政府间组织	项目					
	指定申请			续展		
土库曼斯坦	228		91	456		228
希腊	127（634）		21（106）	116（581）		21（106）
新加坡	242		242	270		270
澳大利亚	263		263	263		263
爱尔兰	257		73	262		131
韩国	224		224	256		256
美国	460		460	276		276
欧盟	897（1531）	55（第二个类）（55）	164（164）	897（1531）	55（第二个类）（55）	164（164）
土耳其	35		7	34		0
巴林	1710(2105)		1710(2105)	1710(2105)		1710(2105)
乌兹别克斯坦	1028（1543）		103（154）	514（1028）		51（103）

续表

基础注册费：653瑞士法郎（黑白商标图样）、903瑞士法郎（彩色商标图样）					
国家/政府间组织	项目				
	指定申请		续展		
加纳	379		379	370		370
阿曼	484（1211）		484（1211）	727（1453）		727（1453）
以色列	483		363	861		727
库拉索		294（584）	30（60）		294（584）	30（60）
波内赫和圣尤斯特歇斯和萨巴群岛		195（279）	20（20）		319（581）	56（56）
菲律宾	116		116	178		178
新西兰	63		63	126		126
墨西哥	132		132	127		127
哥伦比亚	234（311）		117（156）	127（宽展期：174）		62（宽展期：85）
叙利亚	92		92	92		92
印度	124		124	124		124

续表

基础注册费：653瑞士法郎（黑白商标图样）、903瑞士法郎（彩色商标图样）

国家/政府间组织	项目				
	指定申请			续展	
突尼斯	207		41	270	62
圣马丁		298(593)	31(61)	298(593)	31(61)
非洲知识产权组织		704	144	880（宽展期：加收229）	176
津巴布韦	97		58	78	78
冈比亚	97		97	243	0
老挝	108		77	108	77
安提瓜和巴布达	220		0	102	0
文莱	196		107	143	143
柬埔寨	139		139	139	139
泰国	418		418	522	522
印度尼西亚	125		125	156（宽展期：313）	156（宽展期：313）

续表

基础注册费：653 瑞士法郎（黑白商标图样）、903 瑞士法郎（彩色商标图样）

国家/政府间组织	项目			
	指定申请		续展	
赞比亚	65	52	216	173
萨摩亚	196	196	196	196
加拿大	245	74	296	93
巴西	75 135	75 138	193（宽展期：292）	193（宽展期：292）
马来西亚	259	259	236	236
特立尼达和多巴哥	191	20	191	0
巴基斯坦	94	94	83	83
根西岛	255	25	255	25
阿联酋	1630	1630	1630	1630

注：
1. 圆括号中数字为集体、证明商标收费标准。
2. 单独收费的标准不是固定的，国际局将根据汇率的变化或者应单独收费国因国内收费标准变化的要求及时将各国新的单独收费标准通知各成员国。（请登录www.wipo.int 进行查询）
3. 日本申请费用为第一个类 97 瑞士法郎，每增加一个类增加 73 瑞士法郎，注册成功后收取注册费 241 瑞士法郎/类。该收费标准自 2021 年 5 月 29 日起开始执行。
4. 表上没有列的国家均为 3 个类别以内 100 瑞士法郎。

5.后续业务的收费标准:后期指定的基础注册费为300瑞郎,转让规费为177瑞郎(每个国际注册号),变更规费为150瑞郎(每件变更申请),删减规费为177瑞郎(每个国际注册号),续展基础注册费653瑞郎,宽展费326.5瑞郎。放弃申请、注销申请、代理人名称或地址变更申请、指定代理人申请均免费办理。

6.哥伦比亚:进入宽展期的商标,续展费为首一类174瑞士法郎,每增加一类85瑞士法郎。

7.非洲知识产权组织:进入宽展期的商标,续展费加收229瑞士法郎。

8.巴西:申请费用为每个类别75瑞士法郎,注册成功后,每个类别再收取135瑞士法郎的注册费用。续展费用为193瑞士法郎/类,但进入宽展期的商标, 292瑞士法郎/类。